In Tübingen und drum herum

In Tübingen und drum herum

Mit Kay Borowsky
auf Tour durchs Ländle

Bibliografische Information der Deutschen Bibliothek

Die Deutsche Bibliothek verzeichnet diese Publikation in der Deutschen Nationalbibliografie; detaillierte bibliografische Daten sind im Internet über <http://dnb.ddb.de> abrufbar.

Titelbild: Blick zur Wurmlinger Kapelle

© 2003 · Attempto Verlag Tübingen
Dischingerweg 5 · D-72070 Tübingen

Das Werk einschließlich aller seiner Teile ist urheberrechtlich geschützt. Jede Verwertung außerhalb der engen Grenzen des Urheberrechtsgesetzes ist ohne Zustimmung des Verlages unzulässig und strafbar. Das gilt insbesondere für Vervielfältigungen, Übersetzungen, Mikroverfilmungen und die Einspeicherung und Verarbeitung in elektronischen Systemen.
Gedruckt auf chlorfrei gebleichtem und säurefreiem Werkdruckpapier.

Gesamtherstellung: Laupp & Göbel, Nehren
Printed in Germany

ISBN 3-89308-364-2

Inhalt

Vorbemerkung 7

Das Weltstädtle am Neckar 9

Touren durchs Ländle 89

    Um Tübingen und auf der Alb 93

    Durchs Neckartal 102

    Im Schwarzwald 135

    Nach Oberschwaben und an den Bodensee 169

    Nach Ostwürttemberg und Hohenlohe-Franken 187

Register der von Kay Borowsky besuchten Orte 205

Warum müssen wir immer früheres Glück vergesssen, um von neuem glücklich sein zu können?
Ludwig Tieck

Sowie man im Wagen sitzt, hat man sich sogleich um einige Grade von der ursprünglichen Humanität entfernt. *Johann Gottfried Seume*

Vorbemerkung

ÜBER die Schönheit und den Wert des Unterwegsseins, über den Genuß und die Horizonterweiterung durch diese Art der Weltaneignung muß hier nichts gesagt werden: Das ist ja der rote Faden, der sich durch die vorliegenden Texte zieht. Denn letzten Endes geht es doch, wie bei allem Schreiben, nicht um Wissensvermittlung, sondern, wesentlicher, darum, dem in der Welt Vorhandenen und Aufgefundenen ein Mehr an die Seite und ein Anderes gegenüber zu stellen. Das ›Mehr‹ ist durch den Weg zurück in die Vergangenheit, durch ein Erschließen der Tiefendimensionen zu gewinnen, »damit das Gras nicht des Vergessens, sondern des ewigen Lebens sprießt«, wie es Marcel Proust formuliert hat. Wie aber kann jenes ›Andere‹ erreicht werden, das nicht nur eine Steigerung wäre wie das ›Mehr‹, sondern etwas prinzipiell Neues? Dadurch, dass das jeweilige Objekt, ob Landschaft, Stadt oder Gebäude, nicht nur abgeschildert wird, sondern so etwas wie personale Eigenschaften gewinnt und so mit den Menschen des betreffenden Orts eine höhere Einheit bildet. Und geschehen sollte das in einer Sprache, die unmerklich die Sphäre sachlicher Mitteilungsprosa hinter sich läßt: Was über einen Menschen oder eine Stadt gesagt wird, sollte auch unabhängig von der Information des Lesens wert sein. Die Verpflichtung zur Wahrheit und der Genußstandpunkt sind durchaus miteinander vereinbar, ihre gegenseitige Durchdringung und Steigerung ist vielleicht das Ziel von Leben und Schreiben als einer Einheit. Und dieses Ziel ist, im Unterschied zu mancherlei ›höchsten‹ Werten und ›letzten‹ Zielen, bis zu einem gewissen Grad erreichbar.

Um sogleich mit dem Genuß anzufangen: Ich möchte jenen meinen Dank abstatten, die meine Texte einer Veröffentlichung für wert hielten und dadurch das Entstehen neuer Dinge gefördert haben: Der verstorbene Redakteur des *Schwäbischen Tagblatts*, Helmut Hornbogen, hat meine Tübingen-Feuilletons über Jahre hinweg gedruckt, und Wilhelm Triebold setzt diese aufmerksame Begleitung meiner ja durchaus eigenwilligen literarischen Tätigkeit seither fort. Die Reiseartikel im eigentlichen Sinn aber begannen im *Tagblatt-Anzeiger* zu erscheinen, der dank der so umsichtigen wie innovationsfreudigen Leitung durch Stefan Zibulla mit einem erstaunlichen Niveau überrascht.

Möglich, daß dieser Sammlung eine ebensolche mit Essays über Ziele in anderen Gegenden und Ländern folgt; reisemüde ist der Autor jedenfalls noch nicht.

Tübingen, im April 2003   Kay Borowsky

Das Weltstädtle am Neckar

Vom Sehen in der Stadt

Zu einem neuen Tübingen-Gefühl

DINGE zu sehen, die andere nicht sehen, ist eine Kunst. Wozu auch das gehört, was nicht mehr existiert, denn das sieht nur noch das innere Auge. Schwieriger ist es, die Dinge dann zu sehen, wenn die anderen von ihnen wegsehen. Die höchste Kunst jedoch besteht darin, über die Dinge, die alle zu sehen glauben, etwas zu sagen, was ihnen unverhofft die Augen öffnet; die ungewöhnliche Gewöhnlichkeit dieser Stadt mit den einfachsten Worten aufzuzeigen.

Aber: »Man erschauert bei dem Gedanken, wieviele Nachforschungen nötig sind, um die Wahrheit selbst des geringfügigsten Details zu ergründen.« Wem diese Erfahrung Stendhals nicht fremd ist, der wird jede Bemerkung, Tübingen betreffend, zu würdigen wissen. Und da kann man durch den Besuch fremder Städte lernen: Sobald man die Besichtigung der Sehenswürdigkeiten absolviert hat, richtet sich der Blick auf Nebensächliches, ja in der Ermüdung fallen einem Dinge auf, die mit einem Mal bedeutungsvoll scheinen.

Jeder Reisende hat sich schon dabei ertappt, wie er, nach Verlassen eines Doms oder Palasts, in einen Hinterhof spähte, auch wenn ihn dort nur eine alte Holztreppe und Gerümpel erwarteten. Je stärker man sich auf Kleines beschränkt, desto größer wird die Welt: Im Stadtbus durch die Friedrichstraße fahrend, gewahrt man rechts über sich einen bisher übersehenen Balkon; zum ersten Mal auf dem Paul-Pfizer-Weg an der Ammer erblickt man eine kraftvoll verzweigte, wie aus einem japanischen Farbholzschnitt stammende Weide; und wenn einem am Samstag morgen das eiserne Gitter hinter der Johanneskirche den Durchgang zur Langen Gasse versperrt, beschert einem der Schreck ein ganz neues Tübingen-Gefühl.

»Es kommt freilich viel darauf an, aus welchem inneren Gesichtspunkt man eine altertümliche Stadt betrachtet; denn es ist immer die Vorstellung selbst, die das den Dingen an sich Eigene und Bedeutende verklärt« (Ferdinand Gregorovius in »Wanderjahre in Italien«). Die Seligkeit liegt im Schauen, sagt Dante im »Paradies« seiner »Göttlichen Komödie«, und er stellt diese Fähigkeit noch über das Wort und über das Denken, ja in gewisser Weise sogar über die Liebe, denn diese wird durch das Schauen geboren. Das Gesehene im Zusammenhang schauen, am besten vielleicht mit der distanzierten Liebe des Skeptikers: Erst das ergibt ein Gesamtbild der Stadt.

* * *

Mythos Tübingen

In der Aura jenseits von wirklich und erdacht

OHNE Götter- und Heroenwelt, Tempel, Orakel und Hain, ja ohne den geringsten Rest einer römischen Latrine – Tübingen besitzt dennoch einen Mythos. Wenn in den siebziger Jahren Ernst Müller wie ein dräuender Gott in die Buchhandlung Gastl stürmte, mich unversehens am Hemd packte, daß mehrere Knöpfe absprangen, und mir eine Frage entgegendonnerte, dann war unwichtig, um was es ging – der Auftritt zählte, die mythische Dimension. Ähnlich die Treffen des Dreigestirns Bloch, Mayer, Jens oben in den Ledersesseln: Nicht, was gesprochen wurde – die quasi religiöse Scheu der spähenden Kunden sorgte für die Aura dieser Parusie.

Der revolutionäre Freiheitsbaum der Stiftsfreunde: Wo genau und ob er überhaupt stand, ist irrelevant; er existiert, weil er zu einem Mythos geworden ist. Ebenso Graf Eberhards Weißdorn, aus Palästina heimgebracht »über Meeres Flut« und auf dem Gut Einsiedel zu einem mächtigen Baum werdend: Wer war dabei? Uhlands Ballade hat das Geschehen in den Rang eines Mythos erhoben, das genügt. Und auch die gemeinsame Stiftsstube von Hegel, Schelling und Hölderlin: Obwohl diese nun wirklich nachweisbar ist – wenn sie Besuchern gezeigt wird, stehen diese davor wie vor der Klause des heiligen Franz. Oder die Flößer auf dem Neckar: Sind das nicht Gestalten aus mythischen Zeiten, auch wenn man sie nur auf dem beliebten Holzstich sieht? Oder Mörikes Begegnung mit jenem schweifenden Mädchen, das seine Existenz so gewaltig erschütterte: Wer hat's gesehn, wer kann darüber authentisch berichten? Auch dies ist zu einem Mythos geworden, und der steht über Unterscheidungen wie »wirklich« und »erdacht«, vorausgesetzt, ein wahrer Kern ist da, der die Menschen bewegt.

Übrigens: Eine Landschaft oder eine Stadt muß nicht unversehrt bleiben, um ihre mythische Kraft zu bewahren, lineare Kontfliktlosigkeit ist sogar schädlich. Denn auch die Zerstörung bleibt, was Goethes Mephisto von sich sagt: »Ein Teil von jener Kraft,/ Die stets das Böse will und stets das Gute schafft«. Auf unseren Fall angewandt: Die stets vergessen will und stets den Mythos schafft. Tübingen ist so gut ein mythischer Ort wie manch andere Stadt, die im römischen Weltreich eine wichtige Rolle spielte. Diese besucht man, um die berühmten Bauwerke zu besichtigen und sich zu bilden. Nach Tübingen pilgert man, um auf seinen Dächern den Abglanz jener Sonnen zu erahnen, die einst über ihnen leuchteten.

* * *

Das Überleben leicht gemacht

Ein mythisierender Spaziergang durch Tübingen

KEIN Franzose, der seine Literatur kennt, kann durch Paris gehen, ohne auf Schritt und Tritt an Léon-Paul Fargue denken zu müssen. Dieser »Kaffeehausliterat« (wie verächtlich das bei uns klingt – Heideggers »Feldweg« gilt eben, gegenüber der Asphaltliteratur, immer noch als das Wahre und Echte) vermochte es, Orte in den Rang eines Mythos zu erheben. Fargue hat weitergewoben an dem bunten Teppich der Schwermut, mit dem schon Baudelaire, Laforgue und Corbière »den meist großstädtischen Alltag ins Unvertraute« gewendet haben und in deren Gefolge Fargue die »Denaturierung der Realität durch lyrische Montagen« (Engler) betrieb, was ihm die Bewunderung der Surrealisten einbrachte. Nun würde ich gern die Bücher dieses »Fußgängers von Paris« (so einer seiner Titel) charakterisieren, besonders jenes, das mich auf die Idee zu den nachfolgenden Betrachtungen gebracht hat: »Refuges«, Zufluchtsorte, muß mich aber losreißen und mich einfügen in den Rahmen unseres kleinen Landstädtchens.

Daß ich's nur gleich sage: Die höheren literarischen Weihen werden und können meine Tübinger Zufluchtsorte kaum haben; und auch zur surrealistischen Verwandlung will sich das Pflaster hier, trotz Seufferhelds kippenden Häuserfronten, wenig eignen. Lediglich ein paar Orte, Lokale, Lokalitäten möchte ich nennen, die mir Zuflucht, Asyl gewähren vor den weniger sympathischen Erscheinungen unserer Zeit.

Wer den Schauer des Uralten liebt, der wird sich in die Münzgasse begeben und die Stube des Numismatikers Karl-Heinz Schwarz betreten. Als Junge hatte ich das Glück, von einem alten Herrn, einem Geologen und Archäologen, in die Welt der Briefmarken und später in die der Bücher eingeführt zu werden; nun eröffnet mir der Herr der Münzen ein bislang unbekanntes Gebiet. Meine neueste Erwerbung ist eine große chinesische Scheidemünze aus der ausgehenden Chou-Dynastie, die fast noch ein Lao-Tse oder Dschuang-Tse hätte besessen haben können. Zu Hause stelle ich mir ihre Wege und Irrwege durch die chinesische Geschichte vor und höre dabei die Solostücke eines Musikers aus Peking an, der kürzlich den Holzmarkt mit den Klängen seiner Erhu erfüllte. Und lese wieder einmal die Zeilen in Hermann Graf Keyserlings »Reisetagebuch«: »Oh, wenn ich nur chinesisch zu schreiben verstünde! Gern gäbe ich dann alle anderen Ausdrucksmittel preis. Nachdem alle Worte verweht sind, werden selige Geister in Fragmenten chinesischer Graphik noch die Wahrheit von Angesicht schauen ...« Übertrieben? Wer den Wert, ja die Lebensnotwendigkeit der Übertreibung nicht kennt, ist zu bedauern. »Die

Übertreibung ist das Handwerkszeug jedes Künstlers und daher auch des Historikers«, sagt Egon Friedell, dieser unvergleichliche, unprofessorale Kulturgeschichtsschreiber.

Von der Münzgasse wandere ich zur Bachgasse hinunter, um mich in »Hinrichs Teehus« mit meinem Lebenselixier einzudecken. Kulturhistorische und philosophische Abhandlungen zum Tee gibt es genügend, auch über die fachgerechte Zubereitung kann man sich informieren. Würde ein Teemeister sehen, in was für Gefäßen und wie ich meinen Tee zubereite, er würde Harakiri begehen. Trotzdem gerate ich, wenn ich mir zu Hause eine meiner Lieblingssorten aufbrühe, bald in jene Stimmung, die, wie die Zen-Meister sagen, von Reinheit und geistiger Armut geprägt ist und den berühmten Li Bo zu dem folgenden Nocturne inspiriert haben mag: »Weiß treibt der Mond/ über meergrüne Wellen,/ ein Schneereiher/ fliegt durch die Nacht;/ die Mädchen haben/ Kastanien gesammelt,/ im Mondlicht klingt/ ihr Gesang.«

Dann zur Kelter: Durch alle Düfte des Orients und des Okzidents hindurch bis zu Salvatore, dem Koch aus Neapel. *Tortellini con salvia* (Salbei) *e parmiggiano*, begleitet von einem Cappuccino, dazu, vom Fischstand nebenan, eine Portion Gambas in Dillsoße. Doch leider wird Salvatore aufgeben: Zuerst will er in der Fabrik arbeiten und dann ein Restaurant aufmachen. Da wird's richtige neapolitanische Pizzen aus dem Holzbackofen geben. Möge dein Wunsch in Erfüllung gehen, und hoffentlich nicht zu weit weg.

Auf Schleichwegen (Schmiedtorstraße – Hohentwielgasse – Zwinger – Am kleinen Ämmerle – Karrengasse – Salzstadelgasse – Jakobsgasse – Urbangasse – Ammergasse – Hasengasse) geht's zur »Kornblume« in der Haaggasse. Dort nämlich wartet ein Sandgebäck, das eigens für mich erfunden zu sein scheint: ein Doppeltaler, teilweise mit Schokoladenüberzug und mit einer feinen Nougatfüllung. Ferner nehme ich einen Vanille-Joghurt mit, das köstlichste, das ich kenne. Nestlé, verzeih mir. Dein Vanille-Joghurt war vor ein paar Jahren die Sensation für meine Geschmacksnerven, nun aber habe ich die Marke gewechselt.

Und wieder bergab, zur Jakobus-Kirche, dem einstigen Pilgertreffpunkt nach Frankreich – Spanien – Portugal. Keine Penner und

Krakeeler zertrümmern hier Flaschen und pinkeln an die Kirchenwand, wie's auf dem Holzmarkt, diesem einstmals schönen Platz, an der Tagesordnung ist. Gedämpfte Orgelklänge, Wind in den Bäumen, ein Kind hüpft vorbei – sofern es die augenblickliche Chemie des Körpers zuläßt, kann man für kurze Zeit vergessen, was für ein Mängelwesen man ist.

Mein Nougattaler ist gegessen, das Joghurt-Glas leer, und ich steige erneut zur Haaggasse hinauf, denn ich möchte mich in der BP-Agentur von Martin Hilger, dem »Mann mit dem Gedächtnis« (Peter Bichsel), wegen einer Reise beraten lassen. In Tübingen gibt es auf einigen Gebieten unglaubliche Könner und Kenner. Was das Buch betrifft, so war das Reinhard Schulte in der Gartenstraße, darin wird jeder mit mir einig sein. Den entsprechenden Mann für Musik gab es in dem einstigen Plattenladen am oberen Ende der Mühlstraße, leider habe ich seinen Namen vergessen. Das beobachte ich immer wieder: Kaum ist ein Geschäft verschwunden, weiß man schon nicht mehr, wie es hieß, wo es sich genau befand, ja manchmal nicht einmal mehr, daß es überaupt existiert hat. Hand aufs Herz: Wer ist imstande, den geschäftlichen Zustand der Neckargasse, wie er sich uns vor drei, fünf, acht, zwölf Jahren bot, zu rekonstruieren?

Mein nächstes Ziel ist »Opus I« in der Marktgasse. Im Keller von Helmut Gallus – auch so ein Dinosaurier des Wissens, an dem das musikliebende Tübingen seine Freude hat, das nicht einen Computer, sondern einen Menschen vor sich haben will, der nicht nur Auskünfte geben, sondern wohlbegründete Urteile abgeben kann – lasse ich mir eine CD von Rachmaninow empfehlen. Ja, ja, ich weiß: ein konventioneller Komponist, nahm moderne Richtungen nicht zur Kenntnis. Wie oft habe ich schon den ersten Teil, die Suites op. 5, und hiervon besonders den dritten Satz, »Les larmes«, gehört. Vorangestellt ist diesem melancholischen Klavierstück mit dem seltsam insistierenden, erst nach siebenmaliger Wiederholung der vier gemessen abwärtssteigenden Töne leicht variierenden Anfang ein Gedicht des großen russischen Lyrikers Fjodor Tjutschew aus dem 19. Jahrhundert, dessen Gesamtwerk von einem Tübinger übersetzt worden ist: von Ludolf Müller, dem emeritierten Professor der Slavistik.

Heute ist Donnerstag: Ivo-Lavetti-Tag! Um neun Uhr drängen Antiquitätenhändler und Liebhaber alter Dinge in sein Geschäft in der Hechinger Straße. Hinter der Theke, immer gut gelaunt, der Gastgeber, Kaffee reichend und muntere Scherzworte wechselnd. Es ist nicht zu glauben: Trotz seiner niedrigen Preise bei guter Ware gibt es doch immer Leute, die sich besonders clever vorkommen, wenn sie hier noch handeln. Bei Lavetti fand ich den handgenähten schwarzen Kater mit seinen gelblich schimmernden Augen und seiner unheimlichen, statuarischen Haltung, der just an dem Tag auf mich wartete, als ich mit einen Jugendtraum erfüllte und Edgar Allan Poes »Schwarzen Kater« zu übersetzen anfing. Ich glaube, er hat mir sogar zugeblinzelt. Was wäre das Leben ohne die sogenannten Zufälle, was wäre unsere Stadt ohne Ivo Lavettis El Dorado!

Jetzt muß ich mich aber sputen, denn um halb elf habe ich bei Bökel, hinter dem Sport-Institut, Massage. Die Welt all der Menschen, die sich nur noch brüllend verständigen können, draußen lassen, im Fango schwitzen und dann von kundigen Händen gelockert werden an Leib und Seele! Diese Reste der alten römischen Körperkultur habe ich lange übersehen. Aber es gibt sie noch, und gerade auf diesem Gebiet gibt es Menschen, die, im Sinne der alten Chinesen, Wissen mit Weisheit verbinden. »Musik, Tanz und Dichtkunst hoben das Dasein dort oft in einen aller Erdennot entrückten Bereich. Frei von den Vorurteilen der Welt, wußte sie mit sicherer weiblicher Intuition oft trefflich zu raten und zu helfen«, sagt Oskar Benl, der große Übersetzer aus dem Japanischen, über die Geisha. Zwar wissen heute nur noch die Gräzisten vom Hetärenwesen des alten Griechenland, aber träumen – während draußen die Laster rollen – darf man ja davon. Idealisierung? Na und? Was wären wir denn, was dächten wir denn ohne Platon, den »Idealisierer« schlechthin?

Mit gemilderten Wehwehchen und in gelöster Stimmung geht's mit dem Bus zur Wilhelmstraße, zum Mekka der Bibliomanen: zu Baders Antiquariat. Über die Bücherleidenschaft ist unendlich viel geschrieben worden; deshalb hier nur der Ausspruch von Arno Schmidt, der bei Bader im Fenster hängt: »Keine Seligkeit ohne Bücher«. Die Verlorenen des öden Alltags, die Enttäuschten der trauten Zweisamkeit, die Wundergläubigen des gedruckten Worts: Hier haben sie ihr Zuhause, hier hetzt sie niemand, hier ist jeder seines

Glückes Schmied. Eine alte Antiquariats-Erfahrung: Suche nie nach einem bestimmten Buch, laß dich inspirieren. Grauenhaft, diese Ignoranten mit ihren Zetteln in der Hand, vor denen sich jedes gesuchte Buch in die dunkelsten Winkel zurückzieht, sich aus dem Staube macht.

Einmal wird es all das nicht mehr geben, die Zufluchtsorte werden sich in wüste Orte verwandelt haben, und für den Betrachter, falls es dann noch einen gibt, bleibt nur noch der Schluß von Hans-Christian Andersens »Tannenbaum«: »Die Knaben spielten im Garten, und der kleinste hatte den Goldstern auf der Brust, den der Baum an seinem glücklichsten Abend getragen hatte. Nun war der vorbei, und mit dem Baum war es vorbei und mit der Geschichte auch; vorbei, vorbei, und so geht es mit allen Geschichten!« Mit meiner Geschichte ist es aber noch nicht ganz vorbei, denn ich habe etwas in petto: ein letztes Bergamotte-Bonbon von meiner kürzlichen Reise nach Nancy. Dieses lasse ich nun auf der Zunge zergehen und bin – glücklich.

* * *

Und um uns ward's Elysium
Verwehte Namen, verborgene Zeichen und Spuren des Mythos

ZEICHEN lassen manchmal tief blicken, Namen sind nicht immer Schall und Rauch – machen wir uns auf zu ein paar unspektakulären Zielen in der Stadt und versuchen wir, sie zum Sprechen zu bewegen.

Auf dem Schulberg betreten wir das Haus Nr. 10, heute das Notariat, zu Zeiten Uhlands und Hauffs die Lateinschule. Von ganz oben schauen wir durch die drei Fenster und erblicken die Neckarinsel, den Kasten der Alten Aula und vorn das Geschiebe der Ziegeldächer. Treten wir dichter heran, so sehen wir tief unten mehrere kleine Balkons und Gärtchen in einer höchst ästhetischen Ordnungslosigkeit beieinander liegen. Ein Stock tiefer – die kleine Hinterhofwelt ist uns schon näher gekommen. Noch mal ein Stock, und wir stehen unmittelbar vor einem dieser mehr Stein- als Blumengärtchen und haben das Gefühl, in einer anderen Welt innerhalb der unsrigen zu sein. Die Zeit steht still, kein Mensch, kein Tier, nicht einmal die Bewegung eines Grashalms verrät uns ihren Fortgang. Wir verlassen das Haus und kehren in die Wirklichkeit zurück, die ihren Sinn und ihre Würde erst von Literatur und Kunst erhält, zum Beispiel der Kunst, einen Garten anzulegen. Wie gern beherrschte ich sie!

Wenn man im Zeichen des Wassermanns geboren ist, bleibt man überrascht vor dem Haus Nr. 8 in der Clinicumsgasse stehen: »Aquarius« liest man da. So heiße das Haus schon immer, sagt die Bewohnerin auf Befragen und vermutet einen Zusammenhang mit dem Neckar. Ein Wassergeist? Gleich steigen wir zur Bursagasse hinab und neben dem ehemaligen Neckarbad die Stufen hinunter, über denen uns die Vergeblichkeit unseres Bemühens angekündigt wird: »Kein Durchgang zum Neckar.« Und trotz Hochhaltens meines Blatts mit der aus dem Wort ABRACADABRA gebildeten magischen Dreiecksform bleibt der Neckar unsichtbar, der Flußgeist stumm und das Haus bei seinem Geheimnis.

Tore, diese bedeutungsvollen Zeichen, spielen im Leben der Stadt eine eher unsichtbare Rolle. Tübingen ist in seiner Erkenntnis der Welt über alle Tore hinaus: Lustnauer Tor, Haagtor, Hirschauer Tor, Schmiedtor, das Neckartor am Anfang der Neckargasse, die findet man alle nur noch auf alten Abbildungen. Wer aber auf Tübinger Boden die Wahrheit des chinesischen Spruchs überprüfen möchte: »Wenn du dieses Tor durchschreitest, so hast du einen anderen Himmel über dir und eine andere Erde unter deinen Füßen«, der gehe durch das Törchen beim Neckarbad am Ende der Bursagasse. Sollte ein Initiationserlebnis ausbleiben, so sieht man immerhin die »Pechnasen« der alten Stadtbefestigung, muß sich also nicht genasführt vorkommen.

Kürzlich bin ich lange »Bei der Ochsenweide« gestanden, habe aber keinen Ochsen gesehn. In weiser Voraussicht hatte ich aber die berühmte Zen-Geschichte »Der Ochs und sein Hirte« bei mir und las das erste Gedicht: »Auf der Weide dieser Welt/ teile ich endlos das hohe Gras/ auf der Suche nach dem Ochsen./ Ich folge namenlosen Flüssen,/ verliere mich auf den verschlungenen/ Pfaden ferner Berge

.../ ich kann den Ochsen nicht finden ...« Wie gut konnte ich mich in den Suchenden hineinversetzen, und auch der Kernsatz des Kommentars leuchtete mir ein: »Nur wegen der Trennung von meiner wahren Natur finde ich ihn nicht.« Am Ende wird sich noch herausstellen, daß ich mein eigener Ochse bin und »Bei der Ochsenweide« gar nicht so fehl am Platz war!

Weit geht der Blick vom Fürstschen Hause in der Münzgasse 14, dem höchsten dieser Straße, hinüber zu den Bergen; tief geht er hinab auf die Miniaturwelt, eingekeilt zwischen Burse und Stift. Und im Eingangsbereich dieses herrschaftlichen Hauses mit 9-Zimmer-Wohnungen ermöglicht ein Guckfenster einen heimlichen Einblick in den einzigen und immer verschlossenen Patio unserer Stadt, in den Innenhof des Universitätskanzlers ferner Jahrhunderte.

Sollte Odysseus auf seiner Odyssee durchs Mittelmeer einen Abstecher nach Tübingen gemacht haben, als Erholungsurlaub von der anstrengenden Nymphe Kalypso auf ihrer Insel Ogygia? Denn: Was sonst hätte Athene, »die lichthell blickende Göttin«, abgebildet am Tübinger Schloßportal, hier zu tun haben können, als ihren Schützling Odysseus vor der Gefahr, in die Netze einer hübschen Schwäbin zu gehen oder den Reizen eines hiesigen Jünglings zu erliegen, zu bewahren? Und dann steht da am Portal auch der Meeresgott Poseidon, Odysseus' geschworener Feind, mit seinem Dreizack. Sehr verdächtig!

Jeder, der die »Odyssee«, das schönste Buch der Weltliteratur, gelesen hat, erinnert sich: Der von Menelaos und seinen Gefährten gefesselte Proteus, der »starke, treffliche Meergreis«, sagt ihm voraus, daß die Götter ihn »in das elysische Feld, an die Grenzen der Erde« geleiten werden, »wo die Menschen ein leichtes, mühloses Leben erwartet./ Dort ist kein Schnee, kein Wintersturm und kein stürzender Regen,/ sondern immer des Zephyros klingendes, kühlendes Wehen,/ das von der Flut des Okeanos kommt zur Erquickung der Menschen« (so die mir liebste Übersetzung der »Odyssee« von Friedrich Georg Jünger). Jeder, der Baden-Württemberg, das schönste Land Deutschlands, ein bißchen kennt, weiß: heute befindet sich das Elysium nirgendwo sonst als in Tübingen, zwanzig Minuten vom Stadtfriedhof entfernt, und dort stößt man auch, in Form eines schrägen Kegels, auf die Markierung der geographischen Mitte Baden-Württembergs. Und für all jene, die zu den Gefilden der Seligen streben, ist es der Mittelpunkt der Welt.

Wenn man bedenkt: Da laufen die Leute immer durch dieselben paar Straßen und die Stadtstreicher stehn an den immer gleichen Stellen – und könnten doch alle in kürzester Zeit in Sicherheit sein vor Schnee, vor Sturm und Regen! Mit der sprichwörtlich gewordenen Zeile »und um uns ward's Elysium« endet Klopstocks herrliches Liebesgedicht »Das Rosenband«. Ob er das in Tübingen geschrieben hat, konnte noch nicht mit letzter Sicherheit nachgewiesen werden.

Das Delphi des Gottes Apollon war, als Orakel und als Ausstellungsforum, der »Nabel der Welt«; überdies war es ein Treffpunkt für Dichter und Schauspieler, die am Pythischen Agon, dem großen musischen Wettkampf, teilnahmen. Wie wäre es mit dem Jahre 2010 als Beginn der Ersten Tübinger Musischen Wettkämpfe, Ort: das Elysium? Zusammen mit dem Stadtfriedhof und der ebenfalls nahen Kunsthalle könnte sich hier ein bedeutendes kulturelles Zentrum herausbilden!

Der Bismarckturm ist ein bißchen weiter weg. Dafür werden wir mit einer Aussicht ins Ammertal und zur Alb belohnt, bei der schon Goethe ins Schwärmen geriet. Offenbar wegen Beschädigungen im Innern ist der Turm schon lange geschlossen. Für mich ist er der »Turm der in die Heimat Blickenden«: Ihn betritt (im Buddhismus) der an der Grenze zwischen Leben und Tod Stehende und beobachtet von dort, wie seine Angehörigen ihn beweinen. Danach wird ihm der »Tee des Vergessens« gereicht. Wer ihn getrunken hat, weiß nichts mehr von den Ereignissen seines früheren Lebens. Auf diesen Turm nun hat jemand etwas gepinselt, das mich schon seit Jahren irritiert: »Blumengießers, quo vadis?« Ja, so steht es da, in einer seltsamen Mehrzahl. Hört der Schreiber mein Flehen und macht dem Rätselraten endlich ein Ende? Oder hat er hier das Rätsel seines eigenen Lebens in den Hilferuf dreier Worte gefaßt?

* * *

Pinocchio und Peregrina

Begegnungen vor dem Schloßportal

WENN man von dieser »wohl überschaubaren Polis«, wie Aristoteles Tübingen gelobt hätte, zum Schloß hinaufsteigt, wird der Blick von der Relieffigur der Athene am Portal angezogen. Und man kann sich einen weiteren Großen hinzudenken. Nein, nicht Achill, für Hölderlin zwar »ein Wunder der Kunst«, für Christa Wolf jedoch schlicht »das Vieh«. Die »Ilias« ist mir, trotz des ergreifenden 24. Gesangs, zu plan angelegt, zu ungesittet und zu waffenklirrend im Vergleich zu Homers reicherem, verschlungener komponiertem, gefühlvollerem, humanerem und dadurch modernerem Spätwerk, der »Odyssee«, in der man bereits höfische Luft zu atmen vermeint. Zu Athene tritt also ihr Schützling Odysseus, in den sie ein wenig verliebt ist, der spätere Nationalheld und in unserer Zeit die Identifikationsfigur der Heimkehrer aus dem Zweiten Weltkrieg.

Und schon erscheint ein anderes »Paar« vor meinem geistigen Auge: Pinocchio und seine gute Fee Gemma, zwischen denen eine ebenso zarte Beziehung besteht. Die Irrfahrten des listenreichen Odysseus, von der wachen Athene zu einem guten Ende geführt; die Streiche des wunderwitzigen, auf das Leben neugierigen Kaspers »Zäpfel Kern«, wie ihn sein Übersetzer Otto Julius Bierbaum nannte, von seiner Fee aus allen Fährnissen errettet – eine hübsche Parallele. Mit dem epochalen Unterschied, daß in der »Odyssee« legendenhafte Wunder als etwas Alltägliches präsentiert werden, im »Pinocchio« aber der Alltag zur wunderbaren Legende wird.

Wo jedoch ist die Jungfrau Athena geblieben? Christliche Tempelritter hatten in ihre Heiligtümer Bilder einer anderen Beschützerin gebracht: der Jungfrau Maria. Und dann wurden auch diese, jedenfalls für einen Teil der Christenheit, verbannt: Luther meinte, er müsse die Menschen vor dem Aberglauben der Marienverehrung bewahren. Justinus Kerner hat das sehr bedauert – er sah wohl tiefer in die Seelen der Menschen.

Mörike, der sowohl griechische und lateinische Lyrik übersetzte und im Stile antiker Autoren dichtete als auch für den Zauber der

Mystik empfänglich war (und nicht weniger wunderwitzig als Pinocchio), hat Gedichte geschrieben, aus denen eine tiefe Marienverehrung spricht. Und in seinem humorvollen »Katholischen Gottesdienst« ißt der Priester »die süßen Pflaumen« seines Glaubens, der protestantische Pfarrer hingegen »frißt die unliebsame Frucht des Schlehdorns«. Und Peregrina, das »Mädchen aus der Fremde«, dem er in Tübingen begegnet ist, auch sie eine Maria, nämlich Maria Meyer aus Schaffhausen? Er »entwindet sich ihr mit einer tiefen Wunde des Herzens, aus deren Blut die unergründlich schönen Blüten seiner Peregrina-Lieder aufsprießen«, sagt Hermann Werner, nach 1945 Schriftleiter, dann ständiger Mitarbeiter beim *Schwäbischen Tagblatt*, in seiner kulturhistorischen Darstellung »Die Schwäbin«. Diese Formulierung läßt an die Christusminne der Nonnen im Mittelalter denken, die Wunden ähnlicher Art, auch Wundmale, kannten.

Wenn ich durch das Portal hindurchgeschritten bin, habe ich meine beiden Liebespaare hinter mir gelassen, denn jeder Gang durch ein Tor führt in eine neue Welt. Sofern ich nicht in der Abgußsammlung des Museums eine gewisse Pallas Athene aufsuche. Und mich, wieder unten in der Stadt, in der Johanneskirche, am Anblick einer spätgotischen Marienplastik erfreue, die das Privileg genießt, jeden Tag den Klängen einer Rieger-Orgel lauschen zu können. Von ihr scheinen die Tübingen-Führer nichts zu wissen; um so mehr die Menschen, die zu ihr kommen. *Ave maris stella* – Meerstern, ich dich grüße!

* * *

Die Würde der Platanen

Wie ein besonderer Baum seine besonderen Orte weiht

»BÄUME waren die ersten Tempel der Götter, deren Kultplätze die heiligen Haine«, heißt es bei Willibald Gawlik in »Götter, Zauber und Arznei«. Und Harry Graf Kessler notierte in Barcelona angesichts der Blumenstände der Rambla de San José: »Bäume, Blumen, überhaupt Pflanzen sind die einzigen irdischen Wesen, die selig sind (...) Sie haben keinen Sündenfall erlebt (...) Es liegt eine tiefe Wahrheit darin, daß das Paradies als Garten vorgestellt wird.«

Man kennt in Homers »Odyssee« die Beschreibung des herrlichen Gartens des Alkinoos. Und in der »Ilias« spielt ein Baum eine besondere Rolle – die Platane. Dort opfern nämlich die Griechen vor der Ausfahrt den Unsterblichen »unter der schönen Platane, von der her glänzendes Wasser strömte«, wie Wolfgang Schadewaldt übersetzt. Durch diese Stelle ist die Platane in die Literatur des Altertums eingegangen. Unter diesem Baum wird gedichtet, geschrieben, philosophiert.

In Platons »Phaidros« befinden sich Sokrates und Phaidros vor den Toren Athens, und ersterer sagt: »So gehe voran und sieh dich um, wo wir uns wohl setzen können.« Phaidros: »Siehst du jene höchste Platane dort?« Und Sokrates, als sie ankommen: »Bei der Here! dies ist ein schöner Aufenthalt. Denn die Platane selbst ist prächtig belaubt und hoch und des Gesträuches Höhe und Umschattung gar schön (...) Und unter der Platane fließt die lieblichste Quelle des kühlsten Wassers (...) Auch scheint hier nach den Statuen und Figuren ein Heiligtum einiger Nymphen (...) zu sein. Und (...) auch die Luft weht hier willkommen und süß und säuselt sommerlich und lieblich in den Chor der Zikaden.« Von seiner Einsamkeit in Paris noch schreibt Paul Celan am 24. Oktober 1948 an Max Rychner: »Mitten in dieser wunderbaren Stadt, in der ich nichts habe als das Laub der Platanen.«

Wie konnte, angesichts einer solch ehrwürdigen Geschichte dieses Baumes, jemand auf die Idee kommen, die Tübinger Platanen-Allee abholzen zu wollen, diese Versammlung heiliger, immergrüner Erscheinungen, unter deren Schatten seit Hölderlins Zeiten ich weiß nicht wer alles ging? Würde man woanders nur auch so viel gehen wie an diesem besonderen Ort, dann ginge vielleicht die in dem Aphorismus Johann Gottfried Seumes steckende Prophezeiung in Erfüllung: »Es ginge manches besser auf der Welt, wenn mehr gegangen würde.«

* * *

Tübingen als Literaturlandschaft

MAN spricht geläufig von einer Wiese oder einer Weinlandschaft, das ist etwas Seh- und Erfahrbares. Eine Kunstlandschaft ist ebenfalls den Sinnen zugänglich, auch wenn dieses Wort schon eine abstrahierende Nachbildung ist. Wie aber steht es mit der Literaturlandschaft? Dies ist nun wirklich ein (fast) reines Abstraktum: Die objektive Wirklichkeit ist in der Literatur eben nur sehr indirekt vermittelbar, und die Rückwirkung vom Buch zur Welt kaum nachzuweisen. Trotzdem ist die Literatur keineswegs etwas Abgehobenes, schwebt sie nicht frei über allen konkreten räumlichen und zeitlichen Bedingungen unseres persönlichen wie geschichtlichen Seins. Andrerseits ist sie aber auch nicht in einem Land ›verwurzelt‹, wie man das gern von bodenständigen Autoren sagt – das trifft wirklich nur auf den Weinstock zu. Auch wenn die Dichtung landschaftliche Elemente enthält, so strebt sie doch, ihrer fiktionalen oder lyrischen Eigenart entsprechend, fort vom Typischen zum Generellen, zur ordnenden Strukturierung, kämpft sie gegen die Umstrickung durch die unüberschaubare Vielfalt der Welt. Aufgabe und Möglichkeit der Literatur ist also das Faßbarmachen des Vieldeutigen (ohne deshalb eindeutig zu werden), das ›Ordnen‹ des ungeordnet Realen, die Reduktion der unendlich komplizierten Wirklichkeit auf die, bei aller ästhetischen Verfeinerung, gröberen, verdeutlichenden Raster, ohne die sie sich von dem chaotischen Zustand um sie her nicht abheben könnte. Doch zurück zu dem fraglichen Begriff der Literaturlandschaft: Seine Anwendung auf Tübingen klingt durchaus plausibel! Und zwar dann, wenn wir die Umgebung mit einbeziehen. Da sehen wir nämlich, wie hier tatsächlich eine Landschaft Literatur geworden ist und dadurch ganz neu erscheint. Schon wenn man durch die Wöhrdstraße geht, die sich früher ja außerhalb der Stadt befand, gesäumt von einer Lindenallee, in der die Tübinger Studenten ihre sogenannten Naturkneipen abhielten, befindet man sich an einem ›literarisierten‹ Ort: »Der Himmel lacht und heitre Lüfte spielen«, so beginnt ein seinerzeit viel gesungenes, von Silcher komponiertes Trinklied von Hermann Kurz. Und ebenfalls hier, auf dem Wöhrd, sollen Hegel und Hölderlin einen Tanz um einen Freiheitsbaum miteinander aufgeführt haben, nachzulesen in dem Gedicht von J.G. Fischer: »Zu Tübingen führt ein Freudentag/ Die Jünger des Stifts zusammen...« Und hier wohl auch spielt Justinus Kerners unheimliche Kurzballade »Es war in des Maien mildem Glanz,/ Da hielten die Jungfern von Tübingen Tanz«. Eines der schönsten deutschen Frühlingsgedichte – und nur um Gedichte soll es hier gehn: »Die linden Lüfte sind erwacht,/ Sie säuseln und weben Tag und Nacht...,« ist ja vielleicht in Uhlands Garten an der Gartenstraße entstanden. Überhaupt Uhland: Was ist ihm auf seinen Spaziergängen rund um Tübingen nicht alles eingefallen: auf dem Schloßberg (»Ich saß bei jener Linde/ mit meinem trauten Kinde...«) und bei der Wurmlinger Kapelle (»Droben stehet...«), auf dem Österberg (»Das ist der Tag des Herrn!...«) und im Lustnauer Wäldchen (»Wie willst du dich mir offenbaren,/ Wie ungewohnt geliebtes Thal?...«), im Weilheimer Kneiple (»Wein und Brot«) und beim Abschied von der Stadt (»Reisen soll ich, Freunde! reisen...«). Und wer weiß, was er und seine Freunde alles im Elysium gedichtet haben.

Allgemein bekannt ist Hölderlins großartiges »Neckar«-Gedicht, das wir Tübinger auch auf uns beziehen dürften; ferner Lenaus »Wurmlinger Kapelle« (»Luftig wie ein leichter Kahn,/ Auf des Hügels grüner Welle«) und Mörikes antikisierende »Bilder aus Bebenhausen«. Viel Landschaftliches, beginnend bei den Neulateinern (»Prächtig aufgebaut schmiegt sie sich hin am sonnigen Hange ...«) könnte man noch nennen, z.B. Karl Mayers »Dorf und Tal« oder seine Hexameter: »Schatten umlagern die Berg' und drüben die alternden Thürme/ Und in das ernste Gefild sinket das Schweigen herab...«; den »Nachruf an den Hirschauer Steg« von E. Kommerell, stud.med. in Tübingen, dann Oberamtsarzt in Bad Cannstatt; ja in einem von Hölderlins hymnischen Entwürfen taucht kurz der Spitzberg auf, mit einer Anspielung auf die alte Römerstraße, die an ihm vorbeiführte. Nun wird der Leser fragen: Und wo bleiben die Gedichte des 20. und 21. Jahrhunderts? Es gibt ihrer genug, und nicht wenige ausgezeichnete. Nur: Sie einzubeziehen würde den Rahmen dieser Betrachtung sprengen. Nachlesen aber kann man sie, und zwar zusammen mit allen klassischen Tübingen-Gedichten, in der bei Heckenhauer erschienenen Anthologie »Tübingen im Gedicht«. Bei ihrer Lektüre wird deutlich: Tübingen ist eine der dichtesten und dichterisch ergiebigsten Literaturlandschaften Deutschlands.

* * *

Ungleichen Schrittes

Mit Uhland und Hölderlin unterwegs

IN Tübingen, bar des Hochmuts und der Anmaßung manch glanzvoller historischer Städte, hat man den richtigen Schritt, wenn man ihn zusammen mit Ludwig Uhland tut. Sein Atem ist in diesen Gassen, seine Gedichte lassen sich auf den Hügeln ringsum sprechen, wo er sie fand. Die Häuser, die Schritte, der Rhythmus sind aufeinander abgestimmt.

»Der Fremde, der vor 25 Jahren durch Tübingens hüglige Straßen und lachende Umgebungen wandelte, konnte in einem der schattigen Baumgänge am Neckar einem einsamen Spaziergänger begegnen, einem Manne von gedrungener, nicht ganz mittlerer Gestalt, mit leicht vorgebeugtem Haupte und ernstem, fast etwas schüchternem Angesicht; und wenig hätte er wohl den rasch Hinschreitenden beachtet, wenn ihm nicht der einheimische Begleiter den Namen Ludwig Uhland zugeflüstert hätte«, so beginnt Adolf Rümelin in den »Württembergischen Neujahrsblättern«, im vierten Blatt von 1887, seinen Artikel »Zum hundersten Gedenktage seiner Geburt« – es ist, als wäre der steinerne Uhland, der starren Standbein-Spielbein-Haltung überdrüssig, von seinem Sockel herabgestiegen, um nachzusehen, ob sein Geburtshaus in der Neckarhalde noch steht.

»Ich saß bei jener Linde / mit meinem trauten Kinde, / wir saßen Hand in Hand ...«, oder: »Noch ahnt man kaum der Sonne Licht, / noch sind die Morgenglocken nicht / im finstern Tal erklungen ...« Was Boris Pasternak über Puschkins Bedeutung für Rußland als Lyriker sagte, läßt sich ganz gut auch auf Uhland und Tübingen anwenden: »Puschkins vierfüßiger Jambus (...) ist zu einer metrischen Einheit des russischen Lebens geworden, zu einem Maßstab, (...) nach dem man sich ebenso richtet wie nach der Schuhgröße und nach der Handschuhnummer im täglichen Leben.«

Mit Hölderlins weitem Atem dagegen, in seinem dithyrambischen, aufsteilenden Rhythmus, oftmals durch stilistische Verschränkungen, ja gegenrhythmische Tendenzen fast zum Stocken gebracht, kann man weder flanieren noch wandern, auch und schon gar nicht zu seiner

Elegie »Der Wanderer«: »Einsam stand ich und sah in die afrikanischen dürren / Ebnen hinaus; vom Olymp regnete Feuer herab, / Reißendes! milder kaum, wie damals, da das Gebirg hier / Spaltend mit Strahlen der Gott Höhen und Tiefen gebaut.« Uhland bei mildem Sonnenschein traulich zu zweit unter der Schloßlinde, die jeder Tübinger kennt – Hölderlin allein, den Blick in eine ferne Wüste und ins versengende Feuer der Sonne gerichtet. Es läßt sich kein größerer Gegensatz denken.

Hölderlins Atem ist für Tübingen zu gewaltig und zu heiß, er würde die Brust dieses Städtchens sprengen und versengen. Mit Uhlands Versen im Kopf kann man lustwandeln und bei einem »Wirte wundermild« einkehren, dazu braucht's keine große Umstellung. Läßt man sich auf Hölderlins Gedichte ein, so muß man das ganz tun, kann man nicht nebenher plaudern oder einen Schmetterling betrachten. Uhland springt, wenn niemand hinsieht, von seiner Höhe herab und geht festen Schritts in sein geliebtes Schwimmbad.

Hölderlins Denkmal im Alten Botanischen Garten ist verstümmelt, deshalb hört man ihn in den Gassen von Tübingen, besonders in der Bursagasse, nur schreien und stöhnen. Um die beiden Dichter auf eine Art Formel zu bringen: Uhland spricht aus, Hölderlin verbirgt. Oder, mit einem Zitat aus Heraklit, dem großen Geistesverwandten von Pindar und damit auch von Hölderlin: »Die verborgene Harmonie ist stärker als die offenbare.«

* * *

Der ›Turm‹: Dankbarkeit

NEIGEN wir nicht dazu, wenn wir des Hölderlinturms ansichtig werden, uns seinen damaligen Bewohner als einen permanent Trauernden vorzustellen? Dabei zieht sich durch Hölderlins Dichtung ein überraschendes Thema: die Dankbarkeit. Das beginnt mit einem mystischen Erlebnis des Jungen in Nürtingen, wie er es in seinem Gedicht »Die Meinige« aus der Maulbronner Zeit beschreibt. Jahre später, während seines Bordeaux-Aufenthalts, schreibt er: »Es haben diese Dankbarkeit mir die Gasgognischen Lande gegeben«, denn in den Körpern der Menschen dort sieht er Spuren des antiken Griechentums. Und unter den Turmgedichten beginnt ein Vierzeiler: »Das Angenehme dieser Welt hab ich genossen ...« Und wie um einem oberflächlichen Verständnis seines Glücksgefühls vorzubeugen, heißt es in seinem vaterländischen Gesang »Der Rhein«: Denn schwer ist zu tragen/ Das Unglück, aber schwerer das Glück«. Und davor: »Kann aber ein Mensch auch/ Im Gedächtnis doch das Beste behalten,/ Und dann erlebt er das Höchste«. Es spricht einiges dafür, dass auch der Greis dieses »Beste« im Gedächtnis behielt und dem »Höchsten« noch nahe war. Wer von seinem Glück so redet wie Hölderlin und das Wort Dankbarkeit so häufig verwendet, der ist kein Verzweifelter. Und wer seinen Mitmenschen eine solche Dichtung schenkt, der ist, trotz »heiligem Leid«, ein Gott. Man darf dem Turm also durchaus mit Heiterkeit begegnen!

* * *

Entstehung der Stadt

Betrachtungen nach Hölderlin

»Das Betrachtende bringt das Betrachtete hervor«, sagt Plotin. Die Wahrheit dieses scheinbaren Paradoxes erschließt sich erst nach langer Betrachtung. Tausend Jahre später bezeichnet Meister Eckhart, was uns an wahrer Erkenntnis hindert: »Unser Ich ist wie eine Wolke, die vor der Sonne steht. Diese scheint und scheint, aber wir erkennen sie nicht.« An uns also liegt es, und nicht etwa an einem metaphysischen Verhängnis, wenn wir nicht jene »Morgenröte im Aufgang« sehen, deren Schimmer Jakob Böhme hinter den Gegensätzen allen Seins ahnte.

Hölderlin hat Tübingen zwar betrachtet, aber nicht besungen. Nur in dem Fragment »Ihr sichergebauten Alpen« steht es unverbunden da, der Spitzberg wird genannt und die Römerstraße von Rottenburg nach Köngen evoziert. Wo er aber von Germanien und seiner engeren Heimat spricht, da darf man diesen »Gesang des Deutschen« auch auf unsere Stadt beziehen: »An deinen Strömen ging ich und dachte dich, / Indes die Töne schüchtern die Nachtigall / Auf schwanker Weide sang, und still auf / Dämmerndem Grunde die Welle weilte. / / Und an den Ufern sah ich die Städte blühn, / Die Edlen, wo der Fleiß in der Werkstatt schweigt, / Die Wissenschaft, wo deine Sonne / Milde dem Künstler zum Ernste leuchtet.«

Es gibt wohl keinen Dichter der Neuzeit, der, bei höchstem Einsatz seiner Person, sein Ich so transparent machte für das, was er zu sagen hatte, wie Hölderlin. Eben dadurch gelang es ihm, im Sinne Plotins, das Betrachtete recht eigentlich erst hervorzubringen. Wer »Am Quell der Donau« liest, den »Rhein«, den »Neckar«, der sieht diese Ströme mit ihren Landschaften und Städten neu erstehen. Ja, selbst die jahreszeitlichen Turmgedichte verändern, trotz und wegen ihrer mit letzter Kraft gesprochenen Kargheit, unseren Blick auf den in ihnen vorkommenden Teil der Tübinger Landschaft.

Hölderlins Auge, sein Denken, seine Sprache sind unablässig auf die Gegenwart und die Zukunft gerichtet – nicht seines Ichs, sondern einer ersehnten neuen Gemeinschaftlichkeit, die, ob vom Neckar gesprochen wird (»Stuttgart«) oder von Bordeaux (»Andenken«), im Wein einen Gemeinsamkeit herstellenden Trank besäße. Mit diesem Dichter starb in Tübingen auch der Weinbau, einstmals bis nach Amsterdam und Wien exportierend, lange mit seinen großen Hangflächen das Bild der Stadt prägend und heute auf einen Hektar zusammengeschrumpft. »Es reiche aber, / Des dunkeln Lichtes voll, / Mir einer den duftenden Becher, / Damit ich ruhen möge; denn süß / Wär unter Schatten der Schlummer«. Ist in Tübingen mit dem Wein auch die metaphysische Erlebnisfähigkeit geschwunden? Können wir, kann unser Zeitalter vor Hölderlins Dichtung überhaupt noch bestehen?

* * *

Tübingen, die Sonne, das Grab

WER einnal auf einer mehrtägigen Wanderung, vielmehr einem Gewaltmarsch die ›unbarmherzige‹ Sonne des Südens erlebt hat, dem wird die Theorie, daß Hölderlin bei seiner Rückkehr von Bordeaux – ohne Kopfbedeckung! – einen gesundheitlichen Schaden davontrug, nicht so abwegig erscheinen. Oft zitiert wird der folgende Satz aus seinem Brief an Boehlendorf: »Das gewaltige Element, das Feuer des Himmels und die Stille der Menschen, ihr Leben in der Natur, und ihre Eingeschränktheit und Zufriedenheit, hat mich beständig ergriffen, und wie man Helden nachspricht, kann ich wohl sagen, daß mich Apollo geschlagen« – Gefährdung, Auslöschung durch einen Eingriff des griechischen Sonnen- und Lichtgottes. – Als im Juli 1873 in Tübingen das Uhlanddenkmal mit vielen Reden feierlich enthüllt wurde, holte sich Hermann Kurz, der aus falscher Rücksichtnahme brav in der brütenden Hitze ausharrte, einen Sonnenstich – seine Tochter Isolde berichtet, von da an sei sein Befinden gestört gewesen; am 10. Oktober desselben Jahres verschied er. Übrigens hatte er sich den Auftritt eines Geistlichen am Grabe verbeten, und das erinnert an Storm, der im Juli 1888 gestorben ist und drei Tage später in der Husumer Familiengruft beigesetzt wurde, und zwar ebenfalls ohne kirchliche Zeremonie, wie er es bereits fünfundzwanzig Jahre zuvor gefordert hatte:

> Auch bleib der Priester meinem Grabe fern;
> Zwar sind es Worte, die der Wind verweht,
> Doch will es sich nicht schicken, daß Protest
> Gepredigt werde dem, was ich gewesen,
> Indes ich ruh im Bann des ew'gen Schweigens.

Uhland wiederum hatte sich am Grab von Justinus Kerner, im Februar 1862, eine Erkältung geholt, an der er das ganze Jahr über kränkelte; am 13. November desselben Jahres folgte er seinem liebsten Freund in die ewige Ruhe. – So wurden die einen »von Apollo geschlagen«, weil sie barhäuptig den Sonnenpfeilen trotzten, und so holten sich die andern bei einer Beerdigung den Tod, weil sie glaubten, dem Verstorbenen ohne Kopfbedeckung die letzte Ehre geben zu müssen. Immerhin haben diese beiden Todesarten mehr Stil als jene, nach einer längeren, durch die moderne Zentralheizung hervorgerufene Erkrankung der Atemwege schließlich an einem letzten Husten- und Erstickungsanfall das Zeitliche zu segnen. Ja, zu segnen: mit einer stummen Geste, denn einen Fluch geben die Stimmbänder dann nicht mehr her.

*   *   *

Drei Tübinger bei Fontane

Wie Hölderlin, Waiblinger und Uhland in einen höheren Zusammenhang kamen

WIE das? wird man fragen: Die Poesie von Schwaben in den Romanen des Berliners Theodor Fontane? Wie paßt das zusammen? Und wenn, dann doch sicher nur zufällig und ganz am Rande? Nun, erstens gibt es bei großen Romanciers nur beim Schreiben selbst Zufälle, nicht aber in der Gesamtkonzeption. Zweitens passen die drei Genannten ganz vorzüglich dorthin, wo sie sich bei Fontane befinden. Und drittens stehen sie nicht am Rande, sondern an zentralen Stellen.

Fangen wir mit Hölderlin und damit chronologisch mit Fontanes erstem Roman an, mit »Vor dem Sturm«, den er 1878 im Alter von 59 Jahren schrieb. »Der moderne Roman wurde für Deutschland erfunden, verwirklicht, auch gleich vollendet von einem Preußen, Mitglied der französischen Kolonie, Theodor Fontane«, stellt Heinrich Mann lapidar fest. Im dritten Band, und dort in Kapitel 17, bekennt sich der junge Lewin, der Held des Romans, zu der Hölderlin-Verehrung seines dichtenden Gastgebers, Hansen-Grell. Zuerst nimmt er ganz zufällig »eines der kleinen Bändchen zur Hand und schaut hinein. Es waren Hölderlins Gedichte. Auf einer der aufgeschlagenen Seiten standen vier Zeilen: ›In jüngern Tagen war ich des Morgens froh,/ Des Abends weint ich; jetzt, da ich älter bin,/ Beginn ich zweifelnd meinen Tag, doch/ Heilig und heiter ist mir sein Ende.‹ Lewin empfing einen bedeutenden Eindruck von diesen Zeilen«, von dem einstrophigen »Ehmals und jetzt« also. Und einen noch größeren Eindruck macht dann das Gedicht »An die Parzen« auf ihn, das der andere ihm vorspricht: »Nur Einen Sommer gönnt, ihr Gewaltigen!/ Und einen Herbst zu reifem Gesange mir.« Von Lewin heißt es nun: »sein Schweigen sagte mehr, als es die enthusiastischsten Worte gekonnt hätten«.

Gedichte von Waiblinger und Uhland treten in tragender Funktion in dem großen Eheroman »Unwiederbringlich« auf, den Fontane 1891, mit 72 Jahren, schrieb. Holk und Christine, ein völlig gegensätzliches Paar. Er zitiert, mit Blick auf sein neues klassizistisches Schloß, wohlgemut den Anfang von Uhlands »Das Schloß am Meere«: »Hast du das Schloß gesehen,/ Das hohe Schloß am Meer?/ Golden und rosig wehen/ Die Wolken drüber her.« Sie hingegen antwortet mit der fünften Strophe, die das traurige Ende andeutet: »Die Winde, die Wogen alle/ Lagen in tiefer Ruh',/ Einem Klagelied aus der Halle/ Hört' ich mit Tränen zu.« So zeigen zwei Strophen aus diesem Gedicht von Uhland dem Leser schlaglichtartig den völlig unterschiedlichen Charakter dieser miteinander kämpfenden Menschen und gleichzeitig die Richtung, in die die Handlung gehen wird.

Nicht zitiert, aber an wichtiger Stelle genannt wird Wilhelm Waiblinger. Asta, die Tochter dieses Paares, begleitet ihre Freundin Elisabeth auf dem Klavier zu einem Lied von Waiblinger. Nach diesem kleinen Hauskonzert heißt es von Astas Mutter: »Besonders die Gräfin schien ergriffen, und als die letzte Strophe gesungen war, erhob sie sich und schritt auf den Flügel zu. Hier nahm sie das noch aufgeschlagen auf dem Notenpult stehende Lied und zog sich ohne weitere Verabschiedung aus der Gesellschaft zurück [...] Holk begnügte sich, Elisabeth zu fragen, von wem der Text sei. ›Von Waiblinger, einem Dichter, den ich bis dahin nicht kannte.‹ ›Ich auch nicht‹, sagte Holk. ›Und die Überschrift?‹ ›Der Kirchhof.‹ ›Drum auch.‹« In diesem Miniatur-Dialog ist der ganze Fontane enthalten.

Hölderlin, Waiblinger und Uhland: drei völlig verschiedenartige Dichter, die biographisch jedoch eng miteinander verbunden sind. Und der aus einer Hugenottenfamilie stammende Preuße Fontane hat sie auf seine Weise noch einmal in einen höheren Zusammenhang gebracht.

* * *

Vom Neckar zum Schloß

In seinem Gedicht »Korrespondenz« bezeichnet Charles Baudelaire die Natur als einen »Tempel aus lebenden Pfeilern«, als einen »Wald von Symbolen«. Das trifft auch auf die Stadt zu, und da Tübingen eine Mischung aus beidem ist, treffen wir hier ständig auf Symbolträchtiges. Das fängt schon mit dem Wasser an: ein Symbol, so unausschöpfbar wie das Meer. »Das Wasser und die Träume« hat der Franzose Gaston Bachelard seinen 265 Seiten starken »Essay über die Einbildungskraft der Materie« genannt, wie der merkwürdige Untertitel heißt. »Die Einbildungskraft ist nicht, wie es die Etymologie nahelegt, die Fähigkeit aus der Realität Bilder zu formen; vielmehr ist sie die Fähigkeit, Bilder zu formen, die über die Realität hinausgehen und diese *besingen*«, so lautet seine Voraussetzung. Und da unser Neckar von Schwänen bevölkert ist, gleich noch einmal Bachelard: »In der Literatur ist der Schwan ein Ersatz für die nackte Frau (...) Wer den Schwan bewundert, der begehrt die Badende«.

(Neckar-)Tor und (Stiftskirchen-)Turm: was für Symbole! Tore, diese bedeutungsvollen Zeichen, spielen im Leben unserer Stadt eine eher unsichtbare Rolle, man findet sie nur noch auf alten Abbildungen. »Wenn du dieses Tor durchschreitest, so hast du einen anderen Himmel über dir und eine andere Erde unter deinen Füßen«, lautet ein chinesischer Spruch. Kämen heute noch die Flößer den Neckar herunter, könnten wir uns an das »Floß der Medusa« erinnern, das Hauptwerk des Malers Géricault, dieses romantische Schreckensbild eines Schiffsbruchs als späte Nachwirkung der Unterweltslandschaft des Jüngsten Gerichts. Doch da erblicken wir einen Stocherkahn, der uns an den Nachen auf dem Totenfluß Styx denken läßt, und das ist symbolträchtig genug.

Im dunklen Vorraum der Stiftskirche ist, hoch oben, Maria auf der Mondsichel dargestellt. Der Mond, »Vater der mythischen Motive« – wer nennt all die Bedeutungen und Deutungen in den verschiedenen Kulturen! Bei uns wird die Jungfrau Maria, mit dem doppelten Aspekt der Keuschheit und des Gebärens, durch die Jahrhunderte hindurch oft auf einer Mondsichel stehend abgebildet,

Ankündigung der Geburt göttlichen Lebens auf Erden. Es wird aber auch auf die Offenbarung des Johannes hingewiesen, auf das mit der Sonne bekleidete Weib, das den Mond unter den Füßen hat: ein Typos der Kirche, die einmal alle satanischen Gewalten (der wechselnde Mond versinnbildlicht Veränderungen in der phänomenalen Welt) überwunden haben wird. Der Halbmond ist das Symbol der Großen Mutter, der lunaren Himmelskönigin, poetisch gesprochen »das Schiff des Lichtes auf dem Meer der Nacht«, und vieles mehr. – Wir kommen durch die Münzgasse – wie viele Symbole auf Münzen! – und stehen am Ende der Burgsteige vor dem Renaissanceportal des Schlosses: vor einem ganzen mythologisch-symbolisch-allegorischen Bildprogramm, dessen Aufschlüsselung man in Wilfried Setzlers Stadtführer nachlesen kann. Und dann die Brücke zum Schloß (der »Bärengraben«): Ursprünglich bildete die Brücke die Verbindung zwischen Himmel und Erde, zwischen einem Reich und dem anderen, symbolisierte die Vereinigung des Menschen mit der Gottheit. Später überquerte man die Brücke beim Tode oder in mystischer Entrückung. Der Gang über die Brücke kann aber auch der Übergang vom Tod zur Unsterblichkeit, vom Unwirklichen der Körperwelt zum Wirklichen der Geisteswelt sein.

Und das Schloß selbst? Wir wissen aus dem Märchen, daß es ein Symbol ist für das, was schwierig zu erreichen ist: für einen zu erlangenden Schatz oder einen zu befreienden Gefangenen, Sinnbilder für esoterisches Wissen oder geistiges Streben. Um die Prüfung oder das Abenteuer zu bestehen, muß man den Wallgraben auf dem Weg zum Schloß, oft mit einer tückischen Zugbrücke versehen, überqueren, und ein Untier oder einen Bösewicht überwinden. All das bleibt dem Besucher unseres Schlosses erspart, beim Betreten des Schloßhofes stürzt sich ihm kein Löwe entgegen, ganz ruhig steht im Hintergrund ein Brunnen: das weibliche Prinzip, der Schoß der Großen Mutter, die Psyche, das magische Tor zur unteren Welt. Enden aber tut dieser Brunnen sehr männlich, nämlich in einem Pinienzapfen: Flamme, Phallus, Schöpferkraft; als phallisches Symbol und ein Zeichen für Fruchtbarkeit war er ein Attribut des Dionysos und bekrönte seinen Thyrsosstab. So könnten wir fortfahren und etwas zur symbolischen Bedeutung der Säule sagen, des Daches, der Treppe, der Kammer... Und würden wir das eindrucksvolle Museum mit den Schausammlungen der Universität betreten, dann kämen wir aus einem ganzen Urwald von Symbolen gar nicht mehr heraus!

* * *

Tübingen oder Die Kindheit der Stadt

WARUM sprechen uns alte Darstellungen von Tübingen so stark an, wo auf ihnen doch viel weniger zu sehen ist als auf neueren? Weil sie der Geburt der Stadt, und dadurch dem Geheimnis des Ursprungs, näher sind. Weil sie, paradoxerweise, frischer erscheinen als jüngere Abbildungen, denn diese altern rasch. Und weil sie noch von einem letzten Hauch des Mittelalters umweht sind, jener Epoche, da das Zeitgefühl noch nicht so schmerzhaft-scharf ausgeprägt war und Vergangenheit und Zukunft im mächtigen Strom der Gegenwart verschwanden: »Vergangenheit und Zukunft sind nicht. Vielleicht sollte man sagen: Es gibt die Vergangenheit des Vergangenen, das ist die Erinnerung; die Gegenwart des Gegenwärtigen, das ist die Anschauung, und die Gegenwart des Zukünftigen, das ist die Erwartung«, sagte Jahrhunderte zuvor der Philosoph und Kirchenvater Augustinus im ersten Buch seiner »Bekenntnisse« mit dem Titel »Was ist Zeit?«. – Eine Tübingen-Ansicht aus dem 16. Jahrhundert: in der Mitte ein paar Häuser, die Kirche, das Schloß, ansonsten die suggestive Wirkung freier Fläche, leeren Raums, fast wie auf Tuschezeichnungen des alten China. Und man fühlt: In der Stileinheit von Landschaft und Stadt liegt das Geheimnis von Tübingens Wirkung. Die Stadt als Kind: Je ferner die Zeit, aus der es kommt, desto gegenwärtiger das darauf Abgebildete. Die Trennung der Zeiten – aufgehoben im Erkennen. Um aber zum Erkennen zu gelangen, müssen wir den Mikrokosmos der sichtbaren Realität durchsichtig machen. Nicht auf Metaphysisches, Transzendentes – auf einen geistigen Hintergrund, einen Zusammenhang hin, in dem dieser Kosmos eine größere als beim ersten Blick angenommene Bedeutung erlangt. Denn ihren Sinn erhält eine Stadt erst als Teil jener unendlichen Stadt, die wir nie zu Gesicht bekommen und der wir doch Namen geben. Denn mehr können wir kaum tun.

* * *

Zentrum und Peripherie

Anmerkungen zur großen kleinen Stadt

JE kleiner eine Stadt, desto größer die Entfernungen. In einer Großstadt legt man manchen Kilometer zurück; in einer Kleinstadt wie Tübingen empfindet man schon ein paar Schritte, etwa zur Kelter »da unten« oder zu einer Buchhandlung »dort draußen«, als Zumutung. Das illustriert sehr schön, daß Tübingen, relativ gesehen, größer ist als Berlin.

Ein damit zusammenhängender Gedanke. Falten Sie doch einmal den Plan einer Ihnen vertrauten Stadt auseinander und legen Sie das Bild, das Sie von ihr haben, im Geist darüber. Die beiden Pläne werden sich nicht nur nicht decken, sondern der zweite, der gedachte, wird sich ganz ärmlich ausnehmen und selbst von dem Stadtteil, in dem Sie sich gewöhnlich bewegen, nur wenig aufweisen.

Ähnliches gilt für den »Plan« unseres gelebten Lebens: Würden wir ihn auf der Folie all unserer nicht verwirklichten Möglichkeiten sehen, wir würden erschrecken. Warum aber bewegen wir uns ständig in demselben uns bekannten kleinen Ausschnitt unserer Stadt? Ist das ein Vorurteil gegenüber der Peripherie, wo ja »doch nichts los« ist? Oder die unbewußte Angst vor den Rändern, vor dem plötzlichen Abgleiten ins Ungestaltete?

Dabei hat man dort wenigstens noch die Chance, etwas Nicht-Hergerichtetes, Nicht-Funktionalisiertes zu erblicken, und wäre es nur ein Haufen Alteisen unter einem Brückenbogen oder eine verfallene Scheuer auf einem Feld. Aber wir durchstreifen, allesamt Anhänger der mystischen Idee der Gruppenseele, weiterhin Tag für Tag unsere winzige Innenstadt auf der Suche nach Menschen, denen wir nie begegnen werden, nach Geheimnissen, die es nicht gibt. Anstatt dafür zu sorgen, dass die weißen Flecken auf allen imaginären und tatsächlichen Landkarten und Stadtplänen weniger werden.

* * *

Tübinger Kulturmeile

DAS nervtötende go-and-stop auf der Autobahn kennt man. Ich schlage eine Variante vor, die das gerade Gegenteil ist: unterhaltsam, amüsant, und zwar mit dem Fünfer unseres Stadtbusses. Beginnen wir an der Neckarbrücke, wo wir *das* Tübinger Kulturdenkmal schlechthin vor uns haben: den Hölderlinturm, sowie den täglichen Kulturträger Nr. 1: das *Schwäbische Tagblatt*. Und wenn wir anfahren, setzen wir im Geist an der Ecke Mühlstraße/Gartenstraße das 1944 von englischen Bomben zerstörte Uhland-Haus hin – bis dato Tübingens »bedeutsamster literarischer Wallfahrtsort« (H. Hornbogen). Am Lustnauer Tor steigen wir bereits wieder aus, denn rechter Hand warten zwei Buchhandlungen, wie sie unterschiedlicher nicht sein könnten, und linker Hand ein lebendiges Antiquariat. Stünde im Alten Botanischen Garten das Gewächshaus noch, könnten wir uns an seinem Anblick erfreuen. Aber was der Krieg nicht erledigt hat, das haben dann ja die Abrißbirnen besorgt, und da Tübingen so reich an Gebäuden aus allen Stilepochen ist – wozu da noch eine Orangerie mit viel unnützem Glas? Haben wir uns aus dem Bücherparadies losgerissen, befördert uns der nächste Fünfer zur Neuen Aula, zur Universität, neuerdings mit zwei in altem Stil nachgebauten Brunnen davor – hoffentlich denken die Studenten auf ihren Rändern nicht, sie befänden sich im 19. Jahrhundert. Wollen wir nicht aussteigen und einen Blick in die Vorhalle werfen, in die Propyläen, in das, was bei romanischen Kirchen Atrium oder Paradies heißt? Sie meinen, das lohnt sich nicht? »Sich im Vorhofe zu fühlen, ist überhaupt und überall nur das Höchsterreichbare«, betont Hermann Grimm im Hinblick auf Goethes »Propyläen«, die dieser nach seinem großen Rom-Erlebnis herauszugeben begann – ja wollen wir etwa klüger sein als Goethe und Grimm? Außerdem steht schräg gegenüber, auf der anderen Seite der Wilhelmstraße, der Bonatz-Bau der Universitätsbibliothek, an dem wir die Köpfe von Homer, Platon, Leonardo, Dante, Luther, Leibniz, Goethe, Schiller, Kant und Uhland erkennen. Und während wir noch überlegen, wie tot oder lebendig all diese illustren Namen sind, kommt schon wieder ein Fünfer und bringt uns zum Tübinger Stadtfriedhof. Mit Hornbogens gleichnamigem kundigen Werk als Führer in der Hand, beginnen wir unten – und stellen irgendwann fest, daß zwei Stunden verflogen sind. Wer aber nur das Grab von Hölderlin sucht, der findet es dort, wo die Bildhauerin Helga Allgaier einen steinernen Kahn auf die Mauer gesetzt hat. Am oberen Ausgang nimmt uns der Bus bis zum Ende der nach dem berühmten Geologen Quenstedt benannten Straße mit, und jetzt müssen wir uns entscheiden: entweder aussteigen und durch das entzückende Wäldchen des Elysiums emporwandern, einstiger Treffpunkt der Dichter und geographischer Mittelpunkt von Baden-Württemberg, oder weiterfahren. Aber da wir den Knopf nicht gedrückt haben, biegen wir schon in die Frondsbergstraße ein, lassen – wir Glücklichen! – die Kliniken links liegen und steigen dort aus, wohin die Pflanzenkenner pilgern: am Botanischen Garten. Wenn das kein Vorgeschmack aufs Paradies ist! Auf ein irdisches Paradies, wohlgemerkt, denn: »Solange er lebt, gehört der Mensch dieser Erde. Vergeblich, die Sterne ergreifen zu wollen«, sagt der Dichter Eugen Gottlob Winkler, und der Philosoph Hans Blumenberg: »Deshalb denken Leute, die an nichts Geschmack finden können, so gerne an Paradiese, verlorene oder künftige«.

Nach diesem Fest der Sinne, geboten von der Natur, zu einem Fest der Farben und Formen in der Kunsthalle. Und danach, um endlich Brotbeutel und Sprudelflasche zu leeren, mit dem nächsten Fünfer ganz hinauf auf die Höhe von Waldhäuser-Ost, fast bis an die Pforte des Himmels: Dort können wir durch die Felder streifen oder uns in tiefen Wäldern verlieren, Reitern zuschauen oder gar bis nach Hohen-Entringen wandern, um im dortigen Ausflugslokal Rast zu machen. Oder wir treten von der Kunsthalle aus gleich den Fußweg abwärts an, vom Himmel der Kunst zum Elysium, dem Aufenthaltsort der Seligen. An dessen Ausgang fahren wir mit dem Fünfer, der gerade wieder kommt, zum Anfang unserer Reise zurück, zur Neckarbrücke. Würden wir die Fahrt jetzt noch einmal machen, wäre alles anders, auch wenn sich nichts verändert hätte: Wir wüßten schon viel, könnten Dinge sehen, die wir beim ersten Mal nicht bemerkt hatten, und uns unsere Gedanken machen – und auf einer Bank im Elysium oder oben, unter den Wolken, einfach die Augen schließen.

* * *

Tübinger Zufluchtsorte

WIE erholsam, wenn man in Berlin dem Chaos der Großbaustellen entflieht und sich ein, zwei Straßenzüge weiter plötzlich mitten in der Provinz befindet. Oder in Paris nach all den alten und neuen städtebaulichen Attraktionen im Faubourg Saint-Antoine hinter der Bastille-Oper ein vom Handwerk geprägtes Viertel erlebt. Oder in unserem Städtchen von der überlaufenen Strecke zwischen Neckargasse und Rathaus zur einsamen Münzgasse hinaufgeht und im Geschäft des Geigenbaumeisters Hans Keitel in einem Raum steht, in dem der Himmel voller Geigen hängt. »Bin kurz zum Kaffeetrinken gegangen«, kann an der Tür hängen, und dann betrachtet man eine Weile die Gebäude dieser einstmals wichtigsten Straße von Tübingen. In dieser Geigenwerkstatt spürt man den lebendigen Rhythmus eines mit seinen Händen arbeitenden und mit seinem eigenen Kopf denkenden Menschen. – Am Fuß der Münzgasse die Stiftskirche St. Georg. Auf alten Stadtansichten wird das Bild vom hochragenden Schloß sowie von dem umfänglichen, tief herabhängenden schmucklosen Dach der Kirche beherrscht, das bei entsprechender Beleuchtung »in lieblicher Bläue« daliegen kann, wie Hölderlin (oder Waiblinger?) es formulierte. Doch mir geht es um einen Zufluchtsort im Innern: »Abgesehen von dem an sich schon verengten Chorbogen wird der Chor vom Schiff durch den in Tübingen glücklicherweise noch erhaltenen Lettner abgetrennt, aber gerade der Durchblick von Raum zu Raum, über ihn hinweg und zwischen dem Reichtum seiner spätgotischen Formen hindurch, besitzt seinen eigenen, vielleicht sogar geheimnisvollen Reiz« (Max Schefold in: »Kirchen und Klöster in Württemberg und Hohenzollern«). – Durch die Münzgasse zum Schloß hinauf: Gern sitze ich unter der neu gewachsenen Linde und denke an die Gedichte von Uhland und Schwab über die Schloßlinde – und die Liebe. Oder auf einer der Bänke im runden Schloßgarten, meist aber auf dem »Schänzle« hinter dem Schloß, wo ich nachempfinde, was Isolde Kurz, der es in Tübingen nicht immer gut ging, gesagt hat: »Wieviel man gegen das alte Tübingen auf dem Herzen haben mochte, die reizvolle, wunderliche Stadt mit dem kühnen Profil und der entzückenden Lage hat es noch allen angetan, die dort gewesen. Und so oft ich späterhin aus Italien wiederkehrte, ganz durchtränkt von der Schönheit des Südens, wenn ich wieder einmal auf dem ›Schänzle‹ stand und die Blicke von der lachenden Neckarseite mit der fernen Alb in das schwermütige Ammertal wandern ließ ... immer habe ich den Zauber meiner Jugendstadt aufs neue verspürt«.

Wenn die Linden blühen und ich gerade in der Gegend bin, genieße ich hinter dem »Hegel-Bau« ihren Duft – hat nicht erst Klopstocks Eichen-Besingung die herrliche Linde von ihrem Platz im Herzen von uns Deutschen verdrängt? Mein besonderer Zufluchtsort befindet sich aber nur wenige Schritte entfernt, zwischen alter und neuer UB, verborgen, verwildert, von niemandem aufgesucht. Dort, in dem kleinen Geviert zwischen hohen Wänden, sitze ich auf einer vermoderten Bank zwischen kaum gepflegten Blumenbeeten und erlebe, wie sich Melancholie durch irgendeinen, womöglich ganz simplen chemischen Vorgang in Transzendenz verwandelt. Ein Erlebnis, das auch am Ufer unseres schönen Anlagensees am Bahnhof möglich ist. »Am Ufer und übers Wasser gehn / wieder die Frühlingswinde«, beginnt ein Gedicht des chinesischen Lyrikers aus der späten Tang-Zeit, Bai Juyi (772–846), und es schließt mit den beiden Zeilen: »Wer deutete je die Melancholie? / Was helfen da schon Worte?« – Gedichte: auch sie Zufluchtsorte, die verläßlichsten. Nicht wenige sind in Tübingen entstanden.

* * *

Am Ende der Welt

Wegweiser durch Tübingens Sackgassen

Zu dem Stichwort »Sackgasse« liest man im sechsbändigen »Großen Wörterbuch der deutschen Sprache« von Duden: »Straße, die nur eine Zufahrt hat und am Ende nicht mehr weiterführt«, und als Anwendungsbeispiel: »Wir waren in eine Sackgasse gefahren und mußten daher wenden.« Man sieht, das ist für Autofahrer geschrieben, nicht für Fußgänger. So gehören wir nicht zu den Beklagenswerten, die fluchend wenden, um der Falle wieder zu entkommen. Für uns geht's immer weiter, wir machen auch vor einer Wand nicht halt. Außerdem: Wie will man die Gasse verstehn, wenn man die Sackgasse nicht kennt? Sehen wir also zu, was wir finden.

Wir kommen von der Neckarbrücke zum Fuß der Neckargasse, gehen diese aber nicht hinauf, sondern am Tabakladen vorbei, bis wir vor der Bastler- und Heimwerker-Boutique stehen, die mit dem zweiten Namen Trick-Kiste heißt und zur Mühlstraße hin ein hübsches Fenster hat. Neugierig stoßen wir die Tür links auf und gehen die alte, gebohnerte Holztreppe hinauf und wieder hinunter. Am liebsten sind mir übrigens jene Kellertreppen, auf denen es nach Äpfeln und mancherlei anderem kinderheimatlich duftet. Die nächste Sackgasse ist oben, am Ende der Mühlstraße. Kommen wir von der Pfleghofstraße her und biegen rechts um, so landen wir bei einem Spiel-Club. Für einen, der seine halbe Schulzeit in einer Spielhölle verbracht hat, ruft dieses Etablissement wehmütige Erinnerungen wach.

Reizvoll sind jene Sackgassen, die mit dem Ende des Sacks nicht aufhören, sondern einen durch ein Türchen in eine Gartenanlage bringen. Um so größer die Enttäuschung, wenn sie verschlossen ist wie am Ende des Schulbergs und einem den Blick auf Stadt und Fluß verwehrt. Die wohl bedeutendste Sackgasse unserer Stadt ist die Bursagasse. Man schlägt sie ein, wenn man in das an ruhmvolle Zeiten anknüpfende Zimmertheater oder zum Hölderlinturm will, man gelangt durch sie zur Burse, der Name Melanchthon fällt, und am Ende, aber da ist's schon der Klosterberg, steht man vor dem Evangelischen Stift. Die über der Bursagasse liegende Clinicumsgasse ist eine echte Sackgasse mit ihrem eigenen Sack. Hier herum, auf den steilen Treppen zwischen den hohen Häusern, spüre ich immer einen Hauch von Siena.

Als Kontrast die völlig unbedeutende Ludwig-Krapf-Straße in Derendingen. Sie hat ihren Namen von dem hier geborenen Missionar, Sprachwissenschaftler und Ostafrikaforscher des vorletzten Jahrhunderts, den Meyers Enzyklopädisches Lexikon jedoch nicht kennt. Dafür bringt es üppige drei Zeilen über Herstellung und Geschmack von Krapfen. Da setzt sich einer sein Leben lang für die Menschheit ein, fährt in Länder, in denen es keine Krapfen gibt – und wird zum Schluß diesem fettigen Zeug aus Berlin geopfert.

Wir kommen in dieser Sackgasse am Albrecht-Bengel-Haus vorbei, und in seinem Fall versagt die Enzyklopädie nicht: »Seine heilsgeschichtliche Schau beeinflußte die Geschichtsphilosophie von Hamann, Schelling und Hegel«, heißt es über diesen bedeutenden Vertreter des schwäbischen Pietismus und zeitweiligen Lehrer am Tübinger Stift. Unsere Schau geht nicht so weit, denn sie wird von den gelben Wagen der Post drüben rechts abgelenkt, und dann stehen wir plötzlich vor dem Mühlbach. Hier gibt es, wie immer, zwei Möglichkeiten: am Bach entlang oder den Sprung. Wir springen und gelangen auf den parallel zu den Gleisen der Zollernbahn verlaufenden Fußgängerweg.

Da auf der Welt ja nun wirklich genug gesammelt wird, wollen wir nicht noch Sackgassen sammeln. Zum Schluß nur die Feststellung, daß die Bewohner von Sackgassen anders sind als andere. Daß sie Sitten und Gebräuche aus früheren Zeiten bewahrt haben, von denen ihre Gassen-Genossen nichts mehr ahnen, merkt man erst, wenn man selber in einer Sackgasse gelebt hat. Diese Menschen besitzen den Unabhängigkeitssinn von Bauern, die ihre eigene Scholle bearbeiten, und der alles nivellierenden Zivilisation öffnen sie sich nur so weit, wie das heute zum Überleben notwendig ist.

Für sie gilt, was Carlo Levi in seinem eindrucksvollen Bericht »Christus kam nur bis Eboli« über die Bewohner von Lukanien sagt: »Christus ist nicht bis hierher vorgedrungen, wie auch die Römer nicht bis hierher vorgedrungen waren, welche die großen Straßen beherrschten, aber sich von den Bergen und Wäldern fernhielten ... Keiner der kühnen Männer des Westens hat bis hierher den Sinn für die sich wandelnde Zeit, seine Staatstheokratie oder seinen ewigen, sich selbst noch steigernden Tatendrang gebracht. Niemand hat diese Erde berührt, es sei denn als Eroberer oder als Feind oder als verständnisloser Besucher ...«

So kommen auch die Touristen unserer Stadt, ja sogar viele ihrer Bewohner, höchstens bis zu den Anfängen der Sackgassen – sie gucken hinein, und rasch ziehen sie ihren Kopf wieder zurück, bevor der Sack sich über ihnen schließt.

* * *

Vergessener Garten
Auf Pfaden rings um die Villa Metz

WER ist nicht empfänglich für den trauervollen Charme alter Gärten? Ein Trauerspiel aber ist's, wenn so außergewöhnliche Gärten wie die der Palazzi von Venedig dem endgültigen Verfall überlassen werden, weil ihre Instandhaltung niemand mehr bezahlen kann.

In Tübingen gibt es eine Anlage, die, eben noch privat, jetzt betretbar ist: die der Villa Metz, Ecke Hechinger Straße/Eugenstraße, die unter anderem das Diakonische Werk beherbergt. Dieses Geheimnis kann ruhig verraten werden: Ein »offenbares Geheimnis« (Goethe) ist gerade durch seine Unverborgenheit gut geschützt. Gegenüber befindet sich der Volksgarten, doch der besitzt weder besonderen Charme noch jene Goethesche Tarnkappe. Hier ist alles nur nützlich, die Phantasie wird an der kurzen Leine des herkömmlichen Geschmacks gehalten. Wahrscheinlich glaubte der Planer zu wissen, was das ›Volk‹ braucht: eben einen Volksgarten.

Der Besitzer der Villa hingegen dürfte ein kunstsinniger Mensch gewesen sein. Wenn man die Anlage durchschreitet, fühlt man sich fast an fernöstliche Gartenkunst erinnert, die mit Hilfe eines ständigen Auf und Ab über Brückchen und Hügel und einem Hin und her auf schmalen, ihr Ende verbergenden Wegen auf wenigen Quadratmetern die Illusion von Verwunschenheit und Unauslotbarkeit erzeugt. Auch hier, auf engstem Raum, kein Gefühl von Enge: eine mit Kieseln gefüllte Mulde, die auf Wasser wartet, sowie eine efeu-überwachsene Grotte; eine Blumenrotunde und eine kleine Baumanlage (Akazie, Kirsche, Walnuß); Stufen zu einem winzigen runden Platz, auf dem sich ein Tempelchen oder ähnliches erhoben haben mag; zentral eine mächtige, weit ausladende Buche, hohe Fichten, die den Raum ins Unermeßliche heben, mehrere Birken, und wo man hinschaut: Haselnuß, Lebensbaum, Jasmin, auf der Erde Efeu und Farn, und wo man hinhört: das Singen, Pfeifen, Schwirren, Summen, Schnarren von Vögeln, Käfern und Insekten.

Hinter dem Parkplatz wieder moosüberwachsene Steinplatten – ich höre Janáčeks Klavierstücke »Auf überwachsenen Pfaden« –, hohe Birken, eine Zwergeiche, eine seltene Kiefernart. All das nichts Überwältigendes, aber für Tübingen auch nicht alltäglich. Vielleicht wäre das alles: die Grotte, die Mulde, das Tempelchen, in komplettem und funktionierendem Zustand ja spießig-sentimental. Vielleicht sehe ich mehr, weil ich mir Fehlendes hinzu- und Störendes wegdenke.

Und weil dieser vergessene Garten mir so manchen lyrischen Garten in Erinnerung ruft. Wie etwa den der baltendeutschen Dichterin Oda Schaefer, den heute niemand mehr betritt: »Jasmin, Jasmin,/ Was duftest du bang,/ Wann ward dir verlieh'n/ Solch Sterbegesang?« Oder den ›unserer‹ Isolde Kurz, deren Gedicht über die Wegwarte so beginnt: »Mit nackten Füßchen am Wegesrand,/ Die Augen still ins Weite gewandt,/ Saht ihr bei Ginster und Heide/ Das Mädchen im blauen Kleide?«

* * *

Betreten empfohlen!

Tübingen zu Fuß – Balsam für die Beine

SIE haben Fuß- oder Beinprobleme, können aber, ja sollen gehen? Dann sind Sie hier richtig, dann kommen Sie nur gleich mit. Ich möchte Ihnen nämlich an einem Beispiel zeigen, wie Sie Ihren Füßen beim Gang durch unsere Stadt hier und da eine kleine Freude machen können. Unsere Route beginnt in Derendingen, weil ich da wohne.

Was für hervorragende Möglichkeiten, weich zu gehen, Sie auf beiden Seiten der Steinlach haben, brauche ich Ihnen, wenn Sie ebenfalls hier leben, nicht zu sagen, und Ihnen auch nicht den Blick von der letzten Brücke nahe der Stadt flußaufwärts zu empfehlen – bei klarem Wetter sieht man fast die Alb. Nun rasch durch die scheußliche, von Radfahrern unsicher gemachte Unterführung. An ihrem Ausgang finden wir links ein kleines Rasenstück, das zur Ampel hinaufführt. Nach dieser setzen wir unseren Weg nicht auf dem harten Bürgersteig fort, sondern wechseln zu Zinser hinüber, betreten das Gebäude durch den ersten Eingang gegenüber Café Lieb, durchqueren es auf wunderbar weichen Böden und verlassen es auf der anderen Seite.

Über die Ampel gelangen wir zur Neckarbrücke und müssen auch hier nicht verzweifeln: Der Umbau hat es mit sich gebracht, daß auf dem linken, stadteinwärts führenden Bürgersteig dicht an der Straße ein schmaler Gummibelag läuft, was unsere Füße mit Freuden registrieren. Nun sind wir in der Neckargasse – Augen auf! Schauen Sie, vor welcher Ladentür ein Vorleger liegt, dorthin lenken Sie Ihren Schritt. Sicher, ein großer Gewinn ist das nicht, und hin- und herwechseln muß man auch. Aber aus kleinen Dingen und einem steten Wechsel setzt sich das Leben bekanntlich zusammen.

Führt Sie Ihr Weg nun aber nicht die Neckargasse hinauf, sondern durch die Mühlstraße, dann gibt es hier, auf der unbebauten Seite, einen, zugegebenermaßen sehr schmalen Pflanzenbewuchs, den Sie dennoch nutzen sollten. Müssen Sie jetzt die Wilhelmstraße hinunter, so werden Sie Ihren Füßen natürlich den Alten Botanischen Garten gönnen. Und wenn Sie noch weiter, bis zu unserem Tübinger Star-Metzger streben, so finden Sie mal rechts (zum Beispiel vor der UB und nach der Neuphilologie) und mal links (zum Beispiel an dem kleinen Parallelweg) immer wieder kurze Rasenstücke, die sonst von kaum eines Menschen Fuß gewürdigt werden.

Nun verlassen Sie, mit einem Säcklein voll der köstlichsten Tortellini, die soeben ein Eilbote frisch über die Alpen gebracht hat, den Tempel der Fleischeslust und erholen sich in der kleinen Anlage gegenüber, vielleicht mit einem Leberkäswecken in der Hand. Ich denke, jetzt haben Sie die Rückfahrt im Stadtbus redlich verdient, nehmen wir an, bis zur Haltestelle nach der Kelter. In dieser leisten Sie sich ein paar gute Dinge und erreichen, wiederum durch den Alten Botanischen Garten, das Schimpfeck.

Hier nun verlasse ich Sie, denn erstens weiß ich nicht, in welche Richtung Sie müssen, und zweitens wollen wir ja nicht pedantisch werden. Ich verlasse Sie aber in der Hoffnung, daß sich Ihr Blick für die Möglichkeiten des Lebens geschärft hat, daß Sie merken, welche Vorzüge eine Provinzstadt gegenüber den immer mehr verkommenden Großstädten besitzt, und daß Ihre Füße von dem heutigen Tage an die Welt mit neuem Mut erkunden.

* * *

Dem Tod zum Trotz

Erinnerung an eine »Stadtwagge«

DEN Augenblick im Lebensstrom anzuhalten: Diesen unerfüllbaren Wunsch muß man anders zu verwirklichen suchen. Wenn man sich bewußt macht, daß der Augenblick, als solcher leer, *die* Schaltstelle zwischen Vergangenheit, Gegenwart und Zukunft ist, dann ergeben sich unendliche Möglichkeiten, den Tod an der Nase herumzuführen. Wer mit der Zeit arbeitet, schafft Räume, und diese verwandeln sich wieder in Zeit, und bei jedem Übergang entstehen neue Qualitäten. Was aber weiß der Tod schon vom Geheimnis der Verwandlung, er, der nur das Metier der Auflösung beherrscht?

Da geht man jahrelang durch die Tübinger Schmiedtorstraße und schmunzelt über das auf Haus Nr. 1 mit großen Lettern geschriebene Wort »Stadtwagge« (ein a, zwei g). Und nun hat man dieses Haus abgerissen, und mit ihm ist auch das Wort verschwunden, das seinerseits an die städtische Waage erinnerte. Mein Gedächtnis aber hält beides fest, und das ist dem erinnerungsunfähigen Tod ein Gegenstand des Hasses, weil das seiner Vernichtungsarbeit im Wege steht.

Ein Wort auf einem nicht mehr existierenden Haus; eine verklungene Musik, an die sich ein menschliches Ohr womöglich noch in der Todesstunde erinnern könnte; die Berührung einer Hand, die schon längst zu Staub zerfallen ist, und doch existiert sie weiter im Gedächtnis des Körpers – all das bleibt für den Tod, der sich in der Topographie von Zeit und Raum schlechter auskennt, als wir meinen, unauffindbar. Nur uns findet er, an uns hält er sich schadlos, dieser phantasielose Tölpel, wie ihn ein großer Komponist, der ihn näher kennen mußte, genannt hat.

Für den Tod ist allein schon das Wort »Stadtwagge« ein rotes Tuch, auf das er in blinder Wut losgeht, weil es, nach seiner physischen Zerstörung, zu einem winzigen Fädchen im riesigen Netz der Erinnerung von Menschen geworden ist. Und so verschafft er uns durch seine Wut eine kleine Atempause.

* * *

Sammeln in Tübingen

IN unserer Tübinger Bücher- und Antiquitätenschatztruhe darf man für das Sammeln wohl eine Lanze brechen. Sicher, es gibt Menschen, deren Lebensenergie sich in dieser Tätigkeit erschöpft, man denke nur an Gogols Korobotschka in den »Toten Seelen«: Ihr Name bedeutet ›Schachtel‹, in ihrem eingekastelten Leben ist sie allmählich so vertrocknet wie eine tote Fliege. Aber Goethes Steine, Walter Benjamins Kinderbücher, Ravels Chinoiserien, Nabokovs Schmetterlinge – diese Sammelgegenstände gehören unabdingbar zu ihrem

Werk, sind in dieses eingegangen. Erinnert sei auch an Balzacs traurig endenden »Vetter Pons«, diesen am Rande der Pariser Gesellschaft lebenden Kunstkenner, und an Andrej Platonows durch die Welt irrenden Woschtschew in dem großen Roman »Die Baugrube«. Da heißt es zu Anfang: »Woschtschew hob das vertrocknete Blatt auf und tat es an einen Geheimplatz in seinem Sack, wo er alle möglichen Dinge aufbewahrte, die von Unglück und Namenlosigkeit gezeichnet waren. ›Du hast den Sinn des Lebens nie erfahren‹, vermutete er teilnahmsvoll, ›bleib hier liegen, ich werde in Erfahrung bringen, wofür du gelebt hast und gestorben bist‹‹.

An diesem Sammler der kleinen, der geringsten Dinge hätte unser Tübinger Philosoph Otto Friedrich Bollnow, der Verfasser der »Einfachen Sittlichkeit«, sicher seine Freude gehabt. Umberto Eco – fast wäre er in der Reihe der »Tübinger Poetik-Dozentur« bei uns aufgetreten – in einem Vortrag über den Dichter Leopardi: »Er war ein buckliger Melancholiker, räsonierte im wesentlichen über seine unglücklichen Liebschaften, verließ niemals seinen Heimatort Recanati und hat offenbar, als Intellektueller, niemals etwas für Italien und seine Zeit Nutzbringendes getan. Aber er hat Texte geschrieben, welche das Italien seiner Zeit verändert haben – und das heutige Italien dazu«.

Von dem Vorwurf, keinen Nutzen zu bringen, zum Todesurteil über ›unwertes Leben‹, das aus dem ›gesunden‹ Volkskörper ausgeschieden werden müsse, ist es nicht weit. In Tschechows »Duell« will der Nützlichkeitsfanatiker von Koren den ›Parasiten‹ Lajewskij mitsamt seiner Geliebten »im Interesse der Menschheit« wie »Schmeißfliegen« ausmerzen. Auch in unserer Stadt stoßen diese Extreme aufeinander, und zwar täglich, und hart: Einerseits ist Tübingen ein Sammlerparadies für Aficionados, die zum Teil von weit her in unsere Stadt des Buchs kommen, andrerseits ist es ein Ort des Überlebens für ›unnütze‹ Existenzen à la Woschtschew. Da sollte derjenige, für den das Buch eine fremde Welt ist, nicht vorschnell nach dessen Nutzen fragen; andrerseits der Kenner, für den der Umgang mit Büchern eine Selbstverständlichkeit ist, auch einen Blick für die anscheinend wertlosen Dinge um uns herum haben. Das wäre für beide immerhin ein erster Schritt zur Tolerierung fremder, unverständlicher, vermeintlich sinnloser Lebensweisen. In der Bücherstadt Tübingen sollten sich beide Sichtweisen, die ja auf unterschiedlichen Existenzweisen gründen, miteinander vertragen. Im Zeichen des Buches.

* * *

Mann mit dem Eimer

Originale und originelle Menschen – gibt's die?

ORIGINELL möchte jeder sein. Aber ein Original? Das ist Außenseitertum, das riecht nach plemplem, und ein schlechtes Gewissen hat man bei seinem Anblick auch. Typisch für unsere Langweiler-Gesellschaft: Aus unoriginellen Menschen werden »Originale« gemacht. Da brauchte der Maier Sepp nur mal mit dem Fahrrad im Stadion zu erscheinen – schon war er »der Mann mit dem Radl« und wurde als Nachfahre von Karl Valentin gehandelt. Und der Tennisspieler Marc Kevin Goellner ist »der Mann mit der Mütze!« Einmal diese verkehrt herum aufgesetzt, und Millionen machen's ihm nach. So einfach ist das heute.

Früher mußte man sich als Original beweisen und bewähren, dieser Ehrentitel wurde nicht leichtfertig vergeben. Mein erstes Original erlebte ich als Kind auf einem Bauernhof am Spessart. Dort hielt ein Mann, wenn's ihn packte, durch ein Megaphon gewaltige und unverständliche Reden. Er konnte uns aber auch phantastische Geschichten erzählen, Ersatz für all die Kinderbücher, die wir nicht besaßen. Später, in Nagold, sah ich eine alte Frau Socken strickend über einem mit Frühlingswasser gefüllten Straßengraben sitzen. Das war – pardon! – die Gummiarsche, die man zwar belächelte, deren Wintersocken man aber kaufte und trug. Es liegt mir fern, diese Frau mit einer Aureole zu umgeben. Bestimmt handelte es sich um einen beschädigten Menschen, im Unterschied zu den Strahle- und Saubermännern im Fernsehen. Oder ist es gerade umgekehrt?

»Der Mann mit den Taschen« bewegte sich mit 20 bis 30 von ihnen an bestimmten Tagen etappenweise von der Stadt nach Derendingen. Das war kein Performance-Künstler wie »der Mann mit dem

Eimer«, der – wer erinnert sich? – eine Zeitlang den Holzmarkt schrubbte. Was jener andere sonst im Leben tat, weiß ich nicht – die Scham gebietet Abstand. Nähe dagegen wünschte sich Herr Penkun, wenn er in der Mensa anhand von Tabellen bewies, wer Shakespeare wirklich war. Und ungebetenen Kontakt stellte ein alter Herr aus Böhmen her, wenn er mit seinem Stock täglich ein Loch in einem Haus am Holzmarkt vertiefte, um die Gefahr seines baldigen Einsturzes zu demonstrieren. In den 20er Jahren machte sich Daniil Charms einen Spaß daraus, sich in einer großen Schachtel verborgen über den Petersburger Newskij Prospekt zu bewegen. Und vor ein paar Jahren erschien ein bitterböser Roman des Japaners Kobo Abe: »Der Schachtelmann«. Als ich jenen Hof meiner Kindheit besuchte, wurde ich im Dorfgasthaus gefragt, ob ich ein Verwandter des früheren Pächters sei. Als sich herausstellte, daß das mein Onkel war, brach ein stürmisches Gelächter los – der Beweis, daß mein Onkel ein großes Original war. Und nochmal nach Rußland: Nikolaj Gogol kann für sich in Anspruch nehmen, zugleich der originellste Dichter seines Landes und unter allen das größte Original gewesen zu sein. Für ihn, der die Öde des Lebens nur in einer rasch dahinfahrenden Kutsche ertrug, gab es nichts Schlimmeres, als in Gesellschaft fahren zu müssen.

Einmal stieg ein Fahrgast ein, der ihn schon immer kennenlernen wollte. Und was tat der Berühmte? Er beteuerte seinem Reisegefährten, daß er nicht Gogol, sondern Gogel sei, verstellte sich als tumber Bauer, erzählte ihm eine rührende Geschichte von seinem Leben als Vollwaise und antwortete auf alle Fragen mit einem »nein, ich weiß nicht«, bis er in Ruhe gelassen wurde. Liegt da nicht überhaupt das geheime Motiv für die Entscheidung der Originale, ein Original sein zu wollen: in Ruhe gelassen zu werden?

Gibt es heute noch Originale? Ich wünsche es uns nicht. Eine Gesellschaft, die Originale braucht, ist mir verdächtig: Sie mißbraucht sie wie früher die Könige ihre Narren. Eine Begegnung mit einem Original ist meist auch ein kurzes – und billiges – Vergnügen; das Gespräch mit einem originellen Menschen hingegen steigert das Lebensgefühl auf eine anhaltende Weise. Von dieser Sorte wünsche ich mir mindestens jeden Tag einen. Wo sind sie?

* * *

Ein historischer Augenblick

Wie auf dem Holzmarkt das Erste Tübinger Penner-Parlament eröffnet wurde

HEUTE ist für den Holzmarkt, den Platz vor der Tübinger Stiftskirche, ein besonderer Tag. Die breiten Stufen sind mit Pennern, Berbern, Stadtstreichern und solchen, die es werden wollen, gut besetzt, für Bier und Wein ist gesorgt. Ein paar Zuschauer halten auf ihrem Weg über den Platz kurz inne, und im Hintergrund stehen zwei Polizisten – ihre Anwesenheit unterstreicht die Wichtigkeit des Geschehens. Jetzt betritt, von der Rathaus-Seite her, Lufthansa-Erich, eine eindrucksvolle Gestalt mit einem Schlapphut auf dem seit einiger Zeit nicht mehr übermäßig stark benützten Kopf, den Platz. Etwa zwei Schritte zurück folgt ihm, dem Intelligenzler und Wortführer der Penner, einer vom Nachwuchs. Er trägt an der Spitze einer Stange ein graues Pappschild, auf das mit schwarzer Farbe die folgende Abkürzung gemalt ist: 1. TPP. Die Zuschauer rätseln, was sich dahinter verbergen könnte; die beiden Polizisten flüstern miteinander, dann sagt der eine etwas in sein Funkgerät, der andere macht sich Notizen.

Unterdessen hat Lufthansa-Erich, gefolgt von seinem Standartenträger, die oberste Stufe erklommen. Er nimmt einen kräftigen Schluck aus einer Flasche, die man ihm hinaufreicht, wischt sich mit dem Handrücken über den Mund, konzentriert sich kurz, und im Blitzlichtgewitter der Pressephotographen, die auf den Platz geeilt sind, beginnt er seine Rede. Zuerst heißt er auf deutsch, englisch, französisch, spanisch und italienisch seine Schicksalsgenossen von der Großen Landstraße, besonders die von anderen Gegenden Deutschlands Gekommenen, sodann die Bürger der Stadt einschließlich der beiden Polizisten sowie eventuelle Ehrengäste herzlich willkommen. Die Treppen rasen vor Begeisterung, alle Grade von Betrunkenheit mischen sich zu einem apokalyptischen Chor, und auch die Zuschauer, deren Zahl innerhalb von kaum drei Minuten auf ein Vielfaches gestiegen ist, können sich einer gewissen Bewegung, die sie hinter krampfhaftem Lachen zu verbergen suchen, nicht erwehren.

Der Redner hebt kurz den linken Arm, und sofort tritt Ruhe ein – die Kameraden wissen: heute wird von ihnen absolute Disziplin erwartet! Hier und da noch ein Rufen, ein Stöhnen, ein Grunzen, dann erhebt sich Lufthansa-Erichs gewaltige Stimme über dem Platz: »Kameraden!« ruft er, »ich werde euch keine lange Rede halten, wir haben Wichtigeres zu tun, als den Deutschen Bundestag nachzuahmen ...« Bravorufe, Klatschen, Lachen. »Wir haben uns heute hier versammelt, um das Erste Tübinger Penner-Parlament zu eröffnen!« Rasch gibt er seinem jugendlichen Begleiter einen Rippenstoß, und dieser hält sein Schild in alle Richtungen, damit es gesehen werden kann. Kameraden, ich denke, ihr versteht die Bedeutung dieses historischen Augenblicks ...«

»Natürlich! Verstehen wir!« hallt es über den Platz, und alle heben ihre Flaschen. Stille herrscht, während sie trinken, und die Bürger schauen zu, als befänden sie sich auf der Tribüne des Bundestags und erlebten eine Abstimmung durch Handzeichen. Oder hätten sie gerne dazugehört?

Als auch dieser Durst gelöscht ist, fährt der Redner fort: »Wir laden alle Bürger dieser Stadt sowie Fremde, die sich besuchsweise hier aufhalten, dazu ein, an unseren Sitzungen teilzunehmen. Diese sind prinzipiell öffentlich, ich bitte die Presse, diesen Punkt besonders zu betonen.« Lufthansa-Erich, der sein Gefühl für das richtige Timing nicht verloren hat, schaut zur Kirchturmuhr hinauf. »Und nun wollen wir unserer Toten gedenken ...« Alle erheben sich, die einen rascher, die andern langsamer, wieder andere müssen von ihren Nebenleuten hochgehoben werden, und als alle stehen, ruft Lufthansa-Erich mit seiner Tenorstimme nur drei Wörter, aber die haben es in sich, die gehen den Umstehenden durch Mark und Bein: »Scheiße, der Tod!« brüllt er, und alle Mitglieder des soeben gegründeten Parlaments wiederholen im Chor das erste Wort. Wieder ein Zeichen mit der linken Hand, und alle setzen sich, besonders schnell jene, die langsam aufgestanden waren.

Nun erklärt der Redner die erste Sitzung des 1. TPP für eröffnet, und kaum hat er geendet, beginnen die ersten Glockenschläge der Stiftskirche auf den Platz herabzudröhnen. Lufthansa-Erich schwenkt noch einmal seinen Hut, der Ausdruck der Hochgestimmtheit auf seinem von Wind und Wetter gegerbten Gesicht macht einer gewissen Melancholie Platz, wie das immer ist, wenn man etwas vollbracht hat, und er verschwindet mit seinem Gefolgsmann in der Menge. Die Zuschauer zerstreuen sich, die Polizei ist schon verschwunden – das Erste Tübinger Penner-Parlament nimmt seine Arbeit auf.

* * *

Agnes, ich liebe dich!
Über das größte Sgraffito aller Zeiten

KOMME am Sozialamt vorbei und lese links neben dem Eingang: »Ich liebe dich. Bitte verzeih mir. O.J.M.« Die Methode kommt mir bekannt vor. Schräg gegenüber befindet sich übrigens der Bestattungsdienst Rilling ... Auf dem Heimweg erblicke ich in der Unterführung bei der Hauptpost den folgenden Frontalangriff: »Die Gedanken/Aggressionen sind frei! Sonja, ich hasse dich!« Eine klare Sache, kein sublimer Psychodruck. Als ich das nochmal lese, macht's in mir ganz leise »klick«. Und vor meinem inneren Auge erscheint die Nordsee, und jemand schwingt eine Tanne.

Wer ist dieser Riese, und woher kommt die Tanne ans Meer? Ist es Wilhelm Hauffs unheimlicher Holländer-Michel aus seinem »Kalten Herz«, dieser Schwarzwald-Saga, seit der Kindheit vertraut? Der hat schon mit Tannen herumgefuchtelt und sie auf der Nagold bis nach Holland geflößt, doch nach Friesland hat's ihn nicht verschlagen. Zu Hause stelle ich mich vor die Wand mit der deutschen Literatur. Und als mein Blick auf Band 15 der »Rechtmäßigen Original-Ausgabe« von Heinrich Heines »Sämmtlichen Werken« bei Hoffmann und Campe fällt, macht es wieder »klick«. Und wie beim Ostereiersuchen wird es warm und wärmer.

»Heiß!« würde es jetzt beim ersten Zyklus der »Nordsee« ertönen, deren freirhythmische Verse viel weniger bekannt sind als »Leise zieht durch mein Gemüt«. Und nach dem fünften Gedicht, dem selbstironischen »Poseidon«, habe ich das Gesuchte, nämlich die »Erklärung«, mit Hilfe jener beiden Sgraffiti gefunden: »Herangedämmert kam der

Abend, / Wilder toste die Flut, / Und ich saß am Strand ...« Und was so viele tun, das tut auch er: »Mit leichtem Rohr schrieb ich in den Sand: / ›Agnes, ich liebe dich!‹ / Doch böse Wellen ergossen sich / Über das süße Bekenntnis, / Und löschten es aus.« Da wächst der Liebende in seinem Zorn zum Giganten: »Der Himmel wird dunkler, mein Herz wird wilder, / Und mit starker Hand, aus Norwegens Wäldern, / Reiß' ich die höchste Tanne, / Und tauche sie ein / In des Ätnas glühenden Schlund, und mit solcher / Feuergetränkten Riesenfeder / Schreib' ich an die dunkle Himmelsdecke: ›Agnes, ich liebe dich!‹«

Da können Sie, verehrter unglücklich Liebender, einen Hubschrauber mieten und ein Spruchband mit dem Namen Ihrer Angebeteten über den Himmel ziehen lassen – im Vergleich zu dem, was die letzte Strophe von Heinrich Heines Gedicht sagt, ist das nicht mehr als rasch verblassende Kondensstreifen: »Jedwede Nacht lodert alsdann / Dort oben die ewige Flammenschrift, / Und alle nachwachsende Enkelgeschlechter / Lesen jauchzend die Himmelsworte: ›Agnes, ich liebe dich!‹«

* * *

Tübinger Werbesprüche

Zweimal »Faust« auf Taschen und anderes

Es gibt sie wie Sand am Meer, die Werbesprüche. Vor ihren gewaltsam originellen Wortspielen oft erotischen Charakters und all den glatten Gesichtern und auf Hochglanz gebrachten Körperteilen, die von riesigen Plakaten herablächeln und locken, gibt es kein Entrinnen. Hier nun die andere Werbung, die nicht für Konsumenten, sondern für Menschen erdacht wurde – »zu viele Leute, zu wenig Menschen«, hat die Dichterin Mascha Kaléko gesagt –, und die mir Tübingens, einer Stadt des Buches, würdig zu sein scheint.

Nach dieser fast schon ausgestorbenen Genitivkonstruktion ein Satz, dessen Verfasser noch mit den Fällen der deutschen Sprache umzugehen weiß. Er befindet sich im Fenster des kürzlich eröffneten »Teegartens« am Marktplatz: »Erfreuen Sie Ihre Sinne in der kalten und dunklen Jahreszeit am warmen Schein leuchtender Kerzen, am Duft und am feinen Aroma von erlesenem Tee.« Vorbei am »Weinhaus Beck am Rathaus-Eck« – so ein einleuchtender Reim muß nicht mehr erfunden, nur noch gefunden werden – zum Reformhaus bei der Krummen Brücke. Dort bekommt man eine Tragetasche, auf der knapp und treffend für Bratlinge geworben wird: »Nicht tierisch, aber gut!« Das erinnert mich an einen kürzlich unterwegs gelesenen Slogan: »Kochen tötet und macht süchtig«. Wer sich da nicht schuldig fühlt...

Und nun zum ersten »Faust«-Spruch, und zwar auf der Tragetasche eines Antiquariats mit einem ansprechenden photographischen Layout: »Denn, was man schwarz auf weiß besitzt, kann man getrost nach Hause tragen.« Dieses (bald geflügelte) Wort entfleucht dem Munde des Schülers, der im »Studierzimmer« von Mephistopheles »gern was Rechts« lernen möchte – da ist er an den Rechten geraten! Schließlich noch zum »dm« in der Neuen Straße, auf dessen Tasche uns die folgende Aufschrift ebenfalls sehr bekannt vorkommt: »Hier bin ich Mensch, hier kauf ich ein.« Richtig, in der Szene »Vor dem Tor« sagt Faust in Frühlingsstimmung zu Wagner: »Hier bin ich Mensch, hier darf ich's sein!« Ist das nicht ingeniös und einer Stadt des Geistes absolut angemessen? Überlassen wir Melchior aus Nestroys »Einen Jux will er sich machen« das Wort: »Das ist klassisch!«

* * *

Licht über Tübingen

WENN die Sonne hinter den Spitzberg gesunken ist, hebt sich auf seiner Kammlinie jeder einzelne Baum gegen diese indirekte Beleuchtung mit altmeisterlicher Genauigkeit ab. Und während dieses lang hingestreckte Bergwesen da drüben lediglich die paar Lichter der Rappenberghalde duldet, ist die Stadt bald ein Lichtermeer. Ein kleines freilich nur, aber so gehört es sich für ein schwäbisches Landstädtchen ja auch. Jetzt beginnt das Positionslicht der Chirurgie zu kreisen, um den Helikoptern die Landung zu ermöglichen. Gäbe es mehr Erleuchtung, will sagen: mehr vernunfterzeugte Helligkeit in den Köpfen, brauchten sie nicht so oft auszufliegen; an Licht fehlt's nicht. Steht man oben am Waldrand über Derendingen, schimmert unten der helle Turm der Galluskirche, eine Lichtquelle besonderer Art. Auf dem Festplatz im Tal steht ein Zirkuszelt mit seinen ein Dach andeutenden Lichtergirlanden – da wäre ich jetzt gern! Aber eine Ziehung, nicht eine der Lotterie, sondern meines Weisheitszahnes links oben, macht mir einen Ausflug unmöglich. Statt dessen blättere ich in meiner mit 32 Lichtdrucken versehenen Ausgabe der Märchen von Hans Christian Andersen, in der ich einst, im Dunkel der Nachkriegszeit, lesen gelernt habe. Und träume von einer Fahrt nach Dänemark, nach Odense auf der Insel Fünen, wo Andersen als Sohn eines Schuhmachers geboren wurde.

Früh verließ er die Schule – gibt es einen einzigen bedeutenden Dichter, Maler, Komponisten auf der Welt, der es auf der Schule (höchstens notgedrungen) und dann auf der Hochschule oder an der Akademie lange ausgehalten hätte? »Talentvernichtungsanstalten« hat sie Thomas Bernhard genannt. Andersens Traum vom Opernsänger verwirklichte sich nicht, dafür konnte er durch ein königliches Stipendium in Italien einen Roman schreiben, dem dann all jene Märchen folgten, die zu europäischem Gemeinbesitz geworden sind. Jahrelang habe ich im Antiquariat, wann immer ich Lust dazu hatte, in einer dänischen, mit Federzeichnungen geschmückten, fünfbändigen Ausgabe seiner Werke geblättert – jetzt hat sie ein dänischer Professor für Informatik gekauft. Wo sind heute die Könige, die Stipendien vergeben, wo bei uns die Informatiker, die Märchen lesen? Bücher und Reisen: Erkenntnismodelle und Arten der Wiedergewinnung von Lebenssinn. Ich blättere weiter – und stoße prompt auf die Geschichte von »Tante Zahnweh«. Na, dann gute Nacht! Irgendwann kommt der Morgen: »Die Sonne war eben prächtig aufgegangen, da fuhr ein Schiff zwischen den grünen Bergen und Wäldern auf der Donau herunter. Auf dem Schiffe befand sich ein lustiges Häufchen Studenten«, mit diesem Bild beginnt Eichendorffs Roman »Ahnung und Gegenwart«.

Ich vergewissere mich, dass die Sonne auch heute über dem Bergfriedhof steht und bald über dem Rammert sein wird, und schalte das Radio ein: »Die Strahlen der Sonne vertreiben die Nacht« singt der Sonnenpriester Sarastro in der »Zauberflöte«, und das ist ganz im Sinne der Aufklärung gemeint. Dann greife ich, zufällig, nach Samuel Becketts Roman »Murphy«, und da ist sie schon wieder. »Die Sonne schien, da sie keine andere Wahl hatte, auf nichts Neues«, heißt es da ironisch-lakonisch. Und ich stelle fest: Nicht nur, dass es nichts Neues unter der Sonne gibt, es gibt auch keine Zufälle. Der Besuch von »Tante Zahnweh« war keiner, keiner der mehrfache Auftritt der Sonne an diesem Morgen, und es ist auch keiner, dass ich in Tübingen lebe, der Keimzelle der Entstehung der deutschen Klassik, die auf Licht und Helligkeit setzte, und in der Literatur. Diese aber hat ein weites und lichterfülltes Herz, es ist sogar noch weiter und lichter als das der Menschen, die sie schreiben.

* * *

Anmut und Milde

Tübingen durch mein Fenster

VOR meinem Fenster bietet sich mir das Panorama von Tübingen. In Reisebüchern wird das Schwabenland gern herangezogen, wenn es gilt, eine Vorstellung von der Anmut und Milde südeuropäischer Landschaften zu vermitteln. Und hier liegt, worum man uns beneidet, in seiner ganzen Schönheit vor mir ausgebreitet: Bei Hirschau beginnend, geht der Blick über den reizvoll gegliederten Spitzberg (dessen Flora selbst russischen Botanikern ein Begriff ist) zum Bismarckturm und folgt der sanft abfallenden Linie des Schloßbergs.

Nun hat der Blick die Wahl: entweder zur Wanne hinauf und zur Skyline des Waldhäusers, oder auf dem breit hingelagerten Schloß verweilen und dann zur Stiftskirche hinüber. Beide Male jedenfalls heißt der Endpunkt dieser Rundwanderung Österbergturm. Im Traum sollen Türme ja Übersicht und Souveränität bedeuten. Mir würde es schon genügen, wenn diese beiden Tübinger Türme da oben ein bißchen schöner wären, traumhaft müssen sie gar nicht aussehen.

Jenes Panorama anzudeuten ist schon möglich. Was aber mache ich mit der aus vielen kleinen Welten bestehenden Hof- und Dachlandschaft, die sich unter mir bis zur Stadtmitte erstreckt? Drüben zum Beispiel das Gärtchen, der Schuppen, das kleine Geviert dahinter mit Hecke, Kamin, Wand, Apfel-, Pflaumen- und Fichtenbäumchen und rechts, jenseits der Hecke, auf einem gepflegten Rasenstück, der weiße Laubenbogen mit Rosenranken – wenn ich mir nur diesen winzigen Ausschnitt vornehme, von der großen Dacharchitektur ringsum und von der »bewegten Architektur der Wolken« (Baudelaire) darüber ganz zu schweigen, lasse ich den Kugelschreiber sinken und schaue nur noch. Und lasse die Kammermusik des Vordergrunds in die Sinfonie des Gesamtbildes eingehen.

Aber halt, da ist ja noch, ganz links, die Wurmlinger Kapelle! Doch die sehe ich nicht, und das ist gut so. Hätte ich sie ständig vor mir, wer weiß, ob sie den Blick nicht zu stark auf sich ziehen würde. So jedoch, in ihrer Verborgenheit, dort hinter dem Ausläufer des Spitzbergs, behält sie ihr Geheimnis und ihre schmerzlösende Kraft, von der es in der letzten Strophe von Nikolaus Lenaus Gedicht über die Kapelle heißt:

> Hier ist all mein Erdenleid
> wie ein trüber Duft zerflossen;
> süße Todesmüdigkeit
> hält die Seele hier umschlossen.

* * *

Bruch des Schweigens

Der besondere Blick aus der Stille

WEM ist es nicht schon so gegangen: Da sucht man in einem fremden Haus das »stille Örtchen« auf, und wenn man das Fenster öffnet, bleibt man überrascht stehen: Was für ein Ausblick! Wie hübsch zum Beispiel im Schwärzloch der Blick auf Tübingen. Eingerahmt vom Toilettenfensterchen, liegt die ferne Aussicht der Stadt wie in einem Guckkasten da – es ist, als hätte man an einem alten Bekannten eine neue Seite entdeckt, und freudig lächelt man vor sich hin.

Niemand erwähnt diesen Blick, nicht einmal Ehrenfried Kluckert in seinem im Städte-Lesebuch »Tübingen« abgedruckten launigen Artikel »Pause im Schwärzloch«. Dabei war er so nah dran: »Also ab auf die Toilette! Links um das Gasthaus herum, über den Hof direkt auf ›00‹ zu.« Aber aus dem Fenster scheint er, schon sehr benommen von all den Bowlen, nicht geblickt zu haben – ein Versäumnis, fast so fatal wie Parzivals unterlassene Frage auf dem Gralsschloß! Da ich mich aber nicht mit fremden Federn schmücken möchte, hier der Name desjenigen, der mich auf diesen Anblick hingewiesen hat: Rudolf Pollach war's, Tübinger Literaturkenner und Antiquar (was heutzutage oftmals nicht mehr identisch ist), Schachästhet und Wanderer mit dem Blick für die kleinen, auch kuriosen Dinge am Weg. »Nur harmlose Freuden sind wahre Freuden«, hat Robert Walser, auch er ein unermüdlicher Wanderer, gesagt, und das ist ihm aus dem Herzen gesprochen. Das Wort »harmlos« bedeutete ursprünglich ja »leidlos«, das sollte man bei diesem Ausspruch mithören.

Es komme mir jetzt niemand und sage: Den Blick von jenem Fensterchen auf Tübingen kenne ich auch! In diesem Fall ist eben Schweigen nicht Gold: Die Mitteilung zählt, das Teilnehmenlassen an einer Entdeckung, die das Arsenal von Tübingen-Kostbarkeiten entscheidend bereichert.

* * *

Vom Klang des Namens

Balbec, Arosa und Tübinger Seelhausgasse

MAN weiß, wie gern Marcel Proust Namen verändert oder ersetzt. Illiers, wo er bei seiner Tante Léonie in den Schulferien weilte, durch Combray und Cabourg, sein Hotel-Paradies an der Küste der Normandie, durch Balbec. Von den Seestücken des Malers Elstir – eine Synthese von Monet, Manet, Degas, Renoir und Le Sidamer – heißt es im »Schatten junger Mädchenblüte«, daß bei ihnen »der Reiz in einer Art von Metamorphose der Dinge bestand, die jener ähnelt, welche in der Poesie Metapher genannt wird, und hatte Gott-Vater die Dinge geschaffen, indem er sie nannte, so mußte Elstir ihnen den Namen fortnehmen oder einen anderen ihnen geben, um sie neu zu erschaffen«.

Aber Proust kann sich auch an bestehenden Namen erfreuen. Er fährt durch die normannischen und bretonischen Orte Bayeux, Coutances, Vitré, Questambert, Pontorson, Lannion, Lamballe, Benodet, Pont-Aven, Quimperlé und liefert eine Klangcharakteristik dieser Namen, von Bayeux' »Altgold seiner zweiten Silbe« bis zu Quimperlés »Silberglanz« (»In Swanns Welt«). In Graubünden hätte er eine Namenskette reinster Wortmusik vorfinden können: Pontresina, Arosa, Surava, Maloja ...

Und wir, sind wir von allem Namenswohlklang ganz verlassen? Mitnichten! Hören Sie: Blaubeuren, Schöntal, Nagold, Tiefenbronn, Erlenbach, Waldenbuch, Birnau, Bühl. Oder: Meersburg, Eschach, Schwanau, Wildberg, Schwaigern, Hirschau, Seelbach, Hall. Oder: Kilchberg, Federsee, Königsbronn, Singen, Lautenbach, Meßkirch, Oberried, Gmünd. Oder: Hausach, Einsiedeln, Gomaringen, Maienfels, Waldshut, Winterbach, Ravensburg, Wald. Aber auch in Tübingen können wir Straßennamen zu Folgen beachtlichen Wohlklangs aneinanderreihen: Erdenbrunnen, Dahlienweg, Am Gänsegarten, Birkenrain, Blaulach, Haselweg, Im Tannengrund, Kapellenweg, Schäfergarten, Seelhausgasse, Ob dem Himmelreich, Vormorgen, Allée des Chasseurs. Oder: Holderweg, Brunnenhalde, Am Goldersbach, Engelfriedshalde, Hainbuchenweg, Hanfgarten, Im Rosenwinkel, In den

Fischergärten, Maienfeldstraße, Sommerhalde, Windfeldstraße, Wolfsbaumweg. Im übrigen ist Klangschönheit nicht alles: Bei der Nennung eines Ortes, einer Straße wird so viel wachgerufen, spielt so viel Unwägbares mit – eine Mischung von Erlebtem und Imaginiertem –, daß es auf jeden Hörer anders wirkt. Weshalb es auch unter den größten Klangschönheitsspezialisten niemals eine Übereinstimmung hinsichtlich des ästhetischen »Wertes« auch nur eines einzigen Namens geben dürfte. Auch nicht desjenigen unserer Stadt.

* * *

Laute und Geräusche

Was man (überhaupt noch) hört

BEWUSST hören wir ganz wenig. Das andre dringt in uns ein, und wie es in uns wirkt, das wissen wir nicht. Nun ist es leider nicht so, daß wir bloß unsere Ohren aufzumachen brauchten, um den ganzen Reichtum der Natur- und Menschenwelt wahrzunehmen. Einen solchen Reichtum gibt es nicht mehr, ein ständiges Verschwinden und Aussterben ist im Gange. Was bleibt, was sich durchsetzt, ist oft genug das Gröbste und für die Seele das Unbekömmlichste. Hören wir mal hin.

Die spärlichen Vogelrufe bei uns ums Haus werden übertönt von dem durchdringenden Guguguck der Tauben und dem gräßlichen Schäckschäckschäck der Elstern. Für mich klingt das ungefähr so, wie für die alten Chinesen das Geschrei von Affen, das sie in einen Zustand tiefer Depression stürzt: »Du wirst durch die Schluchten streifen,/ wo der Schrei der Affen dich trifft«, heißt es in einem Abschiedsgedicht von Li Bo an einen Freund. Von Baudelaire gibt es das Prosastück »Der schlechte Glaser«, eine Fopperei, die sich der Erzähler mit einem Glaser erlaubt, »dessen gellender und mißtönender Ruf durch den schweren und schmutzigen Pariser Dunst« zu ihm heraufdringt und ihn mit einem »ebenso plötzlichen wie despotischen Haß« erfüllt. Azorín, dem

Meister stimmungsvoller Prosabilder aus dem untergehenden Spanien der Jahrhundertwende, lagen Haß und Provokation fern. Was er allein an Handwerksgeräuschen einer einzigen kleinen Straße festhält, stellt eine Symphonie ausgestorbener Töne dar. Die wenigen noch existierenden Handwerksbetriebe in der Altstadt von Tübingen scheinen nach Luft zu ringen, ihr Lebensraum wird enger und enger, ihre Geräusche klingen eher wie Hilferufe.

Ein anderer Laut: Oben, am Anfang der Langen Gasse, öffnet sich ein Fenster, zwei Hände klopfen ein Buch aus – eine Staubwolke entfleucht ihm, wie auf antiken Darstellungen die unsterbliche Seele als schmetterlingsgeflügelte Psyche dem Körper eines Toten. Die Hände ziehen sich zurück, das Fenster schließt sich, der Hall verschmilzt mit seinem Echo. Wie lange wird man ein solches Arbeitsgeräusch eines Antiquars noch hören können? CD-ROM wird dem bald ein Ende machen.

Gibt es etwas Schöneres, als vor einem fremden Haus dem Klang eines Instruments zu lauschen? Immer erinnere ich mich an einen Hinterhof in der Oberstadt des alten Zagreb, wo ich das herrliche Spiel einer Geige vernahm. Und kürzlich begleiteten mich in dem touristisch noch fast unberührten umbrischen Gebirgsstädtchen Spello die Klänge einer Gitarre auf meinem Weg durch das Gassengewirr hinauf zur phantastischen Aussicht über die weite Ebene und zum Apennin hinüber. Wie wohltuend und erhebend zugleich, aus dem Gewimmel der Kornhausstraße durch die schwere Tür ins Innere der Johanneskirche zu flüchten und zu erleben, wie ein bedeutender Organist und Komponist ein Orgelkonzert vorbereitet. Und wie bewegend, auf der steilen Staffel zwischen Clinicumsgasse und Münzgasse zu hören, wie ein Kind, zögernd und sich korrigierend, mit der Flöte das unendliche Reich der Töne betritt.

»Der Stadtlärm ist symbolisch für alle menschlichen Tätigkeiten und Berufe. Die ganze Menschheit versucht, etwas zu verkaufen. Wer Macht hat, verkauft Macht, und wer Einfluß besitzt, der verkauft Einfluß. Künstler, Schriftsteller, Beamte, Bürokraten und Frauen verkaufen ihre Kunst, ihre Schriften, ihre Gunst, ihre Verschlagenheit und ihren persönlichen Charme, um das zu erhalten, was sie brauchen«, schreibt Scha Tschangpai über den Stadtlärm im China des 17. (!) Jahrhunderts. Wie unauffällig und bescheiden dagegen die Verkäufer der

Stadtstreicher-Postille, die neuerdings in der Neckargasse und woanders angeboten wird: Mit einem kurzen, undeutlichen Laut machen die Gebeutelten des Lebens auf ihre »Ware« aufmerksam.

Noch geschieht die Speisenzubereitung in den Lokalen individuell, nicht aus der Mischtüte. Ich habe in Tübingen so meine Horchposten an der Rückseite von Gaststätten, da kann ich all die typischen Küchengeräusche hören, von denen mir das Klatschen des Teigs auf den mehlbestäubten Tisch eines der liebsten ist. Und wer verfolgt nicht mit Vergnügen die unter einer Vielfalt von Geräuschen vor sich gehende Arbeit einer Kaffeemaschine, deren Bedienung am schönsten durch einen Italiener geschieht?

Gräßliche Lärmquellen: das Piepsen elektronischer Kassen und die Blähungs- und Ausscheidungsgeräusche der Computer; Hundegebell (»Manche Töne sind mir Verdruß, doch bleibet am meisten / Hundegebell mir verhaßt: kläffend zerreißt es mein Ohr«, bekennt Goethe in den »Römischen Elegien«) und Menschengebrüll; Türenschlagen und die Beschallung der Straßen mit »moderner« Stampfmusik aus Autos heraus; und dann dieses rücksichtslose, schußartige Heraufziehen und Herunterlassen von Rolläden. »Überall Pfiffe, Hunde – / weiter durch den Schmutz, / bis das Herz zusammenzuckt / im Jalousien-Gerassel«, so endet ein Gedicht des russischen Lyrikers Chodassjewitsch, das er 1923 in Berlin geschrieben hat. Wer sich übrigens nicht vorstellen kann, daß in einem lauten Haus geistige Arbeit unmöglich ist, der sei an Kafka erinnert, den die »Resonanz des ganzen verfluchten Betonhauses« aus seiner Wohnung in der Langen Gasse in Prag vertrieben hatte. Aber was würde er wohl sagen, wenn er nur einen Tag und eine Nacht in der Tübinger Langen Gasse verbringen müßte? Merkwürdig, daß er, der Spezialist für das Thema »Odysseus und die Sirenen«, seine Zuflucht nicht zum Oropax genommen hat!

Ein ganz junges Geräusch ist das Tok-tok-tok der Ampeln, wenn für die Fußgänger grün kommt. Zuerst war das Signal für die Blinden ein unangenehmer Pfeifton; jetzt hat man diese gute Lösung gefunden. Mit einem Lob also schließe ich. Immer weniger schöne Töne oder typische Geräusche bei immer mehr häßlichem oder bestenfalls indifferentem Lärm – das stimmt für die Zukunft nicht froh. Oder haben sich die guten Töne in eine Region zurückgezogen, die unserem Ohr nicht zugänglich ist?

* * *

Die Stimmen der Stadt

Vom Weihnachtsmarkt ins Sommerparadies

Eine Stadt spricht nie mit einer einzigen Stimme, selbst Tübingen verfügt über einen ganzen Chor. Man gehe nur einmal am Weihnachtsmarkt vom Holzmarkt aus über den Rathausplatz hinunter zur Krummen Brücke. Hier, wo Kornhausstraße, Ammergasse und Schmiedtorstraße einen Platz bilden, herrscht eine andere Stimmung als oben. Eine Musikgruppe, die hier Erfolg hatte, bleibt den Bewohnern der Unterstadt treu, und diese ihr; man nimmt Anteil am Schicksal eines Ladens, es existiert ein Zusammengehörigkeitsgefühl.

Der Sternplatz, für den Gehfaulen Lichtjahre vom Zentrum entfernt: der Volksgarten, das nahe Landestheater, der altehrwürdige »Herzog Ulrich« (eine »Restauration«, wie früher die Gastwirtschaften hießen), ein Friseur, bei dem man noch ohne modischen Schnickschnack seine Haare geschnitten bekommt und nicht eingeseift wird – das macht die besondere Atmosphäre dieser Gegend aus. Und auch die Straßen haben einen anderen Charakter, eben Südstadtcharme.

Zurück zum Rathaus: Geht man die Haaggasse hinunter bis zum Haagtor, so spürt man sofort die Eigenart dieses Platzes. Es sitzt, trinkt, atmet sich hier anders – Schwärzlocher Straße und Burgholzweg ziehen ins Offene, wie sie das schon in vergangenen Jahrhunderten mit Tübingen getan haben und im Mittelalter wohl mit manch fahrendem Ritter. Folgt man dagegen auf der Bismarckstraße dem Neckar stadtauswärts, so gelangt man dorthin, wo früher die schönsten Fotos von Tübingen gemacht wurden. Wer jahrelang diese Neckarpartie genossen hat, dem sind die Schwarzweiß-Aufnahmen, reproduziert von den Gebrüdern Metz auf Chamois-Bütten, wertvoller als alle Hochglanzbände hochbezahlter Top-Photographen.

Vorn das Wasser mit einer Schwanenfamilie; dann die Eberhardsbrücke (Neckarbrücke), noch mit dem Sockel und den Aufbauten, den Resten des Standbilds von Eberhard im Bart, 1951 zwecks Brückenerweiterung abgetragen; dahinter die Stiftskirche, ein Teil der Neckarfront und das Schloß, und über allem die weißen Wolken eines Sommertags. »So viel Jahre bin auch ich gegangen/ ohne Rast mit sehnlichem

Verlangen,/ Wandernd mit den Strömen, Wolken, Winden,/ Eine Heimat, eine Rast zu finden«, heißt es in Hermann Hesses Gedicht »Abends auf der Brücke«. Nein, diese Stimmung der »unsterblichen Sommerstadt« (Theodor Haering) fängt kein heutiger Farbphotograph mehr ein.

Die lange Herrenberger Straße: schwer zu definierende Gefühle, wenn man hier vor Jahren etwas Besonderes erlebt hat. Gott sei Dank bleiben einem nicht alle Ereignisse im Gedächtnis. Um so spannender, wenn eines von ihnen aus einem Hauseingang tritt und mit der Stimme dieser Straße sagt: »Nun, erinnerst du dich?« Ohne das hilfreiche Vergessen würde man wohl, statt mit den offenen Augen des wahrnehmenden Blicks, mit den geschlossenen der Erinnerung umhergehen, und das könnte gefährlich sein.

Und dann ist da, fast übertönt vom Verkehr, die Stimme des Flusses, an dem Schiller und Hölderlin »mit der Musik seines Wellengangs im Ohr« (Kasimir Edschmid) geboren wurden. Auch wenn der Neckar sich am schönsten doch wohl in der weiten Landschaft zwischen Heilbronn und Heidelberg präsentiert – dem Tübinger bedeutet er in seiner hiesigen Gestalt am meisten; hier hört er ihn so, wie er ihn an seinem Ursprung bei Schwenningen oder später, in Horb, in Lauffen oder Bad Wimpfen (mit dem herrlichen Blick vom »Blauen Turm« über das Unterland), in Eberbach oder Neckargemünd nicht hört.

So billig und bequem man von Florenz nach Fiesole hinaufkommt, nämlich mit dem Stadtverkehr, so auch von Tübingen nach Pfrondorf. Und das Albpanorama braucht sich vor dem Blick auf Florenz hinab nicht zu verstecken! Geht man dann durch diesen hübschen Ort der Brunnen und der Pferde zur Höhe hinauf, mag man sich einen Schattenplatz suchen, vor sich eine Kleewiese, dahinter ein Rapsfeld, und danach ein mächtiger Mischwald, dessen alte Bäume fast an den prachtvollen Steineichenwald bei Assisi heranreichen, wohin sich der heilige Franz zum Meditieren in seinen »Eremo«, seine Einsiedelei, zurückzog. Und während man auf Vögel und anderes Getier lauscht, vernimmt man überrascht eine Stimme, die einem bekannt vorkommt: Es ist die eigene, die von dem Stimmengewirr der Stadt zugedeckt wurde. Und wenn man gegen Abend wieder ins Tal hinunterfährt, weiß man, daß in dem Kranz von Orten rings um die Stadt, auf den Höhen und in den Tälern, noch viele Stimmen darauf warten, wahrgenommen zu werden.

* * *

Chets Lied

Erinnerung an eine Sternstunde

SELBST die strengsten Geschmacksrichter haben ihre geheimen sentimentalen Ecken. Da mag eine Kindheitserinnerung eine Rolle spielen, ein Liebeserlebnis, ein Einsamkeitsgefühl – und schon wird der scharfe Verstand bei der Reibung mit der Rührung kurzfristig stumpf. Vor zwanzig Jahren gab es in Tübingen ein Konzert, das nur von wenigen wahrgenommen wurde, für diese aber eine Sternstunde war – zum Namen Kepler paßt das Wort!

Der Mann, der da mit seiner Trompete auf die Bühne kam, sah – wie so oft die großen Könner – »unbedeutend« aus. Da stand ein schlichter Stuhl, auf den setzte er sich, und ein junger Mann trat an ein Vibraphon. Chet Baker setzte die Trompete an den Mund, und die ersten, überraschend weichen Töne, zu denen sich bald die Klänge des Vibraphonisten Wolfgang Lackerschmid gesellten, nahmen sofort gefangen. Welche Ausstrahlung in dieser äußeren Glanzlosigkeit, welche Ruhe und Transparenz, und dazwischen viel Schweigen, viel Zeit. Daß man auf der Trompete, diesem strahlenden Instrument schlechthin, so spielen konnte!

Das Stück war beendet, Chet Baker ließ die Trompete sinken, sank in sich zusammen, atmete schwer. Man wußte, dies war der behutsame Versuch eines Comeback, von Rauschgift und Gefängnis war die Rede. Nun begann er mit seiner leisen, rauhen Stimme ein getragenes Lied zu singen, eine Anrede, ein Liebeslied, eine Erinnerung früherer Jahre. Dann wieder das verhaltene Gespräch zwischen den beiden Instrumenten, und nach jeder Nummer dieser fast versagende Atem, dieser zitternde Körper, dieses bleiche Gesicht.

Wenige Jahre später sollte sein Atem stehen bleiben, die Töne verloren sich in der Welt, und die Trompete wird wohl in einem Gedenkraum aufbewahrt. Ich habe diese Musik seither nicht mehr gehört. Aber wenn ich von der Platanen-Allee zu den Schulen hinübersehe, kommt sie von selbst zu mir: »Ballads for two«.

* * *

Genüsse des Lebens

Vom Malz im Kaffee, im Bonbon und im Bier

IN der Kindheit habe ich Malzkaffee getrunken, Malzbonbons gelutscht, und in der Jugend wurde Bier zu einem meiner Grundnahrungsmittel, wobei ich stark malzhaltige Sorten bevorzuge. Und erfreut erfuhr ich, daß berühmte Autoren dieses angeblich vulgäre Getränk geliebt haben: Jean Paul, Liliencron, Wedekind (»Ich hab' in guten Stunden/ des Lebens Glück gefunden/ im edeln Gerstensaft«), Marcel Proust (!), Gottfried Benn, Arno Schmidt ...

An die Seite des Biers ist für mich vor Jahren der schwarze und der grüne Tee getreten. Wie gern würde ich nachvollziehen, was Kasimir Edschmid in seinem »Liebesengel« so beschreibt: »Der Geruch des Harzes im Kamin mischte sich mit dem Teeduft, und es entstand jene Atmosphäre von Beschaulichkeit und Behagen, die das Lesen erst wirklich köstlich macht.« Im Zeitalter der Zentralheizung, diesem Folterinstrument der Atemwege, ist dieser olfaktorische Genuß wohl nur noch in den Hügel-Villen von Florenz möglich, wo jener Roman spielt.

Kürzlich wurde mir in »Hinrichs Teehus« die Sorte »Malty Assam« empfohlen, eine Entdeckung, die mein Leben um eine wichtige Nuance bereichert hat. Dazu ist eine Leckerei gekommen: die mit Maismalzsirup gesüßten Malz-Kekse der Bioläden. A propos Sirup: In der Kindheit bestand für mich die größte Gaumenfreude darin, mehrere Brote mit dick Zuckerrübensirup darauf zu verspeisen. Heute noch kaufe ich mir bei Sindek und Söhnen in Derendingen die hübschen gelben Pappbehälter »Original Grafschafter Goldsaft« zum Essen und fürs Backen jener dunklen baltischen Pfefferkuchen, ohne die ich mir ein Weihnachtsfest nicht vorstellen kann.

Als wir Flüchtlinge nach dem Krieg auf einem Bauernhof im Spessart eine Hochzeit feierten, rief eine meiner Tanten plötzlich weinend aus: »Unsere Alexanderkuchen! Wo sind sie geblieben? Alles vorbei!« Damit meinte sie, vordergründig, einen »Sandkuchen« russischer Provenienz, der in den Vorkriegs-Cafés von Riga mit Vorliebe verspeist wurde. Hintergründig aber war das eine Klage über die für immer verlorene Koch- und Backkunst der alten Zeit und in noch weiterem Sinne über den Untergang einer ganzen Kultur. »Fluch der Vergänglichkeit!« kann man da, mit Arno Schmidt, nur ausrufen. Bevor mich die wild gewordene Erinnerung in ihren stählernen Klauen vollends erdrückt, brühe ich mir einen weiteren »Malty Assam« auf. Und am Abend wartet, als Krönung eines Malztages, das »Schwarze Schäfle«, ein vorzügliches Dunkles aus einer oberschwäbischen Brauerei, das man in der »Kornblume« bekommt. *Good old Europe!*

* * *

Der »Fünfer« kommt
Zur südlichen Oase mit Brunnen und Bäckerei

DERENDINGEN, Im Käppele: Endstation. Wenn der Bus die kurze Kappelstraße hinuntergefahren und in die so lebendige Sieben-Höfe-Straße mit ihren hundert verschiedenen Haustypen eingebogen ist, hat der Fahrer seine Runde beendet und eine Pause von sieben Minuten. Da kann er sich an dem hübschen Ziehbrunnen die Füße vertreten, zur Bäckerei Dieterle hinübergehen, seine Thermosflasche aufdrehen oder die Zeitung lesen. Zwischenzustand, Stillstand in der Bewegung – seltsam weht's ihn an, den letzten Fahrgast. Der bin ich schon öfter unfreiwillig gewesen. Wenn ich daran denke, wie ich als Schüler mit der Metro nachts am Rande von Paris herauskam, und kein Mensch weit und breit! Und kürzlich landete ich in Ferrara mit dem Bus frühmorgens statt am Bahnhof vor einer Wiese, und der Fahrer sah mich fragend an.

Von meiner fensterreichen Wohnung – der Komet neulich besuchte mich jede Nacht – schaue ich zum Spitzberg hinüber, sehe den Zug gen Rottenburg eilen und betrachte die bewegte Hinterhoflandschaft unter mir, ideales Jagdrevier für Dachhasen. Da höre ich, durch die beginnenden »Botschaften des Regens« hindurch, traute Laute: Der

»Fünfer« kommt! Jetzt habe ich noch sechs Minuten. Beim Blitzschach hat man genau fünf, und da werden in den letzten Sekunden ganze Königreiche gewonnen oder verloren. Viel Zeit also.

Dann sitze ich, Chet Bakers samtenen Trompetenklang von »Rainy day« noch im Ohr, im Bus, und dieser treue Elefant auf Rädern trägt mich gemächlich meinem Ziel entgegen. Und auf den Scheiben zersprühen und zerstäuben Henri Michaux' Tuschbilder und zaubern mir all die Zeilen aus den geliebten Regengedichten vor die Augen: Charles Baudelaires »In einem Regenlande bin ich der gekrönte Geist«, Paul Verlaines »Voll Weinen ist mein Herz/ wie eine Stadt im Regen«, Rilkes »Die Einsamkeit ist wie ein Regen./ Sie steigt vom Meer den Abenden entgegen« und Yvan Golls »Ich hab dir einen Regenpalast erbaut«.

Und wenn ich zu Fuß weitergehe, befindet mein Elefant sich schon bald wieder auf dem Rückweg zu jener kleinen Oase im Süden der Stadt mit Brunnen, Bäckerei und sieben Minuten eines anderen Lebens.

* * *

Wiesen

WER auf dem Lande aufgewachsen ist, der wird vornehmen Gartenanlagen und Parks gegenüber immer eine gewisse Scheu empfinden. Nicht nur gegenüber der kalten, gekünstelten Pracht von Versailles, in deren Ausgezirkeltheit kein verborgener Weg in das Dunkel einer Hecke lockt; nicht nur gegenüber den Boboli-Gärten von Florenz, die ihren Repräsentationscharakter nie verleugnen – hier sieht man im Geiste ›hohe‹ Herrschaften promenieren, wie man in Versailles die Kutsche der Könige durch die endlosen Alleen rollen hört. Und nicht, wenn die Parks, sondern wenn die Wiesen, die einfachen Blumenwiesen, in Blüte stehen, beginnt in den Herzen der Menschen das Blut zu singen, und sie wisssen, daß es wieder Frühling ist. Die Bewohner der großen Städte müssen sich mit weit weniger zufrieden geben. Tolstojs Roman »Auferstehung« beginnt mit einem Satz, wie er schöner und treffender in Prosa wohl nicht mehr zu finden ist: »Wie immer die auf engem Raum zu Hunderttausenden zusammengedrängten Menschen auch bemüht waren, die Erde zu verunstalten; wie immer sie die Erde mit Steinen bepflasterten, um jedes Wachstum zu unterdrücken, jeden hervorsprießenden Grashalm ausrissen, die Luft durch Steinkohlenqualm und Petroleumgeruch verpesteten, die Bäume verstümmelten und alle Tiere und Vögel verscheuchten – Frühling blieb dennoch Frühling, selbst in der Stadt«. – Was braucht das Kind? Eine Hecke, durch die es schlüpfen kann, kleine Gänge zwischen Büschen, das Spiel des Lichts im Gewirr der Zweige, Bäume, auf die es klettern, Wiesen, durch die es tollen kann. »Damals hatte die Welt die Form, die Weite, die Frische der Wiese [...] Sie gelangte zu ihr durch eine geheime Öffnung in der Hecke der Fliederbüsche, und jedes Mal, wenn sie sich durch das Schweigen der Blätter und das Wurzelgeflecht wand, klopfte ihr das Herz«, heißt es zu Anfang der Erzählung »Die Wiese« der Französin Françoise Ascal. »An manchen Tagen lag etwas Undefinierbares in der Luft [...] dann mußte sie die weißdornüberwucherten Hügel emporklettern. Sie ließ sich ins Dickicht der Büsche gleiten, das ein labyrinthisches Netz von schmalen Wegen verbarg. Sie kannte dort jede Windung, jede Biegung, und im duftenden Halbschatten fand sie unfehlbar die verborgenen Räume, die sich öffneten wie weite, aus Pflanzen bestehende Zimmer«.

Meine erste ›Wohnung‹ war eine Wiege, und diese stand auf einer Wiese in Polen, unter einem blühenden Apfelbaum. Von Rilke gibt es die kleine »Volksweise«: »Mich rührt so sehr / böhmischen Volkes Weise, / schleicht sie ins Herz sich leise, / macht sie es schwer...« Ersetze ich böhmisch durch polnisch, wird es noch schwerer. Und heute, bald sechzig Jahre später, gehe ich hinaus auf die Wiesen von Derendingen mit ihren Apfelbäumen, von denen einer meine geliebten Boskop-Äpfel trägt – vom Apfelbaum des Kleinkind-Alters zum Apfelbaum des bevorstehenden Alters. Und da sage noch einer, erst das Schreiben stifte sinnvolle Zusammenhänge! Nein, der Sinn ist da, sogar an Wiesen, sogar an Apfelbäumen ist er zu erkennen.

* * *

Stimmen und Ziele

Erinnerungswellen durch Derendingen

»ICH empfand eine schreckliche innere Kälte, jenes drückende Gefühl von Einsamkeit, das uns oft ohne jeden ersichtlichen Grund überfällt, wenn wir auf einer Reise in einen neuen Ort kommen«, sagt der Erzähler in Tolstojs »Luzern«. Also blieb ich in Derendingen, betrat das St.-Gallus-Kirchlein und sah mir das schöne Epitaph an, die hölzerne Erinnerungstafel für Pfarrer Ammermüller und seine Familie, Mitte 18. Jahrhundert.

Auf dem Gemälde strebt ein Nachen auf stürmischer See einer vieltürmigen Stadt zu: die Überfahrt der Seele zum himmlischen Jerusalem, Symbol für Welterlösung und Weltüberwindung. Darüber ein Gedicht in alter Schreibweise: »Die Welt gleicht diesem Meer; das Kreütz den starcken Wellen: / Das Schiff ist Christi Kirch: Die Kluft will sich aufschwellen: / Herr Jesu komm und hilff; wehr solchem Angestümm: / Führ durch der Engel Hand uns nach Jerusalem!«

Möge der Nachen sein Ziel erreichen; ich bin schon zufrieden, wenn ich bis zum Derendinger Bahnhof komme. Auf dem Friedhof rief mir ein efeuüberwachsenes Mauerstück die efeubedeckte Rückseite des Bauernhofs am Spessart in Erinnerung, Schauplatz meiner Nachkriegskindheit. Und auf einmal kam mir die Sieben-Höfe-Straße endlos lang vor und der Bahnhof an ihrem Ende unerreichbar fern. Vielleicht würde ich's wenigstens bis zur Biegung unten schaffen?

»Erschüttert werden wir durch die Erinnerung, nicht durch eine Neuigkeit«, notierte Cesare Pavese, für den die Erinnerungen zu einem alle Ziele erstickenden Netz wurden. Nur mit Mühe gelang es mir, den Friedhof, auf dem ein Teil meines Lebens liegt, zu verlassen – zu viele Stimmen zogen mich zurück. Unten, gegenüber dem Aufgang zur Kirche, das Bauernhaus, seine beiden mächtigen hölzernen Tore von 1807: die Gerüche nach Stall, nach Tieren, nach Land – Erinnerungswellen.

Dann, in der Biegung, die Holzstöße an der Gartenmauer: Schon hörte ich die Axtschläge durch die sonnendurchglühten Wälder des Spessarts hallen, sah die Späne fliegen, roch ihren frischen Duft. Gegen die warmen Balken gelehnt, wußte ich: Weiter würde ich nicht kommen, weil die Zeit stehengeblieben war. Wie damals, vor fünfzig Jahren, als der Junge vor der Efeuwand des Hofes stand und ein Zwiegespräch mit ihren Vogelstimmen, ihren Windstimmen begann.

Und im tiefen Himmel versank die Straße, Derendingen, die Stadt, verstummten alle Stimmen; nur jener Nachen mit den Menschen zwischen Hoffen und Bangen zog durch die Fluten seinem imaginären Ziel entgegen.

* * *

Derendinger Mühlbach

Vom Bläsibad bis zum Anlagensee

»IN einem Bächlein helle, / Da schoß in froher Eil / Die launige Forelle / Vorüber wie ein Pfeil ...« – Schubarts »Forelle« wird man im Mühlbach nicht finden. Eher in Zwiefalten-Dorf, wo hinter Blanks Brauerei-Gaststätte mit dem naturtrüben Bier ein Forellenbach fließt. Nach Zwiefalten hat Derendingen 650 Jahre lang, bis 1750, größtenteils gehört, und dieser Verbindung gedenke ich durch mein tägliches »Zwiefalter Klosterbäu«, das seit über 400 Jahren »Bekömmlichkeit durch unverfälschte Braukunst« garantiert. Wußten Sie, daß das Reinheitsgebot das noch heute gültige älteste Lebensmittelgesetz der Welt ist?

Aber zum Mühlach. Ein ganz Stiller, der seinen Lauf als Sproß der Steinlach auf der Höhe des Bläsibads beginnt, an der verborgenen Welt der Kleingärten, den Tennisplätzen, dem Sportplatz und der Kreissporthalle vorbeifließt; beim Bildungszentrum den Ententeich hervorbringt, an der Feuerwehr vorbei auf das Areal von Wurster und Dietz gelangt, kanalartig zum Rathaus kommt, am Kinderhaus (früher Wörnles Mühle) einen Miniaturwasserfall bildet, im Winter ein Eiszapfengebirge; zu den Wiesen strebt und hinter dem Bahngeleise das gigantische Behördenzentrum erreicht: Finanzamt, DIFF, Polizeidirektion, Regierungspräsidium, Arbeitsamt.

Was den französischen Staatspräsidenten, die sich in Paris architektonisch verewigten, recht ist, konnte einem Max Gögler nur billig sein. Er ließ die Pfeiler seines Regierungspräsidiums ins Wasser stellen: mit der Skulptur von Günter Herrmann und dem mit Natursteinen eingefaßten Teich die Derendinger Variante der Ewigkeit!

Nachdem der Mühlbach die Europastraße unterquert und das Wildermuth-Gymnasium links liegengelassen hat, speist er den Anlagensee, der im Jahre 1908 auf dem dortigen, als Schlittschuhbahn dienenden Wiesengelände geschaffen worden war. Im 19. Jahrhundert lieferte er noch der Badeanstalt hinter der Rottenburger Bahnlinie das Wasser, um dann bei der Eberhardsbrücke in den Neckar zu münden. Doch dieser Ehre ging er dann durch die Neckarkorrektur verlustig: Ein schnöder Flutkanal, der heute als Neckararm auftritt, ersetzte ihn. Und in diesen wird der Mühlbach vollends abgeleitet – so schafft man Leichen fort. Wer vor hundert Jahren den Indianersteg, diese damals flache, heute gewölbte kleine Brücke hinter dem Uhlanddenkmal, betrat, der blickte also ins Wasser des Mühlbachs, das sich dem des Neckars verband und weit hinauskam.

Wenn die Polkappen abtauen, dürfte es in Derendingen wohl eine Vereinigung von Steinlach und Mühlbach geben und statt der glücklichen Mischung aus archaischer und heutiger Natur ein tropisches Pflanzendurcheinander in fieberfeuchter Wildnis, statt des sommersonnentrunkenen Liedes der goldenen, vom »göttlichen Weltgeist« erfüllten Bienen, statt ihrer »winzigen Welt ohne Wucht und Gewicht, und doch voller Wunder« (Vergil) – das Kreischen exotischer Vögel.

Bis dahin kann man am Mühlbach noch Holunder und Schlehen pflücken, gestillten Herzens mit Goethe (nach Anakreon) der Zikade lauschen: »Selig bist du, liebe Kleine, / Die du auf der Bäume Zweigen, / Von geringem Trank begeistert, / Singend, wie ein König lebest...« und, wie's bei Schubart heißt, »an dem Gestade« stehen »in süßer Ruh«. (Keine Ruh soll der Herzog Karl Eugen finden, der Schubart auf dem Gewissen hat!) Und mit Jakob Böhme mag man die Zeit als Ewigkeit empfinden und die Ewigkeit als Zeit.

* * *

Zwei Schwäne in Tübingen

IN unserer Stadt gibt es viele Schwäne, bald so viele wie Tauben. Zwei aber gibt es, die sind ganz anders... Doch zuvor ein paar Überlegungen, die dann zu ihnen führen. »Erfahrung ist eine Form der Lähmung«, hat Eric Satie, der experimentierfreudige Komponist, apodiktisch festgestellt. Soll man also besser gleich in seinem Zimmer bleiben und meditieren, wie es Pascal empfiehlt? Im Gegenteil, es gilt, was der weitgereiste weise Martin Buber hierzu sagt. In seiner Essay-Sammlung »Ereignisse und Begegnungen« gibt er folgendes zu bedenken: »...die Wirklichkeit der erlebten Welt ist um so mächtiger, je mächtiger ich sie erlebe, sie verwirkliche. Wirklichkeit ist keine feststehende Verfassung, sondern eine steigerungsfähige Größe. Ihr Grad ist funktional abhängig von der Intensität unseres Erlebens«. Diese Erkenntnis gilt für alle Bereiche, für den Umgang mit Menschen ebenso wie für die Beziehung zu der Stadt, in der man lebt. Wenn es uns gelingt, die »Intensität unseres Erlebens« nicht absinken zu lassen, können wir selbst bei etwas so Gewöhnlichem wie einem Gang durch eine Gasse von Tübingen etwas sehen, das zwar nicht den Weltlauf beeinflußt, vielleicht aber für ihre Bewohner etwas bedeutet. Da hat man sich zu einem ersehnten Ort in der weiten Welt bemüht, und plötzlich sagt eine innere Stimme: Das war's also, dazu bist du zweitausend Kilometer gefahren! Gogol auf seiner Palästina-Reise: »Irgendwo in Samaria habe ich eine Feldblume gepflückt, in Galiläa auch, und in Nazareth hielt mich der Regen zwei Tage lang zu Hause fest, und ich vergaß, daß ich in Nazareth saß – es war wie auf einer Bahnstation in Rußland«. Wir fahren nach Petersburg oder zu Kafka nach Prag, haben alles gesehen, und auf der Heimfahrt: Das war's also... Und am nächsten Tag kommen wir durch die Tübinger Mauerstraße und erblicken in einem Garten die beiden Kunstschwäne, die einmal vor dem Hölderlinturm auf dem Neckar schaukelten. Und es fällt uns jener Bekannte ein, der noch nie im Turm war. Woran er vielleicht gut tut: Letztlich kann man Gogol, Kafka oder Hölderlin wohl nur durch Abstandhalten näherkommen. Die Hölderlin-Industrie der letzten Jahre ist da sehr aufschlussreich: Wenn jeder Dichterling glaubt, allein schon die Anrufung des Namens Hölderlin und die Beschwörung der magischen Dreiheit Tübingen-Neckar-Turm verleihe seinem Elaborat Ewigkeitswert, und Hölderlins Schmerz sei im Grunde auch sein eigener – dann ist der also Mißbrauchte ferner denn je. Und auch die Schwäne: Je länger man sie betrachtet, desto entschiedener ziehen sie sich zurück. Und der Kommentar darunter aus dem *Schwäbischen Tagblatt*, pietätvoll aufbewahrt, taucht zurück in die Vergangenheit, verwandelt sich in ein Zeichen unserer Stadt.

* * *

Jeder findet sein eigenes Paradies

SOLANGE man es in einem unfaßbaren Jenseits sucht, wird man's nicht finden: Das Paradies befindet sich nirgendwo anders als in der Umgebung von Tübingen, der Weg zu ihm führt durch das Diesseits. Nämlich von der Heuberger Warte hinter Rottenburg über die Felder nach Wendelsheim und auf der Römerstraße zu den »Zwei Linden« bei Wurmlingen, hoch oben dient die Kapelle als Landmarke. Wendet man sich nun zum Ammertal, erwartet einen, wenn man das Gewann der »Wüste« durchquert hat, ein anderes Kirchlein: das auf dem Ammerhof. Und spätestens im Schwärzloch, unter den Linden, wird man inne, daß man an diesem Sommernachmittag im Paradies gewesen ist.

Das soll das Paradies sein?! mag ein Begleiter ausrufen, der es auf den Kanarischen Inseln gesucht hat oder in einem Zustand überirdischer Entrücktheit. Ja, dies ist das Paradies: nichts Sinnenbetörendes oder Hochdramatisches, kein Wasserfall, kein Gipfelpanorama, kein Vulkanausbruch: »Wir wünschen uns einen Ort, der so natürlich zivilisiert ist, so freundlich und höflich und so wenig störend, dass der Mensch-Künstler, den Geboten des wahren Glücks folgend, sich in Freiheit ganz und gar selbst genießen kann«, sagt der Mailänder Alberto Savinio, der Bruder des Malers Giorgio de Chirico.

Wir fahren mit ihm fort: Für uns befindet sich die Insel der Seligen, der Ort der Unsterblichkeit hier auf Erden, in der Umgebung von Tübingen, und wir betreten ihn nüchtern und mit wachen Sinnen. Und wenn zwischen den Tischen plötzlich die Mähne Martin Schupps auftaucht, dieses phantastischen Kenners von Land und Leuten, von Kunst und Kultur Alt-Württembergs und Schwabens, sind wir rasch im siebten Himmel. Der Himmel des langschwänzigen Pfaus, der auf dem Hof zu Hause ist, befindet sich auf der Tanne vor der Mauer, die er im Dunkeln erklimmt und wo ihn der Ahnungslose für einen Ast hält. Und auf dem Heimweg erzählt Martin Schupp, was sein Paradies ist: am Nachmittag ein Stadt-, besonders Antiquariatsbummel mit abschließendem Erdbeer-Shake und am Abend das Blättern in einer Tübinger Inkunabel. So hat jeder seinen Himmel, sein Paradies.

* * *

Tübinger Urwald

WENN Sie Urwald brauchen, brauchen Sie nicht in den Urwald zu fahren. Statt per Flugzeug und Schiff Tausende Kilometer zurückzulegen – nur ein paar Schritte, denn er befindet sich vor Ihrer Tür, und zwar in ganz unterschiedlicher Ausführung. Hier, fürs erste, der Hinweis auf zwei von ihnen.

In Derendingen gehen Sie von der Sankt-Gallus-Kirche aus (wo der slowenische Reformator Primus Truber begraben ist und ein Epitaph an ihn erinnert: In Tübingen ist der Weg zum Urwald mit Kultur gepflastert!) senkrecht zum Wald hinauf und an dessen Rand ein paar Minuten weiter Richtung Weilheim bis zu einem kleinen Tal. Hier biegen Sie links in den Wald ein – und schon befinden Sie sich auf einem schmalen, bei Regen unpassierbaren Saumpfad hoch oben über einem tief eingeschnittenen und von Felsbrocken übersäten, meist trockenen Flußbett. In diesem Chaos von gerade noch stehenden und bereits gestürzten Baumriesen herrscht eine phantastische Stille, durch die nur ab und zu ein Vogelruf hallt. Hier jemandem zu begegnen, ist unwahrscheinlich, und wenn, dann nicht ganz angenehm: Einer muß weichen, vielleicht auch in die Tiefe, denn zwei kommen nicht aneinander vorbei.

Den zweiten Urwald erreichen Sie, wenn Sie von Rottenburg aus zur Heuberger Warte gehen. Dies ist ein 484 Meter über N.N. stehender sogenannter Warttum, der während der Zeit der reichsstädtischen Pfandschaft Hohenbergs (1410/54) von den schwäbischen Reichsstädten erbaut wurde. Hier nun herrscht, rund um den Turm, ein exotisches Treiben. Tritt man im Derendinger Urwald in einen kahlen, kühlen Hallraum, so hier in ein üppiges Leben, in ein Dikkicht kreuz und quer wachsender oder abgestorbener Bäume, wuchernder Büsche, geschützter Pflanzen. Betäubend die Düfte von überall her, der nuancenreiche Klangteppich einer bunten Vogelwelt ist ausgebreitet, dazwischen das lachende Keifen von Affen und ein kurzes Löwengebrüll – Verzeihung, das ist nun doch gelogen. Aber vielleicht waren ja gerade, als ich wieder einmal hier eintauchte, aus dem in Tübingen gastierenden Zirkus einige Tiere ausgebrochen ... Keine Täuschung, auch keine Enttäuschung, sind die kleinen wilden Kirschen, die da hervorleuchten, besonders in schon verzuckertem Zustand. Wenn Sie sich aus dem Griff der Lianen befreit haben und ins Freie treten, breitet sich vor Ihnen ein weiter, herrlicher Blick: Nun können Sie über die Felder nach Wendelsheim und auf der Römerstraße zu den »Zwei Linden« bei Wurmlingen gehen, als Orientierungspunkt steht droben die Kapelle.

Und wenn es Sie jetzt zur Abwechslung noch nach einer Wüste verlangt, dann müssen Sie sich nur zum Ammertal wenden: Auf dem Weg durchqueren Sie das Gewann mit dem Namen »Wüste«. Und da Sie hierbei natürlich einen fürchterlichen Durst bekommen, werden Sie nach kurzem Marsch dort einkehren, wo vor Ihnen seit Jahrhunderten schon Tübinger und Fremde gesessen sind: im Schwärzlocher Hof, kurz Schwärzloch genannt, (ehemals) Kirche, Hofgut und Ausflugslokal in einem.

* * *

Uhland, Proust und Lancelot – der Weißdorn leuchtet bei allen

»GRAF Eberhard im Bart vom württemberger Land, er kam auf frommer Fahrt an Palästinas Strand«, so beginnt Ludwig Uhlands Ballade »Graf Eberhards Weißdorn«. Der Pilger schneidet ein Weißdornreis ab und bringt es »über Meeres Flut« heim, zum Hofgut Einsiedel, wo aus ihm ein mächtiger Baum wird. – Für Marcel Proust gleicht der Anblick einer blühenden Weißdornhecke einem religiösen Erlebnis: »Die Hecke bildete gleichsam eine Reihe von Kapellen, die unter den ausgestreuten, zu Altären gehäuften Blüten verschwand; darunter legte die Sonne Vierecke aus Helligkeit auf den Boden, als käme sie durch ein Kirchenfenster« lesen wir in seinem Feuilleton »Vorfrühling« von 1912. – Von Proust über Uhland tausend Jahre zurück, zu »Lancelot und Ginevra«, diesem neben dem »Tristan« berühmtesten Liebesroman des Mittelalters, der zu dem Sagenkreis um König Artus und die Ritter seiner Tafelrunde gehört, zur Gral-Mythe und zu den Legenden vom Zauberer Merlin. Auch von dort, aus dem angeblichen ›Dunkel der Zeiten‹, leuchtet uns ein Weißdornstrauch entgegen. Merlin, der von der Fee Viviane selbst verzauberte Zauberer, klagt dem ihn suchenden Ritter Gawain im Windesrauschen sein Leid: »Wir gingen eines Tages Hand in Hand in diesem Wald umher und fanden einen Weißdornstrauch, mit Blüten reich beladen, in dessen Schatten wir uns niederließen. Ich legte meinen Kopf in Vivianens Schoß, und sie berührte meine Schläfen, bis ich einschlief. Dann muß sie sich erhoben und mit ihrem Schleier den Zauberkreis rund um den Weißdornstrauch geschlagen haben. Als ich erwachte, fand ich meinen Kopf in ihrem Schoß, und als ich um mich sah, befand ich mich im schönsten Turm der Erde, in einem luftigen Gemach. Meine Freundin Viviane versprach mir, oft zu mir zu kommen und in meinen Armen zu liegen ...« Wer sehen möchte, wo das geschah, der fahre in die Bretagne, in den sagenhaften Wald Brocéliande.

Wer wissen möchte, was aus dem Nachkommen jenes Eberhardschen Weißdorns geworden ist, der um 1650 so groß war, daß er mit 40 Steinsäulen gestützt werden mußte, der braucht nur nach Pfrondorf und zum Einsiedel hinaufzuwandern. Dort kann er, bei der Betrachtung des neuen, blühenden Strauchs, an Uhlands Verse denken (die er übrigens bei seinem Paris-Aufenthalt im Palais Royal geschrieben hat), an Prousts Prosa und an Lancelots Liebesabenteuer.

* * *

Der Himmel über Hagelloch

HERBSTABEND, die Arbeit auf dem Feld ist getan. Das Kind klettert auf den Bauernwagen, legt sich auf die Kartoffelsäcke oder die Futterrüben, die Pferde ziehen an, und während der Wagen auf der einsamen Landstraße nach Hause rollt, zum Hof auf dem fernen Hügel, schaut es in bangem Jauchzen zum sternbesäten Himmel hinauf. Niemals wird es mehr wissen vom Rätsel der Existenz als beim Anblick dieser Unermeßlichkeit. Später hört das Kind den wunderbaren Vers: »Die Himmel rühmen des Ewigen Ehre« und versteht noch nicht, daß damit die himmlischen Heerscharen gemeint sind. »Die Himmel«: ein seltener, ein schöner Plural. Der Heranwachsende stößt dann auf den »Cherubinischen Wandersmann« von Angelus Silesius und darin auf die Mahnung: »Halt an, wo laufst du hin? Der Himmel ist in dir. / Suchst du Gott anderswo, du fehlst ihn für und für.«

Da wir im Barock sind, hier das Loblied des Georg Philipp Harsdörfer auf die lautmalende Qualität der sonst ja eher gescholtenen deutschen Sprache: Sie »donnert mit dem Himmel, sie blitzet mit den schnellen Wolken, stralet mit dem Hagel, sauset mit den Winden, brauset mit den Wellen, brüllet wie der Löw, brummet wie der Bär, blecket wie das Schaf, gruntzet wie das Schwein, qwaket wie die Ente, summet wie die Himmel, zischet wie die Schlange –«.

Umberto Eco läßt einen seiner Romanhelden äußern, daß schon Adam deutsch gesprochen haben muß! Doch zurück zum Himmel. Dem Duden gelingt eine schöne Definition: »scheinbar über dem Horizont liegendes, halbkugelähnliches Gewölbe, an dem die Gestirne erscheinen«. Viel Gelehrtes, viel Wissenschaft plus Glaube lernt man im Laufe seines Lebens über diesen blauen oder grauen Deckel da über uns. Und ist doch immer wieder zutiefst berührt, wenn ein großer Dichter ihn sprachmächtig und ohne alle Zutaten so malt, wie er ihn sieht: einmalig die großen Himmelsszenerien bei Jean Paul und Stifter, so unvergeßlich wie Noldes gewaltige Bilder von der Nordsee.

Eine Begegnung besonderer Art mit dem Himmel hat eine Hauptfigur in Tolstojs »Krieg und Frieden«. Verwundet auf dem Schlachtfeld liegend, schaut Andrej Bolkonskij in den Himmel: »Wie kommt es eigentlich, daß ich diesen hohen Himmel vorher nie wahrgenommen habe?« denkt er. »Und wie glücklich bin ich, daß ich ihn endlich doch noch kennengelernt habe. Ja, alles ist nichtig, alles ist Lug und Trug außer diesem unendlichen Himmel. Es gibt nichts, gar nichts außer ihm. Und nicht einmal ihn gibt es, es gibt überhaupt nichts außer dieser Stille, dieser Ruhe. Gott sei gedankt!«

War es bei Angelus Silesius eine Reise ins eigene, ganz nahe und doch so ungreifbar-ferne Innere, so ist es hier eine Reise zum leeren Mittelpunkt der Welt.

Von Tübingen aus kann man mit dem Stadtbus nach Hagelloch hinauffahren, den Panoramaweg entlanggehen, sich auf eine Wiese setzen und den Blick über das so anmutig daliegende Dorf und über die Hügel der Stadt bis zur Alb hinüberschweifen lassen. Und dann kann man sich auf den Rücken legen und zum Himmel hinaufschauen: Unmerklich verläßt das Ich den Körper, und alles nichtige Wollen und Begehren löst sich auf wie die ziehenden Wolken dort oben.

* * *

Pan in Bühl

DIE Geschichte ist bekannt. Nach Plutarch hätten die Reisenden auf einem Schiff von den Paxoi-Inseln her den Ruf gehört: Der große Pan ist tot!, was an den Gestaden des Mittelmeers mit Stöhnen und Wehklagen aufgenommen worden sei. Das war unter Kaiser Tiberius, als auch Christus lebte. So hat man gesagt, dieser Ruf symbolisiere den Untergang des Heidentums. Ein Schiffermärchen natürlich, da zu jener Zeit das Christentum von seinem Sieg noch weit entfernt war. Mit dieser Pans-Legende im Kopf und mit Debussys »Präludium zum Nachmittag eines Fauns«, dieser Feier mittelmeerischer Sinnenfreude, im Ohr näherte ich mich auf dem Geisslesweg oberhalb von Bühl dem Rande des Rammerts. Kein Mensch weit und breit. Da packte mich der Übermut, und ich rief in die Stille: Der große Pan ist auferstanden! Kein Freudengeschrei gab meiner frohen Kunde Antwort. Der Wald lichtete sich – und da hatte ich die Antwort, aber eine, die ich nicht erwartet hatte: Vor mir, unten, erblickte ich die Kirche von Bühl, und auf ihrem Turm blitzte in der Sonne siegreich das Kreuz. Siegreich? Wie die Tradition der Mythologie, so hat das 20. Jahrhundert die Tradition der Bibel eingebüßt. Die Menschheit scheint sich nicht mehr durch Geschichten, sondern nur noch durch Begriffe und Zeichen verständigen zu wollen, zu können. Vielleicht wiederholt sich in unserer Zeit der riesigen Migrationen, was in den Stürmen der Völkerwanderung geschah: Das Imperium Romanum ging unter, und die germanischen Siegervölker ersetzten die »Einfühlung« durch die »Abstraktion«, das »Abbild« durch das »Sinnbild«, wie es Wilhelm Worringer so einprägsam formuliert.

Mit Debussys Pansmusik, diesem nie schöner komponierten Wunsch nach Vorhandensein eines Verschwundenen, stieg ich zum Dorf hinab, labte mich an den Sauerkirschen hinter der Kirche und setzte mich in die stimmungsvolle kleine Anlage des Schlosses. Und als ich durch das Dorf zurückging und an dem Weg mit dem Namen »Elfmorgen« vorbei kam, da geschah zwischen Kreuz und Mythos, zwischen Christus, Elfen und Pan, zwischen (Wurmlinger) Kapelle und (Kilchberger) Keltengrab die große Versöhnung.

* * *

Der Steinbruch von Reusten

ZWANZIG Jahre und mehr bin ich an ihm vorbeigefahren: an dem unter Wasser stehenden Steinbruch von Reusten. Man nahm ihn im Vorbeifahren vom Bus aus wahr als etwas Bekannt-Unbekanntes, man sah den Zaun mit dem Verbotsschild, das wuchernde Unkraut, irgendwelche Steintrümmer. Unzählige Male habe ich ihn gesehn, so wie man täglich dieselben Menschen sieht: Man kennt sie, grüßt sie womöglich und weiß im Grunde genommen nichts von ihnen. Bis ich jetzt von Unterjesingen aus über Pfäffingen und Poltringen zu dem zwischen steilen Hängen gelegenen Reusten hinausgewandert bin, einer alten Dingstätte, an der einstmals die Gau- und Landgerichte tagten, zum oberen Rand des Steinbruchs hinaufkraxelte und von einem Jägerhochsitz aus stundenlang auf dieses Wasser hinuntersah. Und alles war ganz anders als sonst, besonders der Anblick des Wassers, so unnütz wie in dem Gleichnis des alten chinesischen Philosophen Dschuang-Dse der berühmte verkrüppelte Baum, der durch seine Unbrauchbarkeit lange lebt und das Auge des Denkers, der ein ähnlich ›nutzloses‹ Schicksal hat, heimlich erfreut. Sowenig wie jener Baum verzehrbare Früchte trägt oder wenigstens als Holzlieferant etwas taugt, so wenig dient dieses Wasser irgendeinem Zweck: Es weist kein schilfbewachsenes Ufer auf, hier sprießen keine Blumen, kein Mensch nimmt ein Sonnenbad. Stille liegt auch am Tag über der kristallinen Fläche, die kein Schwimmer aufrührt, kein Boot durchpflügt. Die scharfkantigen Felsen des blauen Kalksteins erscheinen in mancherlei Schattierungen, das Wasser überrascht mit einem seltenen Grün. Eine Oberfläche, die auf Hauch und Brise, auf Böe und Sturm mit Kräuselung und Schraffierung, mit Furchung und Wellengang reagiert, kann sehr lebendig sein; ein Spiegel von Wolken und Sternen inmitten der ringsum aufragenden, Distanz gebietenden Felsen ist nicht tot. Wasser, Wolken, Stille, und dann die Nacht mit ihren Lichtern: die alte Weinbaugemeinde Breitenholz linkerhand, rechterhand Oberndorf mit St. Ursula und dem unsichtbar leuchtenden Schrein ihres Schnitzaltars, ein Kleinod, wie man es weit und breit nicht findet. Und plötzlich, aus fernen Schülerzeiten, der erste Satz von Saint-Exupérys Roman »Wind, Sand und Sterne«: »Die Erde schenkt uns mehr Selbsterkenntnis als alle Bücher, weil sie uns Widerstand leistet«. Auf dieser Erde, mit der die Bauern seit tausend Jahren um die jährliche Ernte ringen, kehre ich nach Tübingen zurück, zu dieser Stadt, die selbst einmal wieder Erde sein wird.

* * *

Bebenhausen am See

EDUARD MÖRIKE war »Poet den ganzen Tag«, wie ihn der zeitgenössische Maler Pecht zutreffend benannt hat: Unmerklich gehen bei ihm das Land der Dichtung und des »Dichters Lande« ineinander über. Goethe spricht von der »ins Reale verliebten Beschränktheit, hinter welcher das Absolute verborgen liegt«. Auch das kann man auf Mörike beziehen, womit man eine Spur besitzt, die zu seinem Wesen führt. Allzu lange hat man ihn ja mit der sich ins Beruhigende und Bequeme flüchtenden Haltung des Biedermeier identifiziert, ja stigmatisiert. Dabei ist seine Flucht eine »aus tiefinnerster Todeseinsamkeit und fortwährendem Sterbensbangen«, wie der Mörike-Kenner Adolf Schahl formuliert. Mörike ist oft geflohen, vor Menschen und Orten, vor einem ungeliebten Amt und vor sich selbst. Eine seiner kleinen Fluchten war die nach Bebenhausen, im Jahre 1863. Den Tübingern sind seine »Bilder aus Bebenhausen«, dieser Gedichtzyklus in antikem Versmaß, wohl vertraut; mancher besitzt die kleine, querformatige Einzelausgabe mit den Zeichnungen des Autors. Das 8. Bild trägt den Titel »Am Kirnberg« – aber fahren wir doch rasch mit dem Bahnbus nach Bebenhausen hinaus und lassen Mörike seine Verse selbst rezitieren. Nachdem er von der Wiese und der bewaldeten Höhe hinter dem Bandhaus (der Küferei) gesprochen hat, erinnert er sich daran, daß sich dort einmal ein richtiger See erstreckt hat. Woher er das weiß? Von der »Bernhardsminne«, dem Bild über dem Altar der Klosterkirche, der Leser wird's kennen: »Sah ich doch jüngst in der Kirche das Heiligenbild mit dem Kloster / Hinten im Grund: tiefblau spiegelt der Weiher es ab. / Und auf dem Schifflein fahren in

Ruh zwei Zisterzienser, / Weiß die Gewänder und schwarz, Angel und Reuse zur Hand. / Als wie ein Schattenspiel, so hell von Farben, so kindlich / Lachte die Landschaft mich gleich und die Gruppe mich an«. Wo ist dieser See geblieben, den einstmals die Mönche künstlich angelegt hatten? Nun, ganz ist er nicht verschwunden, zwischen dem Kloster und der verkehrsreichen Straße findet man noch einen kleinen Seerosenteich, verborgen hinter Bäumen und Büschen.
Ein Kahn fährt da nicht mehr, weder zum Fischefangen noch zum Zeitvertreib. Man kann aber an seinem Rand sitzen und lesen, was sich die kluge und hellsichtige Isolde Kurz notierte, nachdem sie mit ihrer Mutter Mörike besucht hatte, der im Jahre 1874 wieder in Bebenhausen weilte: »Während wir so im Grünen auf Bänken und Stühlen um einen verwitterten Holztisch saßen, und ich mir die Physiognomie des Dichters beim Sprechen betrachtete, kam über mich die wunderliche, aber unabweisliche Vorstellung, daß dieser große Kopf eines schwäbischen Landpfarrers mit den etwas schlaffen Zügen und den stehenden grämlichen Falten nur eine scherzhafte oder schützende Maske sei, unter der jeden Augenblick ein feiner jugendlicher Griechenkopf oder ein lächelnder Ariel zum Vorschein kommen könnte«.

* * *

Im Kranz der Dörfer

DIE geräumige Aue von Tübingen, wo sich der Neckar im weichen Keupergestein, unterstützt von Ammer und Steinlach, sein seeartiges Becken ausgewühlt hat, ist von einem Kranz von Dörfern umgeben. Dahinter kommt ein zweiter, ein dritter, und unversehens steht der Wanderer am Rande des Schwarzwalds oder am Fuß der Schwäbischen Alb.
Wer aber würde behaupten, daß er die Dörfer, durch die er kommt, wirklich kennt? Das Heimatgefühl ihrer Bewohner, sofern sie noch echte Dörfer sind, bleibt dem Städter unzugänglich, da es sich aus

tausend sichtbaren, fühlbaren, schmeckbaren Dingen zusammensetzt, die er nicht in sich aufgenommen hat; von Menschen und ihren Beziehungen untereinander gar nicht zu reden.

Wenn überhaupt ein Weg zum Dorf führt, dann über die Unvertrautheit: über die Fähigkeit, bei jedem Besuch über das vermeintlich Wohlbekannte erneut zu staunen und das Unbekannte einfach mal aufzunehmen, so wie ein Kind unterwegs einen Stock aufhebt, eine Glasscherbe, einen Stein – auf alle Fälle, für später. Vielleicht bietet sich ja irgendwann einmal die Gelegenheit, etwas von einer anderen Lebensweise zu erfahren, die von der Stadt, die alles in ihren Bann zieht, noch nicht überlagert, gar zerstört worden ist.

Es verhält sich wie mit einem Menschen unserer Umgebung: Wir brauchen sehr lange, bis wir die Regeln ahnen, nach denen er sein Leben eingerichet hat. Und wenn wir sein Zimmer betreten, ist es in seinem Wesen für uns fremd, nicht faßbar, »wie die Wüste, die keineswegs aus Sand besteht«, wie es in Saint-Exupérys Roman »Wind, Sand und Sterne« heißt. So wie das Dorf, das auch nicht eine bloße Ansammlung von Häusern darstellt; so wie das Wirtshaus, dessen Tische und Stühle dem zufälligen Gast aus der Stadt jede Auskunft über die Verhältnisse im Dorf verweigern.

Gast und Gastgeber, Stadt und Dorf: Trotz der Gemeinsamkeit eines immer gleichförmiger werdenden Lebens in der so genannten Weltgesellschaft durch einen Abgrund voneinander getrennt. Und wenn man dann erlebt, mit welch staunender Scheu die Familie aus dem Dorf am Sonntag durch die Straßen von Tübingen pilgert, dann geniert man sich fast und möchte ihr zurufen: An uns ist nichts Staunenswertes, glaubt nicht der Fassade, bei uns wird auch nur mit Wasser gekocht! Aber das hätte nur den Effekt, daß sie uns für einen jener Spinner halten würden, an denen es in unserer Stadt keinen Mangel hat.

*   *   *

Geliebter Kalkstein

Dapalis Macrurus oder Vom Geheimnis

ADALBERT STIFTER, oft verspottet, nie erreicht, mochte die Bewertung von »groß« und »klein« nicht, er hielt die unauffälligen Entwicklungen für bedeutsamer als die momentanen Eruptionen. Steine, Gesteinsformationen entstehen langsam; im Kontrast dazu werden menschliche Verfehlungen aufgrund zu ungeduldiger Entscheidungen besonders deutlich. In seiner Erzählsammlung »Bunte Steine« befindet sich der »Kalkstein« und diese Beschreibung: »Der unermeßliche Regen der Nacht hatte die Kalksteinhügel glatt gewaschen, und sie standen weiß und glänzend unter dem Blau des Himmels und unter den Strahlen der Sonne da. Wie sie hintereinander zurückwichen, wiesen sie in zarten Abstufungen ihre gebrochenen Glanzfarben in grau, gelblich, rötlich, rosenfarbig, und dazwischen lagen die länglichen, nach rückwärts immer schöneren luftblauen Schatten.«

Ein großer Liebhaber des Kalks, dieses lichten, blütenfarbenen Gesteins, war Goethe, der sich auf seiner Italienreise dort besonders wohlfühlte, wo dieses die Landschaft prägt; alle fließenden Formationen hingegen, alles Zufällige, Ungeklärte, Ungegliederte, den Ton also, und erst recht das Zerstörerische, ja Höllische des vulkanischen »Unwesens«, lehnte er voll Furcht und Haß ab.

Näher als die Trias- und Magnesiumkalke der Dolomiten und der jurassischen Kalke der Insel Capri ist uns die Schwäbische Alb mit ihrem fast immer senkrecht abfallenden Trauf, der manchmal aus nacktem Fels besteht und hell schimmernd als Kalktürme und -wände aus den Hangwäldern herauswächst. Näher wiederum als diese ist uns der Muschelkalk, der bei Tübingen, vom Keuper überdeckt, deutlich unterhalb des Neckarspiegels liegt, oberhalb von Rottenburg aber zu beiden Seiten des Neckars in hohen Steilwänden aufragt.

Über diesen Stein sagt der Italienkenner Eckart Peterich: »Die höhere Baukunst des Abendlandes ist also aus der mittelmeerischen Muschelbaukunst hervorgegangen, mit ihr auch die Bildhauerei. Denn in den kristallinen Kalken, aus denen der Marmor wird, ist die Muschelmaterie so verfeinert, gehärtet, durchsichtig und leuchtend geworden, daß sie alles Unterseeische verloren hat, doch ohne ihre bildenden Kräfte zu verlieren, und befähigt ist, sich in Götterbilder zu verwandeln.«

Aber noch näher als der Tübinger Muschelkalk ist mir ein Stück aus den Kalksteinbrüchen von Vachères in den Alpen der Haute-Provence mit einem Alter von vielleicht 30 bis 35 Millionen Jahren. Darin, leicht reliefartig, ein versteinertes Fischchen von zarter Farbe und fragiler Gestalt. Merkwürdig: Dieses Lebewesen konnte von keines Menschen Auge gesehen werden, da es die Gattung Mensch – der offenbar die Bestimmung innewohnt, alle anderen Gattungen zu dezimieren und auszurotten, und schließlich sich selbst – damals noch lange nicht gab. Wenn ich es jetzt im Kalk betrachte, ist es mir fast, als würde ich den Schleier von etwas heben, das verborgen bleiben sollte. Der Name des Fischchens ist: Dapalis Macrurus. Als ich ihn zum ersten Mal las, wollte ich seine Bedeutung nachschlagen. Aber wozu? Der Name mag so rätselhaft bleiben wie das, was er bezeichnet. Namenlos, alterslos, unbekannt soll dieses kleine Wunder der Natur durch die Weltmeere treiben – trinkend, ruhend und ohne die Last von Gedanken.

Touren durchs Ländle

Heimat

WIE beneide ich all jene, die sicher getragen werden von ihrem Heimatgefühl! Geologie, Geschichte, Volkskunde, Sprache, Genealogie – hier sind sie zu Hause, bis ans Ende ihrer Tage. Und man hat ein Lebensziel, etwas fest Umrissenes, für das man sich einsetzen und das man, bei allem nötigen kritischen Abstand, sogar lieben kann. Das Land zum Beispiel, das sich vom Kaiserstuhl bis zur Ostalb erstreckt – ein Leben reicht nicht aus, um es in all seinen Erscheinungen zu erfassen. Man muß sich, will man nicht Dilettant bleiben, spezialisieren. Mit der Literatur und Kunst dieses, auf die Größe der Welt bezogenen, so winzigen Landstrichs könnte man ganze Jahrhunderte anderer, weniger begünstigter Landschaften füllen. Das wird einem so richtig bewußt, wenn Norddeutsche in unsere Gegend kommen und angesichts dieser kulturellen Dichte und Verdichtung in Begeisterung, aber auch in Verzweiflung geraten: Wann soll man das alles aufsuchen, ansehen, rezipieren? Ich kann da, als nicht hier Geborener, gut mitfühlen. Meine Lehrer am Gymnasium in Nagold, wohin ich Anfang der fünfziger Jahre gekommen war, diese Kenner von Oberschwaben und Unterland, von Zeugenbergen und Karst, dieses ganzen wunderbaren Landes zwischen Ostalb und Kaiserstuhl, zwischen Hohenlohe und Bodensee, sind längst tot. Vor nicht langer Zeit erst habe ich angefangen, mir wenigstens die Grundlagen ihres Wissens anzueigen. Auf dem Gymnasium hatte ich andere Probleme und paßte nicht auf – sehr zu meinem Schaden. Danach zog es mich zu den berühmten Städten und Landschaften unseres Kontinents, was dazwischen lag, nahm ich nur mit halbem Auge wahr. Ich war ja noch ganz befangen von der für meine Erziehung typischen Vorstellung von irgend etwas ›Großem‹, Überzeitlichem, quasi Metaphysischem, das ich suchen müßte – ich wußte nicht, daß die Seele, der Sinn ohne weißen Jura und Donauversickerung, ohne Neckarstrand und Schwarzwaldhöhen, ohne Marktbrunnen, Altstadt und Kirchlein am Weg bös in der Luft hängen. Und daß die Landschaft als Raum menschlicher Tätigkeit, als Schauplatz geschichtlicher Ereignisse und als Dokument künstlerischer Aneignung und Verwandlung eben jene Qualitäten besitzt, die ich, mehr blind als sehend, mehr mystisch die Augen schließend als sie dem Licht der Erkenntnis öffnend, so lange vergebens gesucht hatte. Denn nicht anders als früher können Seele und Empfindung alles sein und Landschaften ihre Quelle und ihr Spiegel. Ernst Bloch: »Wer immer aber auszieht, kommt von einem Inneren her«. Und bei Rimbaud heißt es: »Man reist nie ab«. Der mußte es wissen, denn er war ständig unterwegs.

Um Tübingen und auf der Alb

Ein Spaziergang zu Gustav Schwab

Gomaringer Sehnsucht

WENN man im Sommer beim Eingang des Gomaringer Friedhofs sitzt, auf der Bank zwischen den beiden Buchsbäumen, deren kräftiger Erdgeruch sich mit den honigschweren Düften der Linden und Akazien mischt, und zu dem südlich anmutenden Kirchturm hinüberblickt, kann man sich nach Umbrien oder in die Provence versetzt fühlen. Auch wenn er nur aus dem 19. Jahrhundert stammt – Gustav Schwab ließ die im 11. Jahrhundert entstandene Marienkirche wegen Baufälligkeit abreißen und weihte 1840 die neue Kirche ein –, so hat er eben durch seine Schlichtheit etwas Französisches. Dann ein paar Schritte, und der Süden ist ganz nah: Auf dem Schloßhof drüben, zu dem man auf dem »Geisterstiegle«, dem Weg der Pfarrer zur Kirche, gelangt, erhält der Wanderer in Gestalt der Brunnensäule von 1548 einen Gruß aus dem Italien der Renaissance. Betritt man aber die im Schloß von den Marbachern wie gewohnt hervorragend eingerichtete Gustav-Schwab-Ausstellung, so befindet man sich tief im Beziehungsgeflecht des guten alten Württemberg, der gebildeten, kultivierten schwäbischen »Ehrbarkeit«. Die Vitrinen bergen Schätze, deren Anblick den Puls eines Antiquars gefährlich beschleunigt. In teils sehr seltenen Drucken, natürlich Leihgaben aus Marbach, wird hier »auf engstem Raum die ganze Breite von Schwabs literarischer Betriebsamkeit« vorgeführt, wie eine Beschriftung lautet. Erstausgaben von Uhland, dessen treuester Freund und Bewunderer Schwab war – gemeinsam gaben sie 1826 Hölderlins Gedichte heraus! –, von Lenau, Chamisso, Waiblinger, Mörike und anderen. Letzterer schickte

Schwab 1832 seinen *Maler Nolten* mit der Bitte um Besprechung – was erfolgte. Dann die herrlichsten Lithographien, Stiche, Zeichnungen, wie zum Beispiel »Die Dichterfreunde im Garten bei Justinus Kerner«, darauf der Gastgeber mit Frau Friederike und Sohn Theobald, Lenau, Schwab, Alexander Graf von Württemberg, Karl Mayer, Uhland, August Varnhagen von Ense. Es finden sich mehrere Originale aus den noch heute lesenswerten *Wanderungen durch Schwaben* sowie eine schöne alte Bodenseekarte. Und selbstverständlich Originalausgaben der Werke von Schwab, besonders seine unsterblichen, in seiner Gomaringer Zeit entstandenen *Schönsten Sagen des klassischen Altertums;* seine Gedichte und Balladen, seine Übersetzungen von Lamartine etc. ...

Gustav Schwab, der Dichter, Herausgeber, Biograph und Förderer junger Autoren – was er allein für Nikolaus Lenau tat! –, der Übersetzer und Bearbeiter, der unermüdliche Vermittler und Lektor, wer kennt ihn heute noch? Diese Frage wird, was den eigenständigen Autor betrifft, ohne Scheu beantwortet: »Die Zeiten, in denen Gustav Schwab als Klassiker gefeiert wurde, sind lange dahin«, heißt es lapidar in einer Vitrine. In Anthologien stößt man noch auf zwei, drei Gedichte; populär sind »Der Reiter und der Bodensee« und »Das Gewitter«, ansonsten ist er nicht klassisch geworden, sondern historisch. Seine dreibändige Schiller-Biographie beispielsweise, ebenfalls in Gomaringen geschrieben, liest man höchstens noch, um zu erfahren, wie er als rechtschaffener Anhänger alter Zeiten »seinen« christlichen Schiller gegen David Friedrich Strauß und den Geniekult verteidigt. Man vergesse aber nicht: 1827 wurde Schwab offiziell literarischer Berater für Cottas »Morgenblatt« und hatte von dort an im damaligen Literaturbetrieb eine Schlüsselstellung inne. Das erklärt Mörikes Rezensionswunsch und die Bitte Theodor Fontanes von 1849, sich doch für einen Druck seiner Gedichte bei Cotta einzusetzen – woraus trotz Schwabs Bemühungen nichts wurde. Gustav Schwab amtierte vier Jahre lang als Ortspfarrer in Gomaringen. Pfarrhaus war seinerzeit das Schloß, und Schwab schwärmte von der »göttlichen Gegend, dem heiligsten Berufe und der ländlichen Stille«, in der er sich zunächst »unendlich glücklich« fühlte. Einen Glücksmoment können auch Besucher erleben: Im oberen Teil einer Vitrine mit den Lithographien aus den *Wanderungen,* über der Beschreibung des Roßbergs, hat der Schreiner ein Quadrat ausgesägt: Wenn man hindurch schaut, hat man den Roßberg direkt vor sich. Und einen weiteren schönen Blick gewährt das Flurfenster zwischen den beiden Schwab-Räumen: auf die eingangs erwähnte Kirche, die – für mich jedenfalls – ein guter Geist hierher gestellt hat. Und der uns Weggefährten mitgibt zu Ländern, Landschaften und Kulturen, zu Autoren, Büchern und Ideen, Wegweiser wie eben einen Gustav Schwab.

* * *

Ganz Urach ist ein Klingen

DASS in Urach kurz die Residenz des einen der beiden württembergischen Landesteile war (nach 1441/42), findet man in den Geschichtsbüchern. Ebenfalls, daß hier 1474 die Vermählung des Grafen Eberhard im Bart mit Barbara, der Tochter des Markgrafen Ludwig Gonzago von Mantua, stattfand. Nicht in jedem aber, daß der slowenische Reformator Primus Truber (1508 bis 1586, Derendingen) in Urach wirkte. Auf seinem Denkmal hinter St. Amandus steht der folgende Text: »Im ehemaligen Mönchshof bestand von 1561 bis 65 die südslawische Druckerei der evangelischen Exulanten Hans Ungnad und Primus Truber. Der Reformator Krains wurde durch seine Übersetzung von Bibel und Katechismus zum Schöpfer der slowenischen Schriftsprache«.

Von den einst vier internatsähnlichen Klosterschulen des Landes, den evangelisch-theologischen Seminaren, Vorstufen zu den höheren Weihen des Evangelischen Stifts zu Tübingen, existieren nur noch Blaubeuren und Maulbronn, Schöntal und Urach wurden aufgehoben. Das Tübinger Stift ist der Oberbau, die Klosterschulen bilden mit ihm zusammen ein geschlossenes Erziehungssystem, das seit Jahrhunderten die von höfischer Art sich betont absetzenden, wesentlich bürgerlich bestimmten Kräfte Alt-Württembergs geformt hat, nicht nur die Pfarrer, auch die Verwaltungsbeamten, die Philologen, die Philosophen, die Dichter (K. Bertsch in »Maulbronn«). Auch der junge

Mörike hat sich im Uracher Seminar auf Tübingen vorbereitet, das Städtchen und die Alb wurden ihm zu einem wichtigen Lebensraum. Davon zeugt sein erinnerungsseliges und wirklichkeitsgesättigtes Gedicht »Besuch in Urach«, das er, wie auch »Um Mitternacht« (»Gelassen stieg die Nacht ans Land ...«) und »September-Morgen«, im Alter von erst 23 Jahren geschrieben hat. Wußte er, daß gut 200 Jahre zuvor der ungebärdige Nikodemus Frischlin bei einem Fluchtversuch aus der Feste Hohenurach in den Tod stürzte?

Besungen hat das schöne Urach, dem man sich von Dettingen her im weiten bergumstandenen Tal der klaren Erms nähert, übrigens auch ein russischer Dichter, der 1990 in Tübingen verstorbene Lew Druskin: »Ganz Urach ist ein Klingen,/ grad sahn wir es – schon fort!/ Ein Wölkchen sehn wir schweben,/ die Vögel sich erheben,/ die Stadt scheint's nicht zu geben –/ ein ausgedachter Ort«, so endet dieses Gelegenheitsgedicht des an Bett und Rollstuhl Gefesselten, der Urach wie eine Traumerscheinung erlebte.

Viel könnte man über die reiche Innenausstattung von St. Amandus sagen, über die Kanzel aus dem 16. Jahrhundert, den geschnitzten Betstuhl des Grafen Eberhard von 1472, den Taufstein von 1518; die älteste Ansicht der Stadt findet man auf dem Brendlin-Epitaph. Und ebenso viel über das nahe Schloß. Mögen auch künftige Dichter das besondere ›Klingen‹ dieses Ortes vernehmen und Leser haben, die sich von dem Klang ihrer Verse ergreifen lassen. Neuerdings ist Urach ja auch eine Musik-Stadt geworden – der russische Dichter muß da etwas geahnt haben!

* * *

Kleinod in Hechingen

NACH Heilige Drei König werden die Krippen überall abgebaut, und manche muß, bestohlen und mißhandelt, restauriert werden. Eine aber bleibt den ganzen Januar über: In Hechingen, der Stadt im Zollernalbkreis am Fuße des Hohenzollern, steht beim Bahnhof die

Sankt-Luzen-Kirche aus der Spätrenaissance, mit einer wunderschönen, weithin berühmten Krippe im verhältnismäßig langen Chor. Und wenn sich der Besucher an der einzigartigen Renaissancedekoration in leuchtend bunter Farbigkeit sattgesehen und dem heiligen Antonius in der seinen Namen tragenden Kapelle, deren Altar ein Ölgemälde trägt (Antonius-Vision), eine Kerze aufgestellt hat, schreitet er den bemerkenswerten Stationenweg ab – gleich zu Anfang eine Rundkapelle mit einem Heiligen Grab, auf der Plattform eine Kreuzigungsgruppe Weckenmanns –, geht durch die Talsohle und erlebt in der Oberstadt einen eindrucksvollen Kontrast: die kühl, klar, nüchtern errichtete und eingerichtete frühklassizistische ehemalige Stiftskirche Sankt Jakobus mit ihrem wohlproportionierten Westturm, in ihrer weiß-goldnen Farbstimmung eher ein heiterer Festsaal als ein zur Kontemplation einladendes Gotteshaus; Goethe war davon sehr angetan (wie ja auch vom Minerva-Tempel in Assisi, während er die Kirche des Heiligen verabscheute und so den berühmten Freskenzyklus über das Leben des heiligen Franz gar nicht zu Gesicht bekam). Erbaut wurde sie 1780–83 nach Plänen des Franzosen Michel d'Ixnard, von dem bekanntlich die Rotunde des ehemaligen Benediktinerklosters St. Blasien stammt. »Die Rationalisierung des religiösen Gefühls ist Form geworden. Dieser christliche Tempel ist die ideale Konsequenz des Vernunftglaubens, eine Erscheinung, die zeitgenössische Betrachter zu Begeisterungsstürmen hinriß« (Reclam, Kunstführer Baden-Württemberg).

Wenn der Besucher wieder zum Kreuzweg hinuntersteigt, kann er sich beim italienischen Wirt des »Schwanen« mit neapolitanischen Spezialitäten verwöhnen lassen, eingedenk des Ausspruchs von Jean Cocteau: Der Papst ist in Rom, aber Gott in Neapel. Den Hinweis auf diese Hechinger Genüsse verdanke ich dem Tübinger Martin Schupp, einem Kenner vor dem Herrn, einem wirklichen »Käpsele«. Er wies mich darauf hin, daß sich hinter dem unauffälligen Äußeren der Kirche Sankt Luzen ein Kleinod verbirgt. Doch noch anderes ist in diesem durch die zollernschen Grafen bekannten Städtchen zu sehen: die der Gotik nachempfundene Hospitalkirche von 1602; das ehemalige Schloß (jetzt Bank) von 1818/19; Schmitthenners Rathaus-Neubau von 1956/57 sowie das Alte Schloß mit der Hohenzollerischen Landessammlung und dem Hechinger Heimatmuseum. Ferner gibt es noch aus alter Zeit das Untere Tor (1579), südlich der Stadt die Villa Eugenia, und westlich, auf bewaldeter Anhöhe, Schloß Lindich (18. Jahrhundert), einstmals fürstliches Jagdschloß.

Einen Abstecher lohnt auch die ehemalige Dominikanerinnen-Klosterkirche im nahen Stetten »im Gnadental«, gestiftet 1267, zugleich vom 13. bis ins 15. Jahrhundert Grablege der Grafen von Zollern. Die Klostergebäude wurden, bis auf den Nordflügel mit der Kirche, durch einen Brand zerstört. Vom Kreuzgang ist nur ein Bogen des Westflügels erhalten, unter dem, wie im Hof des Gomaringer Schlosses, ein Ziehbrunnen steht. Von diesem bemerkenswertesten hochgotischen Bauwerk im weiten Umkreis sagt Eckart Hannmann: »Um 1290 entstanden, verkörpert der Chor mit seinen hohen, schlanken Maßwerkfenstern und dem Kreuzrippengewölbe das schlichte aber dadurch eindrucksvolle Ideal der Bettelordensarchitektur in aller Reinheit« (in: »Der Zollernalbkreis«, Stuttgart 1979). Das Sakramentshäuschen an der nördlichen Chorwand, Ende des 15. Jahrhunderts, ist gute Reutlinger Steinmetzenarbeit. Um die Weihnachtszeit ist, in einem kleinen Nebenraum, eine bemerkenswerte Krippe des 19. Jahrhunderts aufgebaut. Wenn wir nun noch nach Balingen fahren und uns von der monumentalen spätgotischen Stadtkirche beeindrucken lassen, in Owingen die romanische Weilerkirche mit dem Rundbogenportal entdecken, in Haigerloch den romanischen Römerturm mit seinem Bossenquaderwerk betrachten und dort die beiden Höhepunkte barocker Kirchenbautätigkeit aufsuchen: die Schloßkirche und die St.-Anna-Kirche, und schließlich noch die Wallfahrtskirche in Schömberg mit ihrer Ausstattung von Urban Faulhaber (Hannmann: »ein auf hohem künstlerischem Niveau stehender ländlicher Barock«) – so haben wir auf diesem engen Raum die ganze Vielfalt der Stile von der Romanik bis zum Klassizismus gesehen. Und halten wir nach Bauten des 20. Jahrhunderts Ausschau, so lassen sich, als Vertreterinnen des Jugendstils, die Pfarrkirche in Boll bei Hechingen (1903) und die evangelische Stadtkirche in Ebingen (1905) nennen. Und den reinsten Bau des Expressionismus besitzt der Zollernalbkreis in der 1928/29 von Lütkemeyer und Schilling gebauten Kirche in Geislingen.

Nach Aufzählung all dieser Dinge wird es nicht überraschen, wenn ich sage, daß ich immer um die Weihnachtszeit mit der Zollern-Alb-

Bahn (ZAB) einen kleinen Ausflug nach Hechingen mache und es nicht versäume – Gläubigkeit hin oder her – in der genannten Antonius-Kapelle eine Kerze anzuzünden. Für wen? Das bleibt mein Geheimnis.

* * *

In Haigerloch blüht wieder der Flieder

WOLLEN Sie nicht mal aus dem Württembergischen einen Ausflug ins benachbarte Ausland machen? In einer halben Stunde sind sie dort: im hohenzollerischen Haigerloch an der Eyach, einem Städtchen der Überraschungen. Haigerloch und der Flieder, dieses Paar ist so berühmt im Ländle wie Zavelstein und die Krokusblüte.

Und von nah und fern kommen die Menschen zu der entzückenden Wallfahrtskirche St. Anna, deren bühnenartiges Retabel allein schon eine Reise wert ist; und dann die meisterlichen Fresken, die Herrschaftsloge, die Orgelempore ... Außerordentlich auch die Schloßkirche mit ihrem großartigen, weißgold gefaßten Hochaltar und den Stuckarbeiten eines Dominikus Zimmermann-Schülers.

Vom Schloß fällt der Blick tief hinab in die Unterstadt, und dort auf St. Nikolaus, eine Kirche aus dem 13. Jahrhundert. Auf dem anderen Teil der Oberstadt, dem Schloß gegenüber, der um hundert Jahre ältere »Römerturm« und nicht weit davon der jüdische Friedhof: ein aufgeschlagenes Buch, das keiner mehr lesen kann. Auch die Kirchen sind Bücher, deren ruhige Schönheit sich auf den Gesichtern der Besucher spiegelt.

Die »Betrachtung der wunderlichen Lage des Orts« hat dem jungen Uhland die »Idee zu einem Gedicht von Burgruinen« eingegeben. Und sein Freund Gustav Schwab, Studiker in Tübingen auch er, hat geschildert, wie die Gassen der Unterstadt »um den Bach herum zu kriechen schienen, während Kirche und Schloß sich eines hohen und behaglichen Platzes auf der die Tiefe zerschneidenden Felszunge bemächtigt hatten«.

Von den Restaurants sei das »Pinocchio« empfohlen, das ein Eis-, Tiramisu- und Pizzaspezialist aus Syrakus (älter als Rom!) beim Rathaus eröffnet hat. Mein »Pinoccio« hieß noch, in der Übersetzung von Otto Julius Bierbaum, »Zäpfel Kern« – mein liebstes und fast einziges Kinderbuch. Über seinen Autor, Carlo Collodi, erzählt sehr schön Hansmartin Decker-Hauff in seinem Buch »Gärten und Schicksale«.

Ein letztes noch: Versäumen Sie nicht, eine Rundfahrt durch das Hügelland zwischen Rottenburg, Haigerloch und Hechingen zu unternehmen – ein Dorf schöner als das andre, ein Gesamtkunstwerk der Natur!

* * *

Die rauhe Alb mit dem Hammer erobern

In den 50er Jahren gab es keinen Schulausflug auf die Alb ohne das wichtige Hämmerchen zwecks Erforschung des geologischen Aufbaus. Das Ergebnis schildert Theodor Haering launig so: »Hier weiß schon fast jedes Kind, ob es sich (...) zum Vespern auf Lias alpha oder beta oder gamma setzt oder auf einen Keuper wie in der Gegend der Wurmlinger Kapelle – es würde ihm sonst gar nicht schmecken.« Die große Zeit des Wanderns ist vorbei, da hilft auch die vorbildliche Ausschilderung durch den seit 110 Jahren existierenden Albverein nicht. Statt dessen wälzen sich Blechlawinen in Richtung »Badkap«, und die Kinder zeigen sich aus dem Auto heraus zum zigsten Mal den Hohenzollern. Zu mehr reicht's nicht, denn am Abend wartet ja schon das *event*. Die Alb steht fast so leer wie die phantastische, von dem Nadelfabrikanten Becker gestiftete Galerie der Stadt Ebingen.

Wir sind mit der Zollernbahn hergekommen und wandern in den Herbst hinein, die schönste Jahreszeit auf der Alb. Diese hieß früher »rauh«, aber das läßt man heute weg – es könnte ja die Touristen erschrecken. Als erstes muß die berühmte Wacholderheide genannt werden, die übrigens nicht »natürlich« entstanden ist. Für diese Pflanzenauslese haben die Schafe gesorgt, die rings um die Wacholderbüsche weiden und Leckermäuler sind wie wir beim Spargel: Vom Wacholder selber fressen sie nur die jüngsten Sprosse. Vielerlei kann hier der Wanderer entdecken: die geschützte Silberdistel, Versteinerungen, ein Feldkreuz (die Alb ist konfessionell zersplittert), ein Hochmoor gar, einen jüdischen Friedhof (Buttenhausen), auf ihren Äckern arbeitende Menschen.

Daß man so etwas Nutzloses tun kann wie Wandern, das haben die Älbler erst spät begriffen, wie überall auf der Erde das einfache Volk. Von Ebingen aus ein Gang nach Margrethausen: In der außen so anheimelnd wirkenden Kirche schaut man zwar besser nicht in den glücklos modernisierten Chor, dafür um so lieber auf die davorstehende Madonna, zu deren Füßen immer die herrlichsten ländlichen Blumen stehen. »Ich sehe dich in tausend Bildern, / Maria, lieblich ausgedrückt, / Doch keins von allen kann dich schildern, / Wie meine Seele dich erblickt...« – nicht nur Mariologen kennen und lieben dieses Gedicht von Novalis.

Schließen aber möchte ich mit Wilhelm Hauffs »Lichtenstein«: »Wer je mit reinen Sinnen für Schönheit der Natur (...) die Schwäbische Alb bestiegen hat, dem wird die Erinnerung eines solchen Anblicks unter die lieblichsten der Erde gehören. Man denke sich eine Kette von Gebirgen, die von der weitesten Entfernung (...) durch alle Farben einer herrlichen Beleuchtung von sanftem Grün, durch alle Nuancen von Blau, am Horizont sich hinzieht, bis das dunkle Grün der näher liegenden Berge mit seinem sanften Schmelz die Kette schließt.«

Durchs Neckartal

Rottweil

DIE schönste der schwäbischen Reichsstädte liegt malerisch auf einem von steilen Schluchten geschützten Plateau, einem Bergsporn über dem Neckartal. Großartig der Blick auf die türmereiche Silhouette, wenn man sich ihr von Balingen her nähert. Man kann aber auch im Café Schädle (beim Rathaus) den Schlüssel holen und auf den Hochturm steigen, ein Wachtturm aus der Stauferzeit. Wer ein Liebhaber regelmäßiger, durchsichtig-klarer Stadtgrundrisse ist, der kommt hier auf seine Kosten: Ein Quadrat wird durch ein Straßenkreuz in vier ›Orte‹ zerschnitten. Rottweil hat keinen ›Sänger‹ im Sinne von Dichter aufzuweisen, dafür aber, was sonst keine deutsche Stadt hat: den berühmtesten Sänger des Altertums, nämlich Orpheus, dargestellt in einem Mosaik aus der Zeit des römischen Kastells Arae Flaviae – Altäre der Flavier, 2. Hälfte des 2. Jahrhunderts n.Chr. Dieses zu den bedeutendsten Resten römischer Kunst in Deutschland zählende Fußbodenfragment befindet sich im Dominikanermuseum. Das Stadtmuseum ist in der Hauptstraße 20 untergebracht, gegenüber steht das beeindruckende spätgotische Rathaus. Und oben das Schwarze Tor, Teil der fast verschwundenen mittelalterlichen Wehranlage, aus dem an den beiden Tagen vor Aschermittwoch der Schwarm der Rottweiler Narren hervorbricht. Und am Haus Nr. 28 dieser selben Straße läßt eine Tafel wissen: »Hier proklamierte am 24. September 1848 Gottlieb Rau vor 4000 Zuhörern die Volkssouveränität«.

Doch zurück zu den Römern. Von 74 n.Chr. an standen auf der vom Neckar umflossenen Höhe Nikolausfeld große Kastelle, und gegenüber war eine Kohorte stationiert – zu Beginn der Besetzung rechtsrheinischer Gebiete durch die Römer war Rottweil der wichtigste militärische Platz im heutigen Südwestdeutschland! Das beweisen die Altäre, denn unter ihrem lateinischen Namen ist der Ort auf der berühmten Peutingerschen Tafel, einer im 12. Jahrhundert entstandenen Kopie einer römischen Straßenkarte, angegeben. Ansonsten aber handelt es sich nicht um eine echte Stadtgründung, eine durchgehende Siedlungsgeschichte hat es nicht gegeben. Dafür gibt es augenfällige Beziehungen zu den Staufern, diesem »Sturm aus Schwaben«, wie Dante sie genannt hat: Der Adler, römisches Sinnbild der kaiserlichen Macht, wurde im 12. Jahrhundert als Reichswappen eingeführt. Der Siegelstempel der Stadt Rottweil ist einer der besterhaltenen Reichsadler der Stauferzeit. Im Frühmittelalter wurde im Bereich der römischen Siedlung eine Kirche erbaut und eine Dingstätte errichtet; der steinerne Hofgerichtsstuhl von 1781 verweist auf das örtliche Königsgericht der Stauferzeit.

Der Name Rottweil tritt seit dem 8. Jahrhundert urkundlich auf, im 13. kommen die Stadtrechte, und um 1400 der Titel ›Reichsstadt‹ – nun explodiert das Gemeinwesen geradezu: Durch Pulverherstellung und Getreideexport entsteht bedeutender Bürgerwohlstand. Doch dann bricht der Dreißigjährige Krieg aus, die Franzosen erobern 1643 die Stadt, und alles geht zugrunde und dahin. Letztes wichtiges Datum: 1802 wurde Rottweil vom evangelischen Erzfeind Württemberg annektiert, verlor sein Priesterseminar, das Vermögen seiner Sozialeinrichtungen und seine Landeseinkünfte. Erst Post- und Bahnanschluß befreite die Stadt aus drückender Armut. Und im 20. Jahrhundert kann sie von einem ganz neuen Wirtschaftsfaktor profitieren: von dem Charme alter Städte. Wir kommen heute nach Rottweil wegen des Münsters Heilig Kreuz mit seiner reichen Ausstattung; wegen der Kapellenkirche mit ihrem prächtigen Turm, der zu den bedeutendsten spätgotischen Kirchtürmen Deutschlands gehört und durch seine Außenfiguren in der Geschichte der deutschen Plastik einen hervorragenden Platz einnimmt: »der schönste gotische Kirchturm zwischen Prag und Paris« (Dehio); wegen der Lorenzkapelle mit ihrer qualitätsvollen Sammlung vor allem oberschwäbischer Kunst; wegen der Freskomalerei in der Ev. Pfarrkirche (u.a.: der Sieg von Lepanto und die Belagerung von Rottweil durch die Franzosen); wegen des mehrstöckigen und figurenreichen Marktbrunnens und der das Straßenbild belebenden farbigen Erker – und vielleicht auch wegen der Narren in der Fasnet. Wenn wir aber selbst zu Narren, also närrisch werden, könnte es sein, daß wir dort eingewiesen werden, wo ich vor langer Zeit einmal einen unglücklichen Verwandten besuchte: im ehemaligen Zisterzienserinnenkloster Rottenmünster, heute Heilanstalt. Damit das nicht eintrifft, wollen wir gleich dreimal auf Holz klopfen.

* * *

Sulz am Neckar

»DER Monat Mai des Jahres 765 ging seinem Ende zu. Auf der breiten Straße, die von Rottweil aus in nördlicher Richtung über Dietenhofen nach dem uralten Fundort des Salzes, Sulz, führte, und eine jener Schöpfungen bildete, welche die baukundigen Römer in diesem von ihnen ehedem beherrschten Teile Süddeutschlands, einem Netze gleich, über das Land gezogen, wirbelte starker Staub auf, aus dem der Wiederschein der Sonnenstrahlen auf blinkenden Waffen hervorblitzte« – mit diesem informationsreichen Satz beginnt eine Erzählung des vergessenen Karl Theodor Zingeler aus dem 19. Jahrhundert mit dem neugierig machenden Titel »Kaiser Karls erste Liebe«.

Um gleich zu den Römern zu kommen: Bei Sulz wurde 1895 ein römisches Lager von 158 Meter Länge und 111 Meter Breite mit 28 Türmen ausgegraben. Und nun zum Städtchen selbst (Stadtrecht 1284) und zum Salz, das ihm seinen Namen gab. In dem Band »Schwabenland« von Hippolyt Haas, erschienen 1914 in der seinerzeit weit verbreiteten Reihe »Land und Leute. Monographien zur Erdkunde« des Verlags Velhagen und Klasing, heißt es: »Württembergs größter Bodenschatz ist das Steinsalz. Sulz am Neckar und Hall besitzen schon im Mittelalter weit berühmte Solquellen; die erstere hat 1909 bis 1910   1 186 700 Kilogramm Kochsalz hergegeben (...). Das Muttergestein der schwäbischen Salzlager ist der mittlere Muschelkalk.«

Wie so viele Städte fiel auch die alte Salzstadt einem Brand zum Opfer und zwar im Jahre 1794, den nur die spätgotische evangelische Pfarrkirche (1513 bis 1515) überstand. Schön ist der Chor mit seinem feinen Sterngewölbe und den Glasmalereien von 1513. Ebenfalls ein altes Datum, nämlich 1528, weist das Epitaph der Anna von Hohengeroldseck auf, ein in Stein eingesetztes Bronze-Relief. In der Nähe hatte das Geschlecht der Herren von Sulz seinen Stammsitz, Burg Geroldseck, die teilweise erhalten ist; der Tübinger Photograph P. Sinner hat sie aufgenommen, wie ihm auch eine eindrucksvolle Gesamtansicht des Ortes von einer Anhöhe aus gelungen ist. Nach jenem Brand wurde Sulz »in gleichförmigem, doch nicht ermüdendem Regelmaß« wieder aufgebaut.

Neu, also nach dem Brand, entstand das Brunnendenkmal in der Stadtmitte, auf dem Marktplatz, ebenso die Saline auf dem unteren Wörth. Unbeschadet blieb natürlich die Steinbrücke über den Neckar aus dem Jahre 1734, die trotz moderner Erweiterungen ihren malerischen Charakter bewahrt hat. Im Unterschied zum mittleren und unteren Neckar ist der Oberlauf weder mit Wein noch mit Dichtung gesegnet. Deshalb soll hier wenigstens zitiert werden, was Grimmelshausen in seinem »Simplicissimus« über Hohengeroldseck sagt: Für ihn hat das Schloß »das Ansehen wie der König in einem ausgesetzten Kegel-Spil«. Und schließlich doch noch der Hinweis auf einen Autor: In der »Dammenmühle« bei Sulz gibt es eine Gedenkstätte für den hier geborenen Heimatdichter Wilhelm Kammerer (1847 bis 1924).

* * *

Nürtingen

DER Rücken, auf dem sich die Altstadt drängt, ist ein vom Neckar geschaffener Umlaufberg, ähnlich dem bei Lauffen. Womit wir bei Hölderlin sind, geboren 1770 in Lauffen, ab 1774 mit der Mutter in Nürtingen. Hier war das erste Zuhause der »Schweizerhof« in der Neckarsteige, wo seine Eltern bis 1795 wohnten.

Nach Verkauf des Hauses zog man in die Marktstraße, in das anstelle des 1750 niedergebrannten »Ochsen« errichtete Handelshaus. Dort blieb die Mutter, verwitwet, bis zu ihrem Tode 1828, Hölderlin selbst war in diesem Hause, einem der bedeutenden des Marktplatzes, von 1802 bis 1804 ansässig.

In Nürtingen ging er in die Lateinschule, die auch Schelling zwei Jahre besuchte und die Mörike gerühmt hat. Dieser bewohnte 1870 das Haus Nr. 36 in der Neckarsteige, zog 1871 in jenes selbige Haus am Marktplatz, übersiedelte aber schon im Herbst nach Stuttgart. In seinem »Hutzelmännlein« hat er Nürtingen ein Denkmal gesetzt. Der Schustergeselle Seppe kommt abends von Ulm und Blaubeuren her müde und hungrig in der Mühle an und wird freundlich aufgenommen. Am nächsten Tag wandert er weiter nach Stuttgart: »Allhie beschaute sich der Seppe noch einmal die ausgestreckte blaue Alb, den Breitenstein, den Teckberg mit der großen Burg der Herzoge, so einer Stadt gleichkam, und Hohenneuffen, dessen Fenster er von weitem hell erblinken sah. Er hielt dafür, in allen deutschen Landen möge wohl Herrlicheres nicht zu finden sein als dies Gebirg zur Sommerzeit und diese gesegnete Gegend«. Für einen anderen Wanderer, nämlich Hölderlin, war Nürtingen immer ein Ort der Heimkehr, ein Ort der Zuflucht. »Du stiller Ort! in Träumen erschienst du fern / Nach hoffnungslosem Tage dem Sehnenden«, so besang der Dichter 1800 seine ›Rückkehr in die Heimat‹.

Nürtingen am Neckar, eine Brücken- und Schulstadt, aber abseits der Straßen des Fernverkehrs. Im Mittelalter verband die Reichsstraße ersten Ranges die Handelsstädte Brügge in Flandern und Venedig in Oberitalien, und die meisten an ihr liegenden Städte blühten durch den Orienthandel (Gewürze) gewaltig auf: Speyer, Esslingen, Ulm, Augsburg. Eine Straße zweiten Ranges führte von Ulm über Urach, Tübingen und den Kniebis nach Straßburg und diente dem Weinhandel. Aber auch an ihr lag Nürtingen nicht. Immerhin wurde 1859 die Neckartalbahn eröffnet, die Plochingen mit Tübingen und Horb verbindet. Mörike: »Die Stadt besitzt vorzügliche Lehranstalten und eine Eisenbahn, auf welcher man in anderthalb Stunden nach Stuttgart, in zwei nach Tübingen fährt.«

Die Fertigstellung des zweiten Gleises im Jahr 1900 brachte dann den Anschluß Nürtingens an die europäische Durchgangslinie von

Paris nach Istanbul über Stuttgart, Plochingen, München. Und im gleichen Jahr eröffnete die Tälesbahn den Zugang zur tiefen Provinz.

* * *

Köngen

AUS zwei der nachmals größten deutschen Dichter wollte man mit Gewalt Pfarrer machen, so, wie man die Landeskinder zu den Soldaten gepresst hat. Und dies, obwohl beide, Hölderlin und Mörike, Gottes Wort weder verkünden wollten noch dazu eine auch nur mäßige Begabung besaßen.

Hölderlin rettete sich in die unsichere Existenz eines Hauslehrers, was sein Leben und seine Gesundheit zerrüttete. Mörike hatte das große Glück, nach- und einsichtige Vorgesetzte zu haben, die ihm schließlich sowohl das Predigen als auch das Unterrichten ersparten. Aber als er im Mai 1827 in Kongen einen Vikar ablöste, der seine Jugendliebe Klärchen Neuffer glücklich (?) machte, da »stand der Sonntag schon am Mittwoch wie ein Gespenst vor ihm«, so bekannte er dem guten Pfarrer Renz. »In Tübingen hatte er ein paar schöne Tage mit Freunden verbracht, es waren Blumhardt, Nast und Schöll gewesen, hatte dann in der ›Walkmühle‹ übernachtet, wieder die ›alte Melodie des Wassers‹ vernommen, sich der ›alten Zeiten‹ erinnert und spät abends dem Johannes Mährlein einen langen Brief geschrieben im Empfinden wehmütig-seliger Verwirrung«, schildert Rosemarie Muscat Mörikes Verfassung, in der er nach Köngen zurückkehrte.

Hier hatte seine Verzweiflung über den Dienst in der Kirche, die ihm die Zeit und die Kraft für das Schreiben raubte, ihren Höhepunkt erreicht: »Verdruß über das Predigtwesen vielleicht auf dem Höchsten«, notierte er am 25. August in seinem Tagebuch. Es gab gut gemeinten Rat (von Renz und dem weichherzigen Blumhardt), die Zustimmung zu einer zeitweiligen Entfernung Mörikes vom Amt »bloß vom medizinischen Standpunkt aus« (seitens des strengen Onkels Georgii) sowie das lesenswerte Gutachten eines Arztes aus dem nahen Nürtingen. Als Mörike am 29. November 1827 ein Schreiben an König Wilhelm I. von Württemberg sandte, in dem er wegen seinen »Gesundheitsumständen« »alleruntertänigst« um einen Urlaub auf »unbestimmte Zeit« bittet, da heißt es in dem beigefügten Attest, daß eine als »Störung des Pfortadersystems zu betrachtende Ängstlichkeit des Gemüts« das Predigen äußerst erschwere.

Dieser Arzt verdient ein Denkmal, immer soll sein Name mit dem von Mörike in Erinnerung bleiben: Samuel Benjamin Haerlin. Ob er wohl die beiden Gedichte Mörikes kannte, die dieser kurz zuvor in Köngen geschrieben hatte und die zu den schönsten und tiefsten im »ewigen Brunnen deutscher Poesie« gehören: »Septembermorgen« (»Im Nebel ruhet noch die Welt ...«) und »Um Mitternacht« (»Gelassen stieg die Nacht ans Land ...«)? Und ob wohl Mörike, wenn er in den wenigen Monaten seines Wirkens in Köngen über die berühmte Steinbrücke ging, wußte, daß sie nach den Plänen eines Genies des 17. Jahrhunderts und wie er ein Stolz des Schwabenlandes, erbaut worden war, nämlich von Schickhardt? Und daß er sich in Köngen auf uraltem römischen Boden befand? »Auf dem linken Hochufer des Neckartales, südlich von Köngen, lag ein 151:160 Meter großes Kastell des Neckarlimes, das rechte Nachbarkastell von Cannstatt (...) Zwei der sieben gefundenen Inschriften nennen als Namen der Siedlung Grinario, ein keltisches Wort. Dieser Ort ist auf der Peutinger'schen Tafel verzeichnet zwischen Sumelocenna (Rottenburg) und Clarenna (Donnstetten auf der Alb)«, schreibt Oscar Paret in seiner 1939 erschienenen Darstellung »Grinario, das römische Kastell bei Köngen«. Und Gradmann weist darauf hin, daß der (für eine Dorfkirche recht stattliche) Bau der evangelischen Pfarrkirche vom Anfang des 16. Jahrhunderts »im Aufriss die deutliche Einwirkung der Tübinger Stiftskirche« zeige. Im Pfarrhaus wird übrigens eine Nachbildung des berühmten, weil von Mörike besungenen Turmhahns von Cleversulzbach gezeigt. Heute liegt Köngen an der »Römerstraße« sowie an der »Europäischen Kulturstraße Heinrich Schickhardt«, die von Montbéliard über Tübingen bis nach Backnang führt. Und für alle Gedicht-Liebhaber ist Köngen ein besonderer Punkt auf der literarischen Karte unseres Landes, auch wenn der unruhige Mörike hier nur ein kurzes Gastspiel gab.

* * *

Denkendorf

WENN man »arm im Beutel und krank am Herzen« ist, sollte man vielleicht zu Hause bleiben. Aber davon wird der Beutel auch nicht voll und das Herz nicht leicht. Also macht man sich doch auf die Reise, auf eine ganz kleine, eingedenk der Erkenntnis des Franzosen Chateaubriand: »Die wahre Freude muß billig sein, sonst ist sie nicht von der rechten Art«. Und so fuhr ich zum x-ten Mal in Richtung Landeshauptstadt, schaute zum x-ten Mal auf das unvermeidliche architektonische Wunderwerk (?) von Hundertwasser in Plochingen, und stieg in Esslingen aus – keine schönere Stadt weit und breit. Wie sich da, beim Gang durch die Altstadt, die schwarze Melancholie rasch aufhellte! Und plötzlich tauchte der Name Denkendorf in mir auf – dort mußte ich hin! Also zum Bahnhof zurück, den Busfahrplan studiert, und bald ging's über die Brücke den Berg zur Filder-Hochfläche hinauf. Und bei der Fahrt kam mir so recht zum Bewußtsein, wie merkwürdig das ist: Wir fahren an Orte, an denen sich berühmte Menschen gequält haben, um – zu genießen. Und das gilt ja in besonderer Weise für Hölderlins Orte in Schwaben, von seiner Kindheit in Lauffen und Nürtingen abgesehen. Bekanntlich hatte seine Mutter ihn schon früh für die Laufbahn eines Pfarrers bestimmt – es geht halt nichts über den Ehrgeiz einer Mutter/Frau, ihren Sohn/Mann in eine erfolgreiche Position hinaufzuhieven.

Und so begann Hölderlins Lebenstragödie. Nicht, daß die schulischen Anforderungen ihn erschreckt hätten: Die vier Prüfungen des berüchtigten »Landexamens« bestand er glänzend. Hesse läßt seinen Hans Giebenrath in »Unterm Rad« unter dieser Ochsentour zusammenbrechen, worüber ein Rezensent der klugen »Vossischen Zeitung« sarkastisch bemerkt: »Anleitung für Eltern, Vormünder und Lehrer, wie man einen gesunden, begabten jungen Menschen am zweckmäßigsten zu Grunde richtet, welche Wurzeln man abzuschneiden hat, damit das junge Stämmchen am schnellsten verdorrt und stirbt«. Was für ein rigoroses Regime den Vierzehnjährigen im Herbst 1784 in der Klosterschule in Denkendorf, etwa sieben Kilometer nördlich seiner Heimatstadt Nürtingen, erwartet, berichtet ein Zeitgenosse: »Winters noch in der Nacht gingen wir zum öffentlichen Gebet, holten dann, zitternd vor Kälte, Wasser aus einem Brunnen im Hof und reinigten uns, worauf die Lektionen den Anfang nahmen [...] Den ganzen Tag über mußten die Alumni in eine schwarze Kutte eingehüllt einhergehen, die erst beim Bettgehen vom Leibe kam«, und dann: »feuchte Kammern, so kalt, daß häufig das Betttuch ins Gesicht hinfror. In den Betten nisteten Mäuse, deren Töne man fortwährend vernahm«. In einem Brief wenige Monate nach dem Eintritt ins Kloster schreibt der Junge an den Freund Immanuel Nast: »ich habe einen Ansatz von meinen Knabenjahren – von meinem damaligen Herzen [...] aber eben dieser Theil meines Herzens wurde am ärgsten mishandelt so lang ich im Kloster bin«. Wie er, nach Naturnähe und familiärer Geborgenheit, das Eingesperrtsein in den körper- und geistfeindlichen Mauern ertragen konnte, dazu sagt Gunter Martens: »Nur Gehorsam und Verpflichtung seiner Mutter gegenüber werden ihm die Kraft gegeben haben, dieses menschenunwürdige Leben im Kloster von Denkendorf zu ertragen«.

Doch nun stehe ich vor dieser Klosterkirche, diesem kunst- und baugeschichtlich bedeutsamen Werk, betrachte über dem Eingangstor den spätgotischen Baldachin, lese auf der Tafel daneben, daß Johann Albrecht Bengel (übrigens ein Nachfahre des Reformators Johannes Brenz) hier 27 Jahre als Erzieher gewirkt hat, trete ein, gehe umher, schaue, erwerbe eine umfangreiche Schrift mit 17 Abbildungen, setze mich in den sympathischen kleinen Klosterhof, lese, schaue auf, gehe wieder umher, lasse all das Schöne und die kontemplative Stimmung auf mich wirken und – genieße.

* * *

Bad Cannstatt

IN den 50er Jahren war ich öfters in Cannstatt, bei meiner ›Kuchentante‹ in der Wiesbadener Straße. Zur Begrüßung stand immer mein Leib- und Magengericht auf dem Tisch: Bratkartoffeln mit Saiten; am Nachmittag ging es weiter mit ihren berühmten Apfel- und Käsekuchen, und wenn es dunkel wurde, lenkte sie die Unterhaltung unmerklich auf ihr Lieblingsthema: auf die schaurigen Erlebnisse, die sie ihrem ›zweiten Gesicht‹ verdankte. Cannstatt, das war für mich das Spielen mit den Nachbarkindern und Tischtennis mit meinem über zwei Meter großen Vetter, der bald darauf nach Japan ging, weil er keine Lust hatte, in einem Büro zu versauern. Cannstatt, das war der Krämerladen in der Nähe des Kurhauses, wo ich morgens Milch und anderes holte und zusah, wie die Leute an dem Gesundbrunnen ihre Flaschen füllten. Cannstatt, das waren die botanischen Anlagen im Kurpark, aber noch lange nicht die Wilhelma, auch nicht das »Leuze« Richtung Berg, nicht Schloß und Park Rosenstein, und schon gar nicht das Volksfest auf dem Wasen.

Wohl aber startete ich von hier aus ein wenig später, und zwar von der Straßenbahn-Haltestelle Uff-Friedhof (nicht so prominent wie der Hoppenlauer), zu einem Tempel der Lustbarkeit jener Zeit: dem »Balkangrill« gegenüber dem Stuttgarter Hauptbahnhof. Denn dort gab es das, was mich damals ganz verrückt machte: Zigeunermusik, die, was ich erst viel später begriff, nichts anderes als adaptierte ungarische Volksweisen war. Von der Stadt bekam ich dabei außer den noch zu sehenden Trümmergrundstücken nicht viel mit. Und dann war die Wiesbadener Straße der Ausgangspunkt zu den beiden großen und mich fast einschüchternden Tennisanlagen Stuttgarts: Am Fernsehturm und das Jahr darauf am Weißenhof ging's um die württembergische Jugendmeisterschaft. Geroksruhe und Schillerlinde, Bopser und Schillereiche, Bismarckplatte und Tazzelwurm, der Württemberg (Geburtsort des Landes) und Schloß Solitude – all diese bekannten Aussichtspunkte, von den wenigen altehrwürdigen Wirtschaften, die den Krieg überlebt hatten, gar nicht zu reden, harrten noch lange ihrer Entdeckung. Ausnahme: ein Ausflug zu den botanisch-exotischen Gärten der landwirtschaftlichen Hochschule Hohenheim mit der prächtigen Aussicht von der Schloßkuppel. Stuttgart, das war für mich Cannstatt, der Käsekuchen, die Birnen im Garten – vielleicht waren's gar die Geißhirtle? – und die Ahnung von einem fernöstlichen Land, dem ich Jahre später im phantastischen Lindenmuseum begegnete.

Heute, da meine Kuchentante schon lange nicht mehr lebt und ihr Sohn, mein ›japanischer‹ Vetter, ihr nun auch gefolgt ist; heute, da der

Name Geißhirtle nur noch alten Beschickern des Tübinger Wochenmarkts etwas sagt; heute, da sich mit dem Namen Königstraße keine angenehmen Gefühle mehr verbinden – heute mache ich mich, wenn der Zug in Cannstatt kurz hält, zum Aussteigen im Hauptbahnhof bereit, wo ich schaue, daß ich möglichst rasch zu meinem Ziel: Theater oder Staatsgalerie, gelange – der Tazzelwurm-Express im Höhenpark Killesberg muß seine Runden ohne mich drehn.

* * *

Augenblicke in Stuttgart

ALS ein Ort der Musen gilt Stuttgart nicht, die Stadt inspiriere nicht, heißt es. Trotzdem erstaunt, wie viele Dichter in ihr für kürzer oder länger Quartier genommen haben – bevor die einstmals selbst von Franzosen und Italienern gerühmte Schwaben-Metropole durch Bomben und Nachkriegsarchitekten unansehnlich wurde. Eine der schönsten Ansichten des alten Stuttgart kann man übrigens in der Bayerischen Vereinsbank München entdecken: ein Ölbild von 1805, gemalt von Johann Jakob Müller, gen. Müller von Riga (1765–1832). 1875 sieht man hier eines der merkwürdigsten Paare der Weltliteratur: den genialisch-frühreifen Arthur Rimbaud, der die Lyrik auf neue Wege führte, und den mit mancherlei Lastern geschlagenen und doch so reinen Poeten Paul Verlaine. Die Liaison dieses ungleichen Paares war zwei Jahre zuvor zerbrochen, als Verlaine im Juli 1873 in Brüssel im Zustand der Trunkenheit Rimbaud mit zwei Pistolenschüssen verletzte und eine zweijährige Gefängnisstrafe verbüßen mußte. In dieser Zeit schrieb er einige seiner schönsten Gedichte und suchte Halt beim Gott des Katholizismus. Auch zu seiner Frau wollte er wieder zurückkehren, die aber hatte unterdessen die Scheidung eingereicht. 1875 nun, nach seiner Freilassung, treffen sich die beiden in Stuttgart, wo sich Rimbaud bereits befand, um – man wird's nicht glauben – bei den Schwaben Deutsch zu lernen. In einer düsteren Kneipe erwartet der wieder alkoholisierte Verlaine, der ›arme Lelian‹, den unermüdlichen Wanderer Rimbaud, der seit einem Jahr das Dichten aufgegeben hat. Ein günstiger Augenblick, so glaubt Verlaine, um den »Satan in Jünglingsgestalt« zu katechisieren. Die beiden machen einen Spaziergang am Neckarstrand, und als Verlaine von seinen Bekehrungsversuchen nicht abläßt, schlägt ihn Rimbaud mit seinem Spazierstock kurzerhand nieder und läßt ihn in der Dunkelheit liegen. Das war das Ende ihrer Freundschaft: Rimbaud betätigte sich als Kaffee- und Waffenhändler in Afrika, Verlaine versank im Absinth der Pariser Literaten-Cafés. So hatte Stuttgart für beider Leben in unheilvoller Weise die Weichen gestellt. Wie ungerecht vom Schicksal, diese beiden Franzosen für die Inszenierung ihrer endgültigen Trennung ausgerechnet hierher zu führen! Nein, nicht Stuttgart wollen wir das Ende dieser beiden großen Dichter-Existenzen anlasten; diese Stadt war ganz offensichtlich nur ein Steinchen in einem Spiel, das weder Verlaine noch Rimbaud durchschauten und dessen Gesamtkonzeption auch wir Heutigen nicht zu erkennen vermögen.

»Ein Paradies – nur ohne Engel!« schrieb Ludwig Börne 1820 über Stuttgart an seine geliebte Freundin Jeannette Wohl, die er so gern am Nesenbach gehabt hätte, wenn er sich von der Arbeit für den Verlegerfürsten Cotta erholte. Ebenfalls allein war der ›Bauerndichter‹ Christian Wagner, wenn er von Warmbronn zu Fuß in die Hauptstadt gewandert war. Das herrliche Buch von Fritz Wiedermann über »Wirtshäuser im alten Stuttgart« verrät mir aber, wo er dann einkehrte: im »Buchenhof« an der Hasenbergsteige, der zwar nicht mehr besteht, dessen Gästebuch aber überliefert, was der Dichter in Hexameterform eingetragen hat: »Willst du retten dich, Freund, aus Stuttgarts Straßengetriebe, / suchen ein stilles Asyl, so flücht' zu der schattigen Höh' / des Hasenbergs hinan, wo dir winket ein Weinhaus, / vornehm, edel, zumal als rebenumsponnene Villa. / Oben der heil'ge Wald und unten das schwäb'sche Firenze, / göttlich schwelgst du so in Wein und herrlichem Ausblick.« Die benachbarte Aussichtsplatte, so kommentiert der Herausgeber, läßt den Besucher nachempfinden, was den feinsinnigen Poeten zu diesem Vergleich mit Florenz anregt. Der Blick geht ins Vogelsangtal, zur Stadtmitte und schweift an schönen Tagen über den Schwäbischen Wald, bis er sich im Dunst verliert.

Nicht im Dunkeln aber, sondern in strahlendem Licht steht Stuttgart als Stadt der Künste: Das Ballett genießt Weltruf, und die Oper des Großen Hauses steht in Deutschland an der Spitze; das Theater im Kleinen Haus ist renommiert, und zu den Konzerten in der Liederhalle kommen die Musikliebhaber von weit her; die Alte und die Neue Staatsgalerie werden, durch großzügige Schenkungen und Verhandlungsgeschick, immer attraktiver. Freilich: München ist als Stadt der Künste eine Klasse für sich, und in Berlin fühlt man sich am Puls der Zeit, gar am Nabel der Welt. Aber gerade in der hoch verschuldeten Bundeshauptstadt läuft bekanntlich vieles nicht wie geplant, das dürfte Abwanderungswillige zur Besinnung bringen, zumal Stuttgarts Arbeitsbedingungen auf allen Gebieten künstlerischer Tätigkeit durchwegs gerühmt werden. Nun, uns Tübingern, die wir die Züge nach Stuttgart und zurück bis zum Überquellen füllen, muss man da nichts erklären, wir wissen, was wir an unserer Landeshauptstadt haben.

Und nachdem Ende 2002 neben der Neuen Staatsgalerie das ebenfalls nach Entwürfen des englischen Architekten Stirling errichtete Haus der Geschichte eingeweiht wurde, ist die Planung der eine Weile ins Stocken geratenen Kulturmeile so gut wie abgeschlossen: Man kann vom Charlottenplatz bis zur Alten Staatsgalerie durchlaufen, flanieren. Und wenn man schon am Charlottenplatz ist, wird man eines der ehrwürdigsten Bauwerke der Stadt besuchen: die St. Leonhardskirche, von der es nicht weit ist bis zum ältesten Kern Stuttgarts um Stiftskirche, Altes Schloß und Marktplatz. Man sieht es dem schlichten Gelehrtenepitaph Reuchlins (1455–1522) im Chor von St. Leonhard nicht gleich an: Es handelt sich um ein bedeutendes kulturhistorisches Denkmal, dessen Aufschriften in Hebräisch, Griechisch und Latein den Beginn des Humanismus auch für Deutschland bezeugen. Hinter der Kirche, am Chor, erhebt sich, überlebensgroß, eine steinerne Kreuzigungsgruppe, die Kopie jener des Hans Seyfer aus der Hospitalkirche, eine spätgotische Plastik von hoher Qualität. Zum Schluß aber ein Gedicht, ein sehr altes, in lateinischer Sprache geschrieben, und zwar im Jahre 1577 von Nikodemus Frischlin, mit dem Titel »Stuttgart«:

> Dort, im Tale versteckt, unfern den Hügeln des Neckars, Liegt eine Stadt, ein Garten vordem erzhufiger Stuten, Badens Markgraf gründete sie, so lautet die Sage, Reich an Gut ist der Ort und gesegnet durch Gaben des Bacchus, Mauerngleich erheben sich

rings weintragende Hügel, Weit und breit grünt alles von üppigem Rebengeranke, Nie auch versagt der Kelter den Most die schwellende Traube.

* * *

Ludwigsburg

WAS verbindet sich nicht alles mit dem Namen Ludwigsburg: das ehemalige königliche Schloß mit seinen Alleen und Gärten, größter, nach dem Vorbild von Versailles entstandener Barockbau Württembergs (1704 ff.), das als Sommerresidenz schon bald Stuttgart den Rang ablief; die Gartenschau »Blühendes Barock« (seit 1954); die Ludwigsburger Schloßfestspiele; das Ludwigsburger Porzellan; die Zentralstelle der Landesjustizverwaltungen für Aufklärung von NS-Gewaltverbrechen; die Landesstelle für Naturschutz und Landschaftspflege; bei Ludwigsburg, am Ufer eines kleinen Sees und umstanden von stattlichen Bäumen, das Schloß Monrepos. Und das alles, obwohl die Stadt ganz jung ist: 1699 wurde unter Herzog Eberhard Ludwig von Württemberg mit dem Bau eines Jagdschlosses begonnen, und nach 1715 wurde die Anlage einer Stadt auf regelmäßigem Grundriß von dem hochbegabten Frisoni, Nachfolger von Nette beim Bau des Schlosses, ins Werk gesetzt; 1718 erhielt Ludwigsburg das Stadtrecht.

Damit aber noch nicht genug. Betritt man den Marktplatz, verschlägt's einem die Sprache: Justinus Kerner, Eduard Mörike, Friedrich Theodor Vischer und David Friedrich Strauß – die Häuser, darin ihre Wiegen standen, liegen alle um diesen Platz herum! »Ein ganz eigenartiger Zauber waltet über dieser Stadt. Natur und Kunst sind hier wundersam verwoben. Und es ist durchaus nicht zufällig, daß Ludwigsburg eine so stattliche Reihe bedeutender Männer hervorgebracht hat«, schreibt Christian Belschner, der Biograph von Ludwigsburg. »Natur und Kunst«, das ist das Einmalige dabei. Früher war die Hofhaltung für ein ganzes Jahrhundert die einzige wirtschaftliche Grundlage, und noch bis zur Mitte des 19. Jahrhunderts besaß Ludwigsburg nur Kleingewerbe und -handel. Da versteht man, wenn Schiller schwärmt: »Die Stadt ist überaus schön und labend. Und ob sie gleich eine Residenz ist, lebt man darin wie auf dem Lande«. In seinem »Bilderbuch meiner Knabenzeit« sagt Kerner: »Bilder und Erlebnisse der Jugend gehen, je mehr wir uns von ihr entfernen, in um so hellerem Licht in uns auf dem dunklen Grunde des Alters auf. Das Ende berührt den Anfang«. Auch für Mörike blieb Ludwigsburg sein ganzes Leben hindurch das Paradies seiner Kindheit. Und der weithin bekanne August Lämmle schreibt über seine Vaterstadt: »Die ›attische Landschaft‹, so heißt jene griechische Halbinsel, die im Altertum durch ihre Fruchtbarkeit und ihre landschaftliche Schönheit, noch mehr durch jene wunderbare Kultur und Kunst ausgezeichnet war, an die unser Begriff ›klassisch‹ anschließt. ›Cum grano salis‹ kann, mit dem entsprechenden Abstand, die Landschaft Württembergs so genannt werden, in deren Mitte Stuttgart und Ludwigsburg liegen. Sie wird in ihrem geistigen Ertrag den Geschlechtern von heute und morgen immer eine harte Gewissensprüfung sein«.

Nun muß der Leser aber auch noch wissen, wem Ludwigsburg seinen Glanz verdankt: Als Versailles ganz Europa faszinierte, hätte (hätte!) der junge Herzog Eberhard Ludwig ja sein Altes Schloß in Stuttgart umbauen oder ersetzen können. Doch dagegen hatte seine berühmte Mätresse, die Gräfin Wilhelmine von Grävenitz, »ein vom Geldteufel besessenes Weib« (Peter Lahnstein), einiges einzuwenden: »Sie wünschte in gemessener Entfernung von ihrer Rivalin, der rechtmäßigen Herzogin von Württemberg, eine bequemere Hofhaltung. Eberhard Ludwig erfüllte den Wunsch seiner schönen Favoritin mit schwäbischer Gründlichkeit«, schreibt Reclams Kunstführer. Und erhob 1724 die quasi aus dem Nichts entstandene Barockstadt – der Schloßbau zählte mehr als 450 Räume – 1724 zur offiziellen Residenz. »Lumpenburg« hieß der Fürstensitz damals im Volksmund. Aber 1755 schon war der Hof unter Carl Eugen wieder nach Stuttgart umgezogen – zwischen den Pflastersteinen wuchs Gras.

Übrigens: Nicht das Schloß ist der Bezugspunkt der schmucken Reißbrettstadt, das Zentrum des Stadtwesens ist der Marktplatz mit dem Marktbrunnen, der das Standbild des Stadtgründers trägt, und mit der evangelischen Stadtkirche, eine majestätische, zweitürmige

Anlage von Frisoni, also aus dem 18. Jahrhundert. Nach so viel Vergangenheit: Ludwigsburg ist eine Stadt von heute, lebendig, kunstliebend, ihr Name hat im In- und Ausland einen großen Klang.

* * *

Besigheim

MACHEN wir doch mal einen Vergleich zwischen den beiden großen deutschen Konversationslexika, dem »Meyer« und dem »Brockhaus«, allerdings aus sehr verschiedenen Jahren. Der Meyer von 1902 schreibt über Besigheim folgendes: Oberamtsstadt im württ. Neckarkreis, auf einem Bergrücken zwischen dem Neckar und der Enz, die sich unterhalb der Stadt vereinigen, und an der Staatsbahnlinie Bietigheim-Jagstfeld, 182 m. ü. M., hat eine ev. Kirche, Amtsgericht, Trikotwaren- und Ölfabrikation, Dampfziegelei, Sägewerk, Weinbau und (1900) 3065 Einwohner. An der Stelle von B. soll das vom Kaiser Porbus erbaute Castrum Valerianum gestanden haben. 1077 wurde der Ort von der Kaiserin Agnes dem Kloster Erstein geschenkt, das ihn 1153 an die Markgrafen von Baden abtrat. Im 13. Jh. erhielt B. Stadtrecht und kam 1595 durch Kauf an Württemberg. Die Burg wurde 1693 durch die Franzosen zerstört.

Der Brockhaus von 1967 sagt: B., Stadt im Kreis Ludwigsburg, Baden-Württ., mit (1964) 7300 zu 63% ev. Einw. B. liegt 185 m. ü. M. an der Mündung der Enz, hat Amtsgericht, Progymnasium, Farben-, Wäsche-, Werkzeugfabrik u.a. Industrie. B. hat ein malerisches Stadtbild mit Fachwerkhäusern (u.a. Rathaus, 1459) und Reste der Befestigung (2 romanische Türme). Die gotische Stadtkirche birgt einen prächtigen Hochaltar von Christoph von Urach (um 1500). Urspr. Reichsgut, gehörte B. seit 1153 zu Baden, seit 1595 zu Württemberg. Um 1220 wurde B. Stadt, bis 1938 war es Sitz eines Oberamts.

Und nun eine ganz andere Stimme, die des Schriftstellers Wilhelm von Scholz aus dem Buch »Städte und Schlösser«: »Braune Hügel mit Terrassenstufen, Treppeneinschnitten und den geordneten Reihen der gebogenen Reben begleiten den gewundenen Fluß, der an ihrer Wand immer wieder umwendet, ehe er sich auf seinen weiten Weg durchs Land zum Meer besinnt. Eine Mauer von Felsenzinnen steigt aus dem Steilabfall der Weinberge. Im Tal, vom Fluß umwunden, der hier ein Nebenflüßchen aufnimmt, liegt die Stadt. Ein paar alte Türme und viele Giebel, ein ansteigendes Dächergewirr, aus dem da und dort eine einzelne hohe Hauswand frei aufsteht, um mit ihren Fensteraugen weit ins Land zu sehen. Die alten Wehrbauten, die Schutz- und Trutzmauern sind verfallen. Zwischen dem oberen und unteren Turm liegt das Netzgewirr der aufsteigenden und fallenden, geraden und krummen, ausweichenden und sich verschlingenden Gassen und Gäßchen. Wenn man in der Dämmerstunde durch das Städtchen geht, wo die Leute feiernd in den Haustüren stehen, die Kinder Kreisel und Ball spielen, die Gespanne von den Feldern heimkehren und das warme Dunkel in der Häuserenge allmählich wächst, dann gerät man im Schlendern wie von selbst nach der freien Flußseite zur alten Pfeilerbrücke. Wir gehen an den flachen, klaren Fluß hinunter und sehen in das ruhige Fließen des Wassers, lauschen dem Rauschen des breiten Wehrs, das oberhalb schräg den ganzen Flußlauf durchschneidet, lassen den Blick den Flachbögen der Steinbrücke entlangschweifen, die auf dicken Pfeilern ruhen«. Wenn man dieses anheimelnde Bild vor sich sieht, versteht man, daß sich im 19. Jahrhundert eine Gruppe von Malern eine Zeitlang in Besigheim traf – Ort und Umgebung inspirierten.

Was haben wir von einem fremden Ort, einer Stadt, einer Landschaft, wenn wir nicht wissen, was dort früher war, wenn wir ihre Tiefenschichten nicht kennen? Dazu braucht man keine stadtgeschichtlichen Studien zu betreiben, oftmals genügt schon ein Blick in eine Beschreibung aus älterer Zeit. Nicht, um in eine angeblich bessere Vergangenheit auszuweichen, sondern weil man gerade so ›malerischen‹ Städtchen wie Besigheim Unrecht täte, wenn man sie wie ein Museum durchschritte. Je mehr man von den Sorgen und Nöten seiner früheren Bewohner erfährt, desto lebendiger wird diese Masse aus Stein, diese verwunschene Vergangenheit, die ja doch ein Teil der Gegenwart ist.

* * *

Brackenheim und Bönnigheim

FÜR einen »Weinzahn« ist dies das Paradies. Brackenheim, unweit von Heilbronn, war 1993 die größte Weinbaugemeinde Württembergs, und von den Höhen sieht man sie alle, die Perlen der Schwäbischen Weinstraße: Schwaigern, Haberschlacht, Botenheim, Neipperg, Meimsheim, Liebenstein, Cleebronn, Sachsenheim.

Brackenheim ist außerdem Heuss-Stadt: Hier wurde einer der gebildetsten, kultiviertesten Politiker der BRD geboren, ein hervorragender Kenner von Literatur und Landschaft – und ein guter Zeichner dazu. Gegenüber seinem Museum steht das dreiflügelige Renaissance-Schloß von Herzog Christoph mit seinen hölzernen Hoflauben und runden Treppentürmen. Um zu dem bemerkenswertesten Bauwerk dieses Städtchens zu gelangen, muß man zum Friedhof gehen: Dort erhebt sich die Johanneskirche, eine kleine dreischiffige Basilika aus dem 13. Jahrhundert, einstmals eine Pfründe der Universität Tübingen. Neben einer größeren Anzahl von Grabdenkmälern gibt es, im gotischen Chor, Wandmalereien aus dem frühen 15. Jahrhundert. Übrigens soll sich die romanische Uranlage an der Stelle eines vorchristlichen Heiligtums befinden.

Wenige Kilometer entfernt liegt Bönnigheim, dem Literaturfreund bekannt durch Sophie von La Roche, die einige Jahre in dem hiesigen Rokokoschloß lebte, bevor sie an den Rhein ging. Auch in diesem Ort, dem seine Türme und die Stadtmauer ein besonderes Gepräge geben, stößt man auf Spuren aus unserer Gegend: Hier stand der Hof des Klosters Bebenhausen, das bereits 1103 Weinberge in Bönnigheim besaß. Anstelle des Hofs wurde 1620 ein Gebäude errichtet, das 1983 umgebaut wurde. Und wer von dem Wort »Handelsstraße« magisch angezogen wird: Eine wichtige führte vom Donaubecken bis zum Rheinland über den acht Meter breiten und drei Meter tiefen trockenen Stadtgraben.

Von Bönnigheim aus hat man rasch den Michelsberg erreicht, seine Legende erzählt Mörike in dem Gedicht »Erzengel Michaels Feder«, und noch einmal findet man sie in Justinus Kerners »Bilderbuch aus meiner Knabenzeit«. Am Fuß des Berges liegt das Ausflugsziel Trippsdrill, die so genannte »Altweibermühle« in Treffentrill, »wo, wie ihr ohne Zweifel wißt, die berühmte Pelzmühl' ist« (Mörike), das heißt, wo man sich seinen »Pelz« verjüngen lassen kann. Ich verjünge mir meinen inneren Pelz mit einem Haberschlachter Heuchelberg, Schwarzriesling, von der Weingärtnergenossenschaft Brackenheim.

* * *

Mit Hölderlin in Lauffen

WENN man von Stuttgart aus neckarabwärts fährt, einen Abstecher nach Bietigheim (kleine japanische Gartenanlage unten am Fluß) und nach Besigheim gemacht hat, das steil über dem Wasser steht, und sich Lauffen nähert, kommt einem Hölderlins »Neckar« in den Sinn: »In deinen Tälern wachte mein Herz mir auf/ Zum Leben, deine Wellen umspielten mich,/ und all der holden Hügel, die dich/ Wanderer! kennen, ist keiner fremd mir....« Steht man in Lauffen, Hölderlins Geburtsort, auf der Anhöhe der Regiswindiskirche, um die sich eine Legende rankt, so hat man einen beeindruckenden Blick auf den Strom und seine Schnellen (deshalb »Lauffen«). Schön ist es, unten im Klosterhof zu sitzen und sich, anhand von Dokumenten im Museum, das Leben der Familie Hölderlin vorzustellen, die seit Generationen zur »Ehrbarkeit« gehört hatte, jener Gesellschaftsschicht, die in Württemberg die Geschichte des Landes mitbestimmt hat. Und im Herbst zieht es einen an den »lieblichen Wiesen und Uferweiden« entlang hinauf zu den ackerbestandenen Höhen, von wo aus man wieder einen anderen Blick auf »den lieben Geburtsort« hat: »Heilig ist mir der Ort, an beiden Ufern, der Fels auch,/ Der mit Garten und Haus grün aus den Wellen sich hebt«, wie es in der großen und bewegenden Hymne »Stuttgart« heißt.

Nur ein paar Zugminuten sind es nach Heilbronn, das sich einmal rühmen konnte, Württembergs größte Weinbaugemeinde zu sein. Der Bombenschlag vom 4. Dezember 1944 hat diese einst blühende freie Reichsstadt, die Perle des Unterlands, in Schutt und Asche gelegt – beim Gang durch die heutige Stadt kommen Vergangenheit und

Gegenwart nicht zur Deckung. Zwei literarische Reminiszenzen: In Heilbronn saß Götz von Berlichingen als Gefangener des Schwäbischen Bundes. Und natürlich das »Käthchen von Heilbronn«, das für mich ergreifendste Theaterstück deutscher Sprache. Daß Kleist wohl nie in Heilbronn war, daß es sich bei seiner angeblichen literarischen Muse nicht um eine mondsüchtige Schlafwandlerin, sondern um eine Asthmatikerin handelte, daß der Autor nicht von einem historischen Modell, sondern von Goethes »Götz« und englischen Balladen inspiriert wurde – all das tut dem Stück nicht den geringsten Abbruch. Wenn Ihnen übrigens einmal Mark Twains »Bummel durch Europa« von 1878 in die Hände fällt und Sie dort von seiner Floßfahrt von Heilbronn nach Heidelberg lesen: In Wirklichkeit ist er im Boot und im Zug gereist. Ja, die Dichter...

Nicht so schnell wie dieser Artikel soll aber Ihre Reise enden, denn es wartet die ehemalige Freie Reichsstadt Bad Wimpfen. Gustav Schwab hat sie geschmäht, Nikolaus Lenau war bei seinem Besuch im Sommer des Jahres 1840 begeistert. Wir steigen auf den »blauen Turm«, von dem aus man den schönsten Ausblick auf das herrliche Land hat, und besichtigen die Arkadenreste der Kaiserpfalz, die außerordentliche romanische Baukunst ahnen lassen. Ahnung und Erinnerung – sie sind die wahren Kindheitsparadiese, die in einer Welt häufiger Zerstörung Bestand haben.

* * *

Heilbronn

»DIE Zerstörung des Klosters Hirsau durch die Franzosen zu Ende des 17. Jahrhunderts gehört zu den tragischsten Fällen der Kunstgeschichte des deutschen Mittelalters«, sagt Max Schefold über das ehemalige Benediktinerkloster Hirsau mit der Basilika St. Peter und Paul, fügt jedoch tröstend hinzu: »Die Lithographie der Biedermeierzeit aber zeigt, wie die Natur in der schönen Schwarzwaldlandschaft alles zu versöhnen weiß«. So könnte man auch von Heilbronn, dessen Altstadt im 2. Weltkrieg fast völlig zerstört wurde, sagen: Die Natur, und zwar die schon von Goethe gelobte und später von Theodor Heuss in einer Dissertation behandelte Weinbautradition Heilbronns, gibt der Stadt ein wenig von ihrer Lebenskraft zurück. Ja sogar, indirekt, etwas von ihrem Gesicht: »Das heutige Zentrum zeigt, wie man in den 50er Jahren Städte plante: autogerecht, mit breiten Straßen, eingefaßt von nüchterner, funktionaler Architektur. Selbst das wenige, das die Bombennacht des 4. Dezember 1944 überstand, wurde nicht immer gepflegt. So fand die Villa, die der Zuckerfabrikant Andreas Faisst 1873 hatte bauen lassen, »bis vor kurzem kaum Beachtung«, heißt es in einem Zeitungsartikel. 1995 wurde eine gründliche Sanierung vorgenommen, nach der die im 19. Jahrhundert als das »schwäbische Liverpool« geltende Stadt ein bemerkenswertes Gebäude besitzt. Und nachdem die ehemalige Fabrikantenvilla in »Wein-Villa« umgetauft wurde, bietet sie im Erdgeschoß eine kleine Schau über den regionalen Weinbau, mit Theke!

»Wer die alte Stadt mit ihren verwinkelten Gassen kannte [...] der fühlt sich beim Gang durch die neu entstandene Stadt jeweils mit Wehmut genötigt, die alten Bilder hinter den neuen zu sehen«, schreibt Otto Rombach, der Kenner des Neckarlandes. Was sieht man noch? Die Kilianskirche mit dem ihren Ruhm ausmachenden Westturm und dem mächtigen geschnitzten Hochaltar von Hans Seyfer, ein Gipfelpunkt schwäbischer Plastik und das Meisterwerk des großen Bildhauers. (Der Schrein ist Kopie, alle Figuren sowie die Flügel blieben erhalten.) In der Deutschhauskirche erfreut der romanische Altarstein, im Deutschhof die stehengebliebene Barockfassade. Die Nordseite des Marktplatzes wird von dem stattlichen Rathaus beherrscht mit seiner Freitreppe zum Altan und der Kunstuhr im schönen Zwerchgiebel. An der Westseite steht das erneuerte »Kätchenhaus« – wen hat Kleists »Kätchen von Heilbronn« nicht schon zu Tränen gerührt? Tränen vergießen kann man auch über das Schicksal des in Heilbronn geborenen Tübinger Stiftlers Wilhelm Waiblinger, dessen Lebenslinie in Rom so rasch verglühte. Ihn hat schon früh Theodor Heuss in einem verständnisvollen Essay gewürdigt. Das schönste Denkmal aber hat ihm ein Norddeutscher gesetzt: Theodor Fontane. In seinem großen Eheroman »Unwiederbringlich« wird er an wichtiger Stelle genannt. Asta, die Tochter des Hauses, begleitet ihre Freundin Elisabeth auf dem Klavier zu einem Lied von Waiblinger mit dem Titel »Der Kirchhof«, dessen schwermütiger Charakter die empfängliche Mutter tief berührt. Waiblinger hat sich von Hölderlins »Hyperion« zu seinem Roman »Phaeton« anregen lassen. Phaeton: Sohn des Sonnengottes Helios, der den Sonnenwagen seines Vaters nicht zu lenken vermochte, da er zu schwach war, die feurigen Sonnenrosse zu zügeln, so daß er der Erde zu nahe kam und sie zum Teil in Brand steckte. Waiblinger verbrannte an sich selbst. Daß seine Geburtsstadt einmal in einer einzigen Bombennacht verbrennen würde, konnte er nicht ahnen.

* * *

Weinsberg

Es wird vermutet, daß schon die Römer im Limesland am Neckar Reben gezogen haben. Unser Wortschatz belegt's: Wein – *vinum*, Winzer – *vinitor*, Most – *mustum*, Kelter – *calcatorium*, Keller – *cellaria*, Küfer – *cuparius*. In der Neuzeit ist der Anfang September gefeierte »Heilbronner Herbst« das größte und farbigste Weinfest der Region. In seinem »Kätchen von Heilbronn« findet Kleist für den Neckar das schöne Wort »weinumblüht«. Und aus Hamburg schreibt Justinus Kerner an seinen Freund Uhland: »Weine trinkt man hier bloß französische, besonders rote. Ach, die sind lange nicht so herzlich wie unser Neckarwein, nach dem mich, so oft ich ein Glas klingeln höre, ein Sehnen anwandelt, wie den Schweizer nach seinen Bergen, wenn er das Alphorn hört«. Begeben wir uns mit ihm, dem in Ludwigsburg Geborenen, nach Weinsberg (= Berg des Winin). Zwar liegt es nicht direkt am Neckar, sondern an der Sulm, gehört aber zum nördlichen Neckarbecken und weist vorzüglichen Wein- und Obstbau auf. Hier wurde übrigens 1929 der Trollinger mit dem Riesling gekreuzt, und die Sorte wurde »Kerner« genannt – die wahre Unsterblichkeit des Dichters!

Die Weinbaugemeinde, eine staufische Gründung des 13. Jahrhunderts und bis 1400 Reichsstadt, dann 1505 württembergisch, wurde

1525 vom Schwäbischen Bund verwüstet. Diesen hatte die nach Tübingen geflohene Stuttgarter Regierung gegen die aufständischen Bauern zu Hilfe gerufen. Am Ostersonntag, dem 16. April 1525, kam es zur »Bluttat zu Weinsberg, wo die Bauern den Grafen Ludwig von Helfenstein mit 23 Adelsgenossen durch die Spieße jagten [...] Der Prozess, den die österreichische Regierung wegen Weinsberg anstrengte, wurde human durchgeführt. Die meisten württembergischen Bauernführer sind begnadigt worden und in ihre Dörfer zurückgekehrt [...] Nur Weinsberg hat das Strafgericht vernichtend getroffen, es wurde völlig zerstört« (Ernst Müller: Kleine Geschichte Württembergs). Die Burg Weinsberg wurde allerdings schon im Jahre 1504 durch Herzog Ulrich beschossen und erobert; wie sie danach aussah, hat der Dürer-Schüler Hans Baldung aus Schwäbisch Gmünd, gen. Grien, in einer Zeichnung festgehalten. 1534 befahl Herzog Ulrich den Wiederaufbau – wenn man den Burgberg hinaufgeht, merkt man, daß er durch drei parallele Gassen bestimmt wird. 1707 gab es einen verheerenden Stadtbrand; die Schäden des 2. Weltkriegs wurden behoben.

Doch zurück ins Mittelalter: Wahrscheinlich bildete am Fuße der Burg ein Straßenmarkt den Kern der späteren Stadt, was an die Entstehung von Tübingen erinnert. Und nun die berühmte Anekdote um die Ruinen des Schlosses Weibertreu, so genannt zum Andenken an die durch Chamissos Ballade verherrlichte Sage: Nach dem Sieg König Konrads III. gegen Welf VI. in der Schlacht bei Weinsberg (1140) ergab sich die belagerte Stadt. Als der König den Frauen freien Abzug gewährte und ihnen erlaubte, mitzunehmen, was sie tragen könnten, trugen sie ihre Männer aus der Stadt. Ein altes Bild in der bedeutenden spätromanischen Stadtkirche stellt die Begebenheit dar. Das hat dem Lyriker und Balladendichter Gottfried August Bürger so gefallen, daß er reimte: »Kömmt mir einmal das Freien ein, / so werd' ich Eins aus Weinsberg frei'n«. Er hat's aber nicht getan – nachweislich zu seinem Schaden.

Das Besondere in dem Städtchen aber ist, am Fuß des Schloßbergs, das ehemalige Wohnhaus des Dichters Justinus Kerner und der dabeistehende sogenannte »Geisterturm«, ein Eckturm der Stadtmauer, der an die berühmteste Patientin Kerners, die »Seherin von Prevorst«, erinnert. Denn Kerner war ein Dichterarzt, der nicht nur einen hervorragenden Beitrag zur schwäbischen Romantik geleistet, sondern so ganz nebenbei auch das Wurstgift entdeckt hat und sich neben medizinischen und naturwissenschaftlichen Untersuchungen besonders Forschungen über Spiritismus, Okkultismus und Somnambulismus widmete. Übrigens hatte er bei seinem Studium in Tübingen bei Gmelin und Autenrieth Hölderlin zu behandeln. Vor allem aber wußte dieses Genie der Geselligkeit eine große Zahl bedeutender Köpfe um sich zu scharen, worüber sein Sohn Theobald ein ganzes Buch geschrieben hat: »Das Kernerhaus und seine Gäste«. Neben Ludwig Uhland und Gustav Schwab, den beiden Herausgebern der ersten Sammlung mit Gedichten von Hölderlin (1826), die zusammen mit ihrem Gastgeber auf einem bekannten Bild zu sehen sind, gehörten auch Nikolaus Lenau, Eduard Mörike, Graf Alexander von Württemberg und Karl Mayer zu den Gästen der Weinsberger Dichterrunde. Doch darüber soll nicht der bedeutendste Sohn des Städtchens vergessen werden: der Reformator Johannes Heußgen, gen. Oecolampadius, der in Basel enge Kontakte mit Erasmus hatte und dessen Vorstellungen auf Calvin wirkten. Befolgen wollen wir aber, wozu Kerner in seinem berühmten »Wanderlied« auffordert: »Wohlauf! noch getrunken / den funkelnden Wein«.

* * *

Neuenstadt am Kocher

AUF Mörikes Spuren durchs schwäbisch-fränkische Land: fast eine Lebensaufgabe. Dabei sind keine sensationellen Entdeckungen zu erwarten: Es ist das dichte Netz von unzähligen kleinen Bezügen zwischen Orten und Personen, Lebensumständen, Mitwelt und Dichtung, das diese Landschaft eines Dichters vor uns entstehen läßt. Und am Ende ist da »ein Mensch in seinem Widerspruch, ein Liebender, fähig, aus jedem lieben Drecklein Seelengold zu gewinnen«, wie vor einem halbem Jahrhundert eine Zeitung schrieb. Einer unter all den Orten, aber bei weitem nicht der geringste, ist Neuenstadt an der Linde, wie er früher hieß. Denn durch eine Linde wurde der Ort berühmt, eine Gerichtslinde, wie es eine Schöntaler Urkunde von 1448 bezeugt. Der auf 700 bis 800 Jahre geschätzte Baumriese fiel 1945, 77 helle, zum Teil wappengeschmückte Sandstein-Stützen nehmen heute neue Äste auf. Die Stadt im Landkreis Heilbronn an der uralten Handelsstraße Worms-Regensburg erhielt 1324 von der Weinsberger Grundherrschaft das Stadtrecht. (Ihr Vorgänger, die nördlich gelegene Siedlung Helmbund, wird bereits 797 genannt.) 1450 kam Neuenstadt an Kurpfalz, 1504 an Württemberg und erlebte von nun an, besonders aber als Residenz der Herzöge vom Württemberg-Neuenstadt (1617–1642), eine wirtschaftliche Blüte. Das ehemalige herzogliche Schloß, das Herzog Christoph 1565 erstellen ließ, wurde nach dem 2. Weltkrieg wieder aufgebaut. Die evangelische Pfarrkirche, deren Turm zur Stadtbefestigung gehört, weist bedeutende Grabdenkmäler auf, darunter den Bildgrabstein der Anna von Weinsberg; bemerkenswert: Taufstein, Kruzifix und Orgelprospekt sowie die Zinnsärge der Herzöge unter dem Chor. Sehenswert in diesem wohlerhaltenen Städtchen auf dem Höhenrücken zwischen Kocher und Brettach sind die Bürgerhäuser des 16. bis 18. Jahrhunderts. Und auf dem Friedhof findet man die Gräber von Mörikes Ahnen, die Ende des 17. Jahrhunderts aus der Mark Brandenburg eingewandert waren.

Am Marktplatz steht unversehrt die Apotheke, die Carl Friedrich Möricke (noch mit ck) 1801 erbaute. 1694 nämlich zog Bartholomäus Möricke aus Havelberg (Bezirk Magdeburg) zu und heiratete die »verwittibte Hof- und Stadtapothekerin Maria Vischerin«. Die anderen Ahnen des Mörikeschen Geschlechts können weit hinein in die schwäbische und fränkische Ehrbarkeit, ja Ritterschaft verfolgt werden. »In ein freundliches Städtchen tret' ich ein, / In den Straßen liegt roter Abendschein«, so beginnt Mörikes Gedicht »Auf einer Wanderung«, das eben diesem Neuenstadt gilt. Und es endet mit den Zeilen: »O Muse, du hast mein Herz berührt / Mit einem Liebeshauch!« Zwischen Anfang und Ende aber liegt eine ganze Liebesgeschichte.

* * *

Eberbach

NICHTS Spektakuläres. Wenn man von der Wurzel des Wortes ausgeht, aber doch: lat. *spectare* heißt ja schauen, und das kann man, wenn man von Stuttgart aus neckarabwärts fährt, an Ludwigsburg und Besigheim vorbei, an Lauffen und Heilbronn, Neckarsulm, Bad Friedrichshall und Bad Wimpfen, Gundelsheim, Mosbach und Zwingenberg mit der Minneburg gegenüber. Und dann ist Eberbach da, und man hätte Lust, an Hirschhorn, Neckarsteinach und Neckargemünd vorüber bis nach Heidelberg zu fahren.

Aber wir bleiben an dieser Stelle des Neckars, dessen Weg von der Quelle bei Schwenningen bis zur Mündung in den Rhein bei Mannheim 370 Kilometer lang ist. Eine ältere Leporello-Bildkarte vom unteren Neckar sagt zu Eberbach: »134 m ü. M., 13700 Einwohner. Freundliche Kurstadt, umgeben von hohen Odenwaldbergen, 1227 gegründet. Der nahe Katzenbuckel, mit 646 m der höchste Berg des Odenwaldes, ist ein beliebtes Ausflugsziel«. So klein dieses nordbadische Städtchen auch ist, es läßt sich noch einiges hinzufügen. Z.B. kann es eine Hohenstaufenburg aufweisen, nämlich Stolzeneck; und anfangs war es immerhin eine Reichsstadt, dann seit 1330 kurpfälzisch, bis es 1806 an Baden kam.

Zur Lage sagt C. Gräter in seinem Buch »Der Neckar«: »Geduldig rankt sich der Neckar durch die Sandsteinbarriere des Odenwalds. Das nährstoffarme Gestein duldet fast nur den Wald, im engen Talgrund blieb kein Platz fürs Ackerwerk. Nur da, wo größere Seitentäler einmünden, wie die Itter bei Eberbach, konnten sich Verkehr und Siedlung entfalten«. Bis auf das ehemalige Badhaus, die steinerne Bogenbrücke, die Türme des alten Wehrberings und das Geviert des Alten Markts ist allerdings wirklich nichts Spektakuläres anzutreffen. Immerhin weiß Gräter, wie man sich, wenn kein Dom und kein Schloß, kein Prado und kein Lido vorhanden ist, aus der Affäre zieht: für ihn »schwingt die elegante Uferpromenade Eberbachs: geweißte Giebelhäuser, Hotelterrassen, grundiert von rotbrockigem Mauerwerk, Grubenholz und Kieshaufen an der Hafenlände, dahinter sprühende Fontänen und die gläsern lichte Fassade des Kurhauses. Vier Türme stecken das Trapez der Stauferstadt an der Neckarfront ab, der schlanke ziegelkappige Pulverturm und die Eckbastion mit dem »Blauen Hut«, gegen die Bergseite der rundbäuchige Rosenturm und spitzhelmige Haspelturm...« Hierauf zitiert er den galligen Spötter Carl Julius Weber, den ›schwäbischen Demokrit‹ aus dem hohenlohischen Langenburg: »Von Eberbach bis Hirschhorn schifften wir wenigstens zwei Stunden in der tiefsten langweiligsten Waldeinsamkeit«. Und schließt, als Gegengift, mit dem trocken-humorigen Mark Twain, der 1878 den Neckar befuhr: »Ein Sommer in Deutschland ist die Vollendung des Schönen, doch niemand hat die äußersten Möglichkeiten dieser zarten und ruhigen Schönheit wirklich erfahren und genossen, wenn er nicht auf einem Floß den Neckar hinabgefahren ist«. Doch Eberbach kann auch mit einem großen Sohn aufwarten: mit dem Kulturphilosophen Theodor Haecker, der das wichtige Buch »Vergil, Vater des Abendlandes« schrieb und als Dokument der Erfahrungen und Gedanken eines religiösen Menschen in der Hitlerzeit seine »Tag- und Nachtbücher 1939–1945« hinterließ.

* * *

Neckarsteinach

WIE ich auf dieses Städtchen kam? Da muß ich weiter ausholen. In Bodenwerder an der Weser steht das ehemalige Herrenhaus der Freiherren von Münchhausen. Aus diesem alten Adelsgeschlecht ging im 18. Jahrhundert Karl Friedrich von Münchhausen hervor, der berühmte »Lügenbaron«. Der leidenschaftliche Jäger und Offizier hatte sein halbes Leben abenteuernd in fremden Ländern und bei zwei Türkenkriegen verbracht. Und da es ihm zu Hause langweilig wurde, erzählte er im Freundeskreis die unglaublichsten Kriegs-, Jagd- und Reiseabenteuer. Diese wurden bald als Lügengeschichten oder Münchhausiaden bezeichnet und erhielten von Gottfried August Bürger ihre endgültige und volkstümliche Form; auf ihrer Grundlage schrieb Erich Kästner 1943 das Drehbuch zur Verfilmung. Aber auch in die Medizin ist der Lügenbaron eingegangen, nämlich mit dem sogenannten

Münchhausen-Syndrom, einer psychischen Störung, die der Pseudologia phantastica entspricht, einer Mischung aus Lüge und Gedächtnisstörung. An diesem Syndrom leiden bekanntlich alle wahren Dichter, vielmehr: Durch dieses kommen sie erst so richtig in Schwung. Aus jenem Geschlecht stammt, Sie haben sich's schon gedacht, auch Börries von Münchhausen, der größte deutsche Balladendichter des 20. Jahrhunderts. Neben der lyrischen Großform schrieb dieser Sprachvirtuose auch Gedichte aus neuromantischem Lebensgefühl, die von der Jugendbewegung begeistert aufgenommen wurden.

Und eines von ihnen hat mich nun zu dem Neckarstädtchen gebracht. »Spätsommerabend in Neckarsteinach« heißt es, die erste Strophe lautet so: »Im Neckartale war es warm gewesen / Den weiten Wanderweg von Heidelberg, / Nun trieb der Abendwind sein Federlesen / Auf all den Gänseweiden bis zum Berg, / Die weißen Federbarken schwebten her / Zur Uferböschung, wo der Wind, der scharfe, / Betäubt sein Spielzeug sinken ließ, denn schwer / Lag dort der junge Weindunst aus der ›Harfe‹«. In der 2. Strophe trinkt er im Neckargarten besagter Wirtschaft ein Glas, lauscht der Wellenbewegung des Flusses und einem Bussard-Schrei vom Dilsberg gegenüber, und in der 3. Strophe treibt im Wind »Das erste welke Blatt des Jahres her / Und legte sich bedeutsam und gelinde / Mir grad aufs Herz, als obs ein Zeichen wär...«

Als ich das gelesen hatte, fragte ich mich, wie's dort wohl aussieht und ob's die »Harfe« noch gibt. Das Vierburgenstädtchen, aus einer uralten Jäger- und Fischersiedlung entstanden, 1377 als Stadt erwähnt, ist heute ein beliebtes Ziel der Ausflugsschiffe. Aber schon früher kamen Bewunderer zu diesem, 1803 hessisch gewordenen Ort, der sich an einem großen Flußbogen im Winkel zwischen Neckar und einmündender Steinach drängt und den seine vier Ritterburgen berühmt gemacht haben: Clemens Brentano, der bedeutendste Spätromantiker, hat ihn gepriesen, und Mark Twain (auch so ein begabter Lügenbaron) dürfte ihn, bei seinem Besuch der Bergfeste Dilsberg, zumindest gesehen haben. Als erster in die Literatur gebracht aber hat ihn der Minnesänger Bligger von Steinach. Bligger lebte in der 2. Hälfte des 12. Jahrhunderts, sein Stammsitz war die staufische Hinterburg; er nahm 1194/95 an der Heerfahrt Heinrichs VI. nach Apulien teil und wurde wegen seiner hohen Formkunst von dem größten

Formkünstler seiner Zeit, von Gottfried von Straßburg, gerühmt. Bild und Texte (3 Lieder sind bekannt) befinden sich in der Manessischen Liederhandschrift. Passenderweise erblickt man denn auch im Stadtwappen von Nekkarsteinach eine Harfe – was uns zur Beantwortung der zweiten obigen Frage bringt: Ja, die »Harfe« gibt es noch, ein sympathisches, gut bürgerliches Restaurant mit einem stimmungsvollen alten Ambiente, in dem man im Wesentlichen unter Einheimischen sitzt und also den weichen, freundlichen hessischen Dialekt hört. Was ich gegessen habe? Kutteln in Trollingersauce mit Bratkartoffeln und Salat, ein Essen, so einfach wie gut, weshalb man es nur noch selten bekommt... Und vielleicht, wer weiß, saß, während ich da speiste und am hellen Tage ein Bier trank, im Neckargarten wieder so ein wandermüder Poet und ließ sich von Fluß und Wind zu melancholischen Versen anregen, während unten eine fröhliche Gesellschaft das Schiff nach Heidelberg bestieg.

* * *

Heidelberg und Mainz

MEHR als alle Zahlen über das im Krieg zerbombte Mainz – Churchill bedachte nicht, daß er mit der Zerstörung deutscher Kultur in seinem gerechten Zorn auch einen Teil des kulturellen Europas zerstörte – sagt die bewegende Erzählung von Anna Seghers: »Der Ausflug der toten Mädchen«. Über Mainz steht alles ›Wissenswerte‹ im Konversationslexikon. Oft vermag aber ein ausgewähltes Detail mehr über eine Stadt, wie auch über einen Menschen oder ein Ereignis, zu vermitteln als Vollständigkeit (die es sowieso nicht gibt).

Wer jene Erzählung gelesen hat, der geht mit anderen Augen durch die Stadt, reagiert auf eine andere Weise auf das, was die Bombergeschwader übrig gelassen haben. Wie gesagt: Das Detail kann aussagekräftiger sein als die Totalität, die Anekdote kann sich tiefer einprägen und eine Epoche oder einen Menschen besser erhellen als Wissenschaftlichkeit. Denn: »Die Vergangenheit zieht einen Schleiervorhang über die Dinge, der sie verschwommener und unklarer, aber auch geheimnisvoller und suggestiver macht (...) eben hierin liegt der Hauptreiz aller Beschäftigung mit der Historie« (Egon Friedell). Im Jahre 1793 führte Hölderlin seinen Bruder nach Mainz, das wenige Jahre zuvor durch das preußische Bombardement schwer gelitten hatte. Sein Eindruck: »Das Innere der Stadt konnt uns wenig interessieren; die großen Festungswerke konnte man nicht wohl sehen, ohne sich dem Militär auszusetzen; die Kirchen sind niedergeschossen oder zu Magazinen gemacht«. Ausführlicher Ernst Moritz Arndt: »Mainz hatte vor sieben Jahren einen der glänzendsten Höfe, den reichsten Adel Teutschlands, eine blühende Universität, ein gebildetes Volk, sein Strom erscholl von Freude... Die Stadt ist jetzt öde und still, wenn man den Lärm und Marsch und Transport der Soldaten abrechnet... Vieles hat die Ruchlosigkeit und der Parteigeist der eignen Einwohner, vieles auch Vernachlässigung und Verödung, das meiste aber doch die preußische Belagerung verdorben«.

In diesem Sinne auch über Heidelberg nicht das Altbekannte. Stellen wir uns auf die Karlsbrücke und hören wir, was Goethe über die alte Brücke drüben sagt: »Die Brücke zeigt sich von hier aus in einer Schönheit, wie vielleicht keine Brücke der Welt...« Und über die Stadt als Ganzes: »Heidelberg wieder zu sehen, muss ganz wunderbar sein, nur daran zu denken, bringt mich in einen ganz eigenen Zustand«, so an Marianne von Willemer in seinem Todesjahr.

Daß Hölderlin Heidelberg in seiner gleichnamigen Ode als »der Vaterlandsstädte Ländlichschönste« besingt, ist bekannt, dieses Gedicht wurde sogar separat gedruckt. Hätten die Tübinger sich ihm gegenüber verständnisvoller verhalten – wer weiß, vielleicht hätte er unsere Stadt auch gerühmt. In seinem letzten Brief aus Jena übrigens schrieb er: »Man lernt sehr, sehr viel in der Fremde, liebste Mutter! Man lernt seine Heimat achten«. Mitte Juni 1795 kehrte er, tief bedrückt, aus Jena zurück und kam durch Heidelberg als »ein vertriebener Wandrer, / Der vor Menschen und Büchern floh«. Wenn wir schon bei der Literatur sind: Auch der Schlesier Eichendorff ließ sich durch die Stadt und die Umgebung zu Gedichten inspirieren, er und viele andere. Der geradezu deutschfeindliche Russe Dostojewskij freilich hat die Stadt als ein kaltes, finsteres Loch geschmäht.

Ein Hinweis: Die Heiliggeistkirche ist sage und schreibe das ganze Winterhalbjahr geschlossen! Und noch diese Überlegung: Um sich selbst näher zu kommen, besuche man immer wieder all jene wohl vertrauten Orte, die man längst ›abgehakt‹ hat – man wird überrascht sein, wie sich das äußere und das innere Bild einer Stadt über die Jahre ändert – wie man selbst, vorausgesetzt, man hat sich nicht ein für allemal in seinem Schneckenhaus eingerichtet.

* * *

Lessing in Mannheim? Schiller in Tübingen? Knapp daneben

DASS Lessing aus Begeisterung für Mannheim beinahe dorthin als Bibliothekar gegangen wäre statt nach Wolfenbüttel, ist bekannt. Er war Mitglied der 1775 gegründeten »Kurfürstlichen Deutschen Gesellschaft«, der solche Größen wie Klopstock, Sophie von La Roche und Wieland angehörten (der sich auch fast in Mannheim niedergelassen hätte). Schade, daß der Schauspieler Iffland – nach ihm benannt die bedeutende Auszeichnung »Iffland-Ring« – erst 1779, zwei Jahre vor Lessings Tod, vom Gothaer Hoftheater nach Mannheim kam, wo sein Ruhm in der Rolle des Franz Moor in der Uraufführung der »Räuber« begann. Weniger bekannt ist der Versuch, Richard Wagner für Baden-Baden zu gewinnen. Im Herbst 1871 erhält der in der Schweiz lebende Komponist einen Brief des Baden-Badener Bürgermeisters Gaus mit der Aufforderung, die geplanten Wagner-Festspiele im Oostal abzuhalten. Wagner läßt sich mit der Antwort Zeit, sie trifft am 28. Dezember ein. Mit dem Hinweis auf seine enge Bindung an König Ludwig II. von Bayern lehnt er die Einladung höflich ab. »Der Grund ist der, daß Wagner das blasierte mondäne Publikum der großen Badeorte verabscheut. Er will nicht dort gefeiert werden, wo man Offenbach applaudiert und Johann Strauß zujubelt« (Klaus Fischer). Aber Baden-Baden hat dann ja Ende des 20. Jahrhunderts sein Festspielhaus bekommen und reihte sich damit in die kaum zu übersehende Zahl von europäischen Städten ein, die sich seit etwa 1930 nach dem Vorbild von Salzburg Festspiele zugelegt haben: Venedig, Cannes, Straßburg, Glyndebourne, Luzern, Edinburgh, Florenz, Montreux, Prag, Moskau, San Sebastián, Spoleto, Aix-en-Provence, Avignon, Ludwigsburg, Gstaad, Schwetzingen...

Ebenfalls negativ ging das Bemühen der Tübinger Universität um Friedrich Schiller aus. (Übrigens ist Tübingen der südlichste Punkt, den Schiller reisend erreicht hat.) Im März 1794 kam er, auf Besuch in Heilbronn, wo ihm der Neckarwein mundete, und in Ludwigsburg bei der Familie, für zwei Tage dorthin. Der unmittelbare Reisegrund war ein Wiedersehen mit seinem Lehrer Abel, und dieser berichtet: »... so entstand jetzt plötzlich in ihm der Gedanke: Wäre er hier, so würde es ihm eine Freude sein, abends 6–8 Studierende um sich zu sammeln und sich mit ihnen über Wissenschaft und Kunst zu unterreden, wodurch er auf Geist, Geschmack und Sitten derselben mehr und kräftiger als durch Vorlesungen einzuwirken hoffe; doch würde er auch, sobald sein Gesundheitszustand es ihm gestatten würde, Vorlesungen sich nicht entziehen; nur gegenwärtig sei er nicht fähig, zusammenhängende Vorlesungen zu halten«. Und der Schiller-Biograph Peter Lahnstein: »Gedanken also über eine Tübinger Existenz ... Es ist bezeichnend, daß Schiller drei Tage danach in einem Brief an Körner kein Wort von seinem Tübinger Aufenthalt erwähnt; die Sache ging ihm im Kopf herum, er wollte aber keine unnötige Unruhe verursachen. Aus den im Augenblick entstandenen Erwägungen sind später konkrete Angebote der Universität an den inzwischen nach Thüringen zurückgekehrten Dichter erwachsen. Aber da war Schiller nicht mehr für Württemberg zu haben.«

Hätten Lessing in Mannheim und Schiller in Tübingen ihr Lebensglück gefunden? Das mit den Glücksfällen kennt man: Im Nu haben die Götter sie, wie in einem üblen Scherz, ins Gegenteil verkehrt. Das mußte gerade Schiller auf bitterste Weise erleben: Nach dem Triumph seiner »Räuber« trieb Intendant Dalberg's Michele mit ihm, und als er am 1. September 1783 seinen Theatervertrag erhält, bekommt er sofort die Malaria, und über den nächsten, noch einigermaßen gesunden Jahren liegen die Schatten von Armut und Schulden. Dann das Gefühl der Nähe des Todes, Unwohlsein, Schmerzen und Krämpfe, sein Lebensglück war auf »neun Zehntel« geschmolzen. Und Baden-Baden: Wäre es für die Wagner-Enthusiasten in aller Welt das geworden, was ihnen Bayreuth bis heute ist? Man darf es bezweifeln – und wir dürfen es bedauern, daß Schiller so wenig Tübinger geworden ist wie etwa Johannes Kepler, dessen Bemühungen um eine Tübinger Professur von den theologischen Gralshütern der rechten Auffassung vom Abendmahl erfolgreich vereitelt wurde. In diesen wie in allen ähnlichen Fällen gilt eben der Spruch: Knapp daneben ist auch daneben.

Im Schwarzwald

Ein Amerikaner im Schwarzwald

KÜRZLICH fragte mich, mit Blick zur Hauff-Gedenktafel in der Tübinger Haaggasse, ein Amerikaner, ob das der Firmengründer sei. (Er meinte die »Kornblume«.) Ich riet ihm, da er gut Deutsch sprach, Hauffs Märchen zu kaufen, das »Kalte Herz« zu lesen und dann nach Nagold und weiter nach Urnagold zu fahren, wo der Holländer Michel seine Tannen auf der Nagold über die Enz in den Neckar flößt und weiter auf dem Rhein bis nach Holland. Da ich ihm das so, im Präsens, erzählte, gab es wieder ein kleines Mißverständnis: »Kann man das sehen?«, fragte er, und ich mußte ihm auseinandersetzen, daß das in einer fernen Vergangenheit spiele und überdies ein Märchen sei. Da hatte ihn die Geschichte aber schon gepackt, und, unkompliziert, wie er war, lud er mich ein, mit ihm in den Schwarzwald zu fahren. Nachdem er das »Kalte Herz« gelesen und ich die Karte studiert hatte, brachen wir am nächsten Tag auf. In Urnagold, in der uralten Wirtschaft des winzigen Orts, stand ein Mann hinter der Theke, der, als der Amerikaner ihm die Hand reichte, seinen Namen nannte: Michel. »Oh, der Holländer Michel!« rief mein Begleiter, und ich wußte nicht, ob das ein Scherz war. Wenn jetzt nur nicht ein kleiner Mensch hereinkommt, dachte ich, dann ruft er sicher: »Oh, das Glasmännlein!« Aber es kamen nur Normalgroße herein.

Ich kann nicht schildern, was wir auf unserer Kreuzfahrt noch an Schwarzwälderischem erlebten; dazu muß man selber in diese Gegend fahren, in der sich ein Supermarkt nicht rentieren würde. Jedenfalls erwarb Joe, als wir wieder in Tübingen waren – in unserer Stadt gibt es an jeder Ecke eine Buchhandlung oder ein Antiquariat, ein jeder ihrer Namen sei gepriesen! – den Holzschnitt von Gustav Adolf Cloß mit den Flößern auf dem Neckar.

Zum Abschied schenkte er mir Mark Twains Reisebericht über Europa. Darin fand ich später ein loses Blatt mit dem Anfang einer mir unbekannten Erzählung. Mit der erneuten Empfehlung eines Ausflugs in den nahen, von Tannendüften durchzogenen Schwarzwald führe ich die ersten Zeilen hier an: »Es ist eine besondere Stunde des Tages, wenn die untergehende Sonne hinter den Tannenwipfeln des Schwarzwaldes glüht, als wolle sie den Himmel in Brand setzen, dann plötzlich versinkt und verlischt, um nach einer kurzen Zeit des Übergangs, in der es auffallend still wird in der Natur, dem Mond von einer anderen Stelle des Himmels aus die Beleuchtung der Erde zu überlassen...«

* * *

Nagold – Wildberg – Calw

NAHES Gold? Wilder Berg? Kalb? Ja, die Volksetymologie! Die macht aus den schwebenden Betten der Eingeborenen auf Haiti, die Kolumbus schon 1492 als *hamaca* bezeichnete, die Hängematte; aus dem Wacholder macht Bechstein in seinem grausigen Märchen »Der Wachholderbaum« einen wachenden holden Baum, und der Schwabe, der zur Tüte noch Guck sagt, wird kaum wissen, daß hier kein Gucker dahintersteckt, sondern das mittellateinische *cuculla* = Zipfelmütze. Und so denken nicht wenige Nagolder bei ihrer Stadt an Gold, auch wenn sich der Name aus dem lateinischen *nagultinum* herleitet, und die ortsübliche Aussprache von Calw als Calb läßt an einen Ort mit Kälbern denken, obwohl der Name von mittelhochdeutsch *kal, kalwer* kommt und unserem kahl = unbewachsen, leer entspricht.

Da aber gerade die Etymologie viel mit Vermutungen arbeitet und tüchtig den Zauberstab der Analogie bemüht – warum soll dann das Volk nicht ebenfalls phantasieren dürfen, zumal dabei so viele schöne Sagen, Märchen, Anekdoten, Schnurren entstanden sind? Beim Namen Wildberg gibt es aber keine Probleme, auch nicht, daß die Pfalzgrafen von Tübingen im 12. oder anfangs des 13. Jahrhunderts in der Nagoldschleife den »wilden Berg« als feste Burg gebaut haben, und daß 1237 ein »Schenk von Wildberg« als Zeuge fungiert, weist eine Urkunde nach.

Die drei Städte verbindet ihre gemeinsame Lage an der Nagold, ansonsten jedoch nicht viel. Nicht topographisch: Nagold besitzt eine ideale Lage, mit der Kernstadt in einem weiten Tal und seinen Hügeln, die ihm ein stattliches Gepräge geben. Wildberg liegt zum Teil im schmalen Tal, zum Teil auf einem Sporn über dem Fluß und bietet von oben – wo ich in alten Zeiten auf der Holzveranda einer Wirtschaft mit Wohnzimmeratmosphäre saß – einen schönen Blick auf die Unterstadt mit den Resten des Klosters Reuthin. Das Städtchen dürfte um 1600 mit seinen sage und schreibe 7 Toren, den Türmen und der Burg einen imposanten Anblick geboten haben, Merian hat's in einem Stich festgehalten. Die Lage von Calw schließlich: Da drängt sich alles in einem engen Tal, der Marktplatz ist das Zentrum.

Als alter Nagolder weiß ich aber, was sonst noch, außer der Lage, die beiden Städte trennte: ein heftiges Konkurrenzdenken, denn Calw wurde Kreisstadt und nicht Nagold, und diesem wurde dann auch noch der wichtige Zusatz ›Luftkurort‹ gestrichen. Kindisch, wird der Ortsfremde sagen. Aber so ist nun mal der Mensch, wenn er mit seinem engen Heimatgebiet in Wohl und Wehe sein Leben lang verbunden ist. Und wenn man dann sieht, daß die alten Calwer nicht einmal über ihren Hermann Hesse glücklich waren, der ihnen doch Weltruhm beschert hat, ja ihn gar als Nestbeschmutzer haßerfüllt abtaten, dann kann man nur noch den Kopf schütteln. Ich denke, da hätten die Nagolder und Wildberger anders reagiert und das phantastische Museum, das man dem Mann eingerichtet hat, dankbar entgegengenommen.

Manches wäre über diese Städte noch zu sagen, z.B. daß Calw zur Blütezeit seiner Zeugkompanie die erste Fabrikstadt Alt-Württembergs war. Ich möchte wenigstens an den früheren Bürgermeister Krautter von Wildberg erinnern. In feindseligen Zeiten sorgte er immer dafür, daß Roma-Familien auf der Gemarkung Station machen konnten. Aus Dankbarkeit gab eines Tages der damals bekannte Geiger Schnuckenack Reinhardt mit dem Gitarristen Häns'che Weiss und dem Bassisten Hermanno Winterstein (heute ist der Geiger Titi Winterstein eine Berühmtheit) in der Wildberger Stadthalle ein Gratiskonzert. Und ich schätze mich glücklich, dabeigewesen zu sein!

* * *

Altensteig und Berneck

MUSIKLIEBHABER kennen es von der Christophorus-Kantorei: Altensteig an der Nagold, »durch Lage und Bauweise eines der schönsten Stadtbilder des Schwarzwaldes« (Merian). Daran ist die spätgotische Burg mit massiven Unterbauten und schwäbischem Fachwerkstil, wohl eine Gründung der Tübinger Pfalzgrafen aus dem 11. Jahrhundert, maßgeblich beteiligt. Mir ist Altensteig durch ein 0:9 unserer Schulmannschaft gegen die Fußballer des Jugenddorfs in Erinnerung – das verdaut man als Junge nicht so schnell.

Was macht den Reiz eines Städtchens wie Altensteig aus? »Hanglagen sind überhaupt für die ›Vorstellung‹ einer Stadt äußerst günstig, wie die Beispiele der kleinen Städte Haigerloch oder Altensteig im Schwarzwald beweisen (...) Tritt zum Hang noch der Fluss, so entsteht wie in Tübingen oder Besigheim der besonders wirkungsvolle Aufbau einer sich steigernden Gesamtschau der Stadtkomposition« (H. Koepf: »Baudenkmale in Baden-Württemberg«).

Ähnlich wie in Altensteig erschließt sich auch das benachbarte, einen See aufweisende kleine Berneck mit seinen terrassenförmig aufgereihten Häusern erst im Ersteigen. Von der einstigen, von den Tübinger Pfalzgrafen um 1200 errichteten romanischen Burg ist nur die gewaltige Schildmauer übrig geblieben, auf ihren Grundmauern steht ein modernes Schloß.

Zu Württemberg gehört nur etwa ein Viertel des Schwarzwalds: der nördliche Teil zwischen der Enzplatte und der Schwenninger Baar. Hier gibt es weder die farbenfrohen Trachten noch die großen Bauernhäuser mit dem weit ausladenden Dach, beides typisch für den zu Baden gehörenden Südschwarzwald. Der nördliche Teil ist schlichter, herber. Wer hier lange gelebt hat, wird jedoch die Zurückhaltung seiner Bewohner nicht als Menschenfeindlichkeit und ihre mangelnde Weltläufigkeit nicht als Weltflucht mißverstehen. In einer russischen Erzählung heißt es: Wer einmal das Kling-Klang der dahinziehenden Wildgänse gehört hat, der wird sich in der Stadt niemals zu Hause fühlen. So könnte man auch sagen: Wer einmal den Wind durch die Tannen des Schwarzwalds brausen hörte, der wird im Verkehrslärm der Städte niemals heimisch werden.

In den 50er Jahren gab es eine kurze samstägliche Radiosendung: »Glocken läuten den Sonntag ein.« Wie desinteressiert ich auch sonst war, aber dieses Läuten, jeweils von einer anderen Kirche des Sendegebiets, begleitet von Bemerkungen zur Geschichte der Kirchen und ihren Glocken, habe ich damals, in Nagold, selten verpaßt. Und auch nicht den Gute-Nachtlied-Onkel, Curt Elwenspoek, dessen Witwe, die in Tübingen lebt, ich manch Wissenswertes aus alter Zeit verdanke. Wie es in einem Andersen-Märchen heißt: »Ja, der kann erzählen!«, so kann ich von ihr sagen: »Ja, die kann erzählen!«

* * *

Bad Teinach

IN Württemberg muß man nicht erklären, wer Herzog Karl Eugen war – das hieße, Eulen nach Athen bzw. Schiller (noch einmal) zur Hohen Karlsschule tragen, wofür er sich bedanken würde. Und doch: Als er bei einem Besuch in Ludwigsburg den Leichenzug des Herzogs erblickte, da äußerte er sich auf eine Weise, die seine ganze Größe erkennen läßt: »Ach Gott, nun ist er auch dahin – ich habe ihm doch auch vieles zu danken«. Und später: »Da ruht er also, der rastlos tätig gewesene Mann! Er hatte große Fehler als Regent, größere als Mensch, aber die ersteren wurden von seinen großen Eigenschaften weit überwogen und das Andenken an die letzteren muß mit dem Toten begraben werden«. Hören wir noch, mit welchem Witz sich der Markgraf Karl Friedrich von Baden, ein großer Bücherfreund, mit seinem Kollegen verglich: Er müsse sich wundern, daß der Herzog Karl Eugen ebenso ernstlich trachte, sein Land zu ruinieren, wie er (der Markgraf) sich bemühe, das seinige glücklich zu machen; und doch gelinge das keinem von beiden.

Um Teinach näher zu kommen, nun zum Sohn des Markgrafen, zu Prinz Friedrich, der als eine der edelsten Gestalten des Badischen Fürstenhauses bezeichnet wird. Geboren 1756 in Karlsruhe, dieser »wie ein Stern« (Kleist) gebauten Stadt, für reisende Russen ein »Klein-Petersburg«, wurde er nach Fürstensitte für die Soldatenlaufbahn bestimmt. Als Führer eines holländischen Regiments erkrankte er 1785 in Maastrich an Typhus und machte noch im selben Jahr zur Wiedergenesung eine Fahrt nach Teinach. Die Teinacher Heilquelle stand beim Badischen Herrscherhaus schon lange in gutem Ruf, und überhaupt bestanden seit Mitte des 18. Jahrhunderts zwischen Württemberg und Baden gute, ja freundschaftliche Beziehungen. »Das Dörfchen Deinach selbst liegt in einem tiefen engen aber sehr angenehmen Thale, zwischen dem Städtchen Zavelstein, Calw und Bulach, an einem Bächlein gleichen Namens, welches sehr hell, freundlich und reich an Forellen ist und eine Stunde von hier in die Nagold fällt«, heißt es in dem Tagebuch über jene, übrigens erfolgreich verlaufene Trink- und Badekur.

Dieser kulturhistorisch aufschlußreiche und landschafts- und ortsgeschichtlich reichhaltige Bericht liegt als Handschrift in der Großherzoglichen Handschriftensammlung Karlsruhe. 1949 wurde im Calwer Verlag Oelschläger unter dem Titel »Badenfahrt nach Deinach 1785« eine zweite, mit schönen Abbildungen geschmückte Auflage herausgebracht. Die Siedlung Teinach im Landkreis Calw gehörte gegen Ende des 13. Jahrhunderts zur württembergischen Herrschaft Zavelstein. Als diese 1345 an den Pfalzgrafen von Tübingen verpfändet wurde, blieb Teinach davon ausgenommen. Die Neufassung der Quellen (1617) läutete eine neue Epoche im Ort ein, und als Herzog Joh. Friedrich durch seinen Architekten Heinrich Schickhardt eine Badeherberge errichten ließ, wurde der Grund zu einem großen Aufschwung gelegt, der sich dann unter Herzog Eberhard Ludwig einstellte. 1818 wurde Teinach von Zavelstein getrennt und eine selbständige Gemeinde. König Wilhelm I. ließ Teinach im ersten Drittel des 19. Jahrhunderts zu einem modernen Badeort umgestalten und 1842 von Barth und Thouret ein Badhotel errichten.

Nach Bad Teinach kommt man heute wegen der vielen Wandermöglichkeiten und um in der evangelischen Pfarrkirche die kuriose Lehrtafel der Prinzessin Antonia von Württemberg zu bestaunen, einen Flügelaltar mit kabbalistischen Darstellungen von komplizierter Symbolik. Zu erwähnen sind auch das Fürstenhaus aus dem frühen 18. Jahrhundert und die Brunnenschalen aus dem Hirsauer Kreuzgang. Und noch einmal jenes Reise-Journal: »Die unten im Thal vorbei rauschende Deinach und das satte Grün der Wiesen mit dem dunklen Grüne der Tannen Waldungen auf den hohen Bergen machet einen starken Eindruck auf die Seele«.

* * *

Hirsau: rund um die Ulme

EINES der berühmtesten Baum-Gedichte stammt von dem Tübinger Ludwig Uhland: »Die Ulme zu Hirsau«. Rümpfen Sie über ihn nicht die Nase, er ist (weit) besser als sein Ruf! Fontane wußte schon, warum er Uhlands Ballade »Das Schloß am Meere« in seinem tragischen Eheroman »Unwiederbringlich« eine tragende Funktion gab. Diese Ulme ragte, bevor sie gefällt wurde, eindrucksvoll aus den Resten eines Jagdschlosses, das nach dem Untergang des berühmten Klosters im Stil der »Stuttgarter Renaissance« 1592 fertiggestellt wurde. Sie war eine »Anspielung auf die Reformation und den Reformator, der gleich dem Baum das enge Haus gesprengt« hat, wie in der Einführung zu Wolfgang Urbans Buch »Wilhelm von Hirsau. Reformer und Klostergründer« zu lesen ist.

Das gewaltige Münster St. Peter und Paul des ehemaligen Benediktinerklosters vom Ende des 11. Jahrhunderts (»Hirsauer Schule«) wurde 1692 durch die Franzosen zerstört, der letzte in Hirsau wohnhafte evangelische Abt starb zwei Jahre später als Geisel verschleppt in Metz. Über den Fundamentresten des Münsters erhebt sich noch der figurengeschmückte »Eulenturm«, eine Sehenswürdigkeit.

1955 wurde im Ort die Aurelius-Kirche aus ihrem Scheunendasein befreit: Im Dämmerlicht der engen romanischen Fensteröffnungen und zwischen den gedrungenen Säulen entdeckt man einen modernen Altar von Otto Herbert Hajek und den ebenfalls von ihm geschaffenen Reliqienschrein des heiligen Aurelius. Hat einen zuerst der große »Ruinenkomplex in herrlichem landschaftlichem Rahmen« (Georg Dehio) in eine gehobene Stimmung versetzt, so wird man in dem intimen Kirchlein still und mag vielleicht ahnen, was es vor tausend Jahren bedeutete, im wilden Schwarzwald ein Mönch des strengen Benediktinerordens zu sein.

Der Vorgänger von W. Urbans Studie, »Hirsau. Geschichte und Kultur« von Wolfgang Irtenkauf, endet mit den folgenden Sätzen: »Hirsaus Vergangenheit ist groß und mannigfaltig. Hirsaus Zukunft wird im Geistigen liegen. Hier verschränkt sich wie an wenigen Orten das Einst und Jetzt. Die weiterwirkende Gegenwart wird dieses Erbe hüten und an alle weitergeben, die »zu Hirsau in den Trümmern« einen geistigen Mittelpunkt unserer Zeit sehen«.

Von Hirsau nach Tiefenbronn ist es nicht weit. In der dortigen Pfarrkirche steht der berühmte Magdalenenaltar des Lucas Moser, ein Hauptwerk der altdeutschen Malerei, und auf diesem die oft zitierte Klage über den Untergang der Kunst: »schri kunst schri und klag dich ser din begert iecz niemen mer so o wie 1431«. Heute braucht die Kunst nicht zu schreien und sich zu beklagen, daß sie niemand mehr begehre – es gibt sie an allen Ecken und Enden. Geht es deshalb den Künstlern besser?

* * *

Pforzheim

»UND wieder die ›unvergeßlichen Daten‹ / mit all den für immer verfluchten Taten...«, so beginnt ein Gedicht von Anna Achmatowa, geschrieben 1945. Wie Hamburg, dessen Untergang im Feuersturm des Bombenhagels Hans Erich Nossak als Zeuge beschrieb, wie Dresden und Heilbronn, so hat auch Pforzheim ›sein‹ Datum: den 23.2.1945, als ein Luftangriff nahezu die ganze Stadt in Trümmer legte und mehr als 17 000 Tote zurückließ. Wenn man Pforzheimer, die ihre Stadt kennen, nach Sehenswertem fragt, dann bedauert man diese Frage sofort. Trotzdem: Man kann einen Aufenthalt dazu benützen, in der evangelischen Pfarrkirche die erhalten gebliebenen gotischen Malereien zu betrachten; und in der Schloß- und Stiftskirche erlebt man im Innern beim Blick nach Osten, wie sich »spannungsvolle Knappheit der Einzelform und Nachklänge romanischer Wucht und Masse« (Reclams Kunstführer Baden-Württemberg) zu eindringlicher Gestalt vereinigen. Ferner kann man das Reuchlin-Haus besuchen und im Heimatmuseum die Stadtgeschichte studieren und die Entwicklung des Goldschmiedehandwerks nachvollziehen. Und im Stadtteil Brötzingen gibt es in der Kirche den schön geschnitzten ausdrucksvollen Kruzifixus von etwa 1500.

Das ist aber auch schon alles – Pforzheims Größe und Schönheit liegt in der Vergangenheit. Johannes Reuchlin, der bedeutendste Sohn der Stadt (und mit Tübingen verbunden), nannte Pforzheim, die zeitweilige Residenz der Markgrafen von Baden, »die Mutter erfinderischer Talente«. Im Spätmittelalter befand sich hier eine Lateinschule, die der europaweit berühmten von Schlettstadt, an der die Ausbildung zeitweise besser gewesen sein soll als an den drei neu entstandenen Universitäten von Freiburg (1457), Basel (1460) und Tübingen (1477), wohl kaum nachstand. Humanisten von Rang erhielten hier ihre Schulbildung: Philipp Melanchthon (aus Bretten, gar nicht weit weg von Pforzheim), Franziscus Irenicus, Simon Grynäus, Kaspar Hedio und Nikolaus Gerbel. Sogar »glücklich« preist Reuchlin seine Vaterstadt, weil der aus Baden-Baden stammende Thomas Anshelm in Pforzheim »die Blätter kunstvoll druckt«. Und so verwundert es nicht, daß die Wiege der Badischen Landesbibliothek, heute Karlsruhe, am Stammsitz der badischen Markgrafen stand.

Der Name der Stadt leitet sich von lateinisch *portus* her, was soviel wie Hafen oder Lände bedeutet. Unweit des Zusammenflusses von Enz, Nagold und Würm, am Enz-Übergang der Straße Straßburg – Ettlingen – Cannstatt, gab es nämlich eine römische Siedlung. Das wirtschaftliche Leben der Stadt vor dem 30jährigen Krieg war durch Flößerei und Tuchmacherei bestimmt. Die schlimmen Kriegswirren des 17. Jahrhunderts leiteten den wirtschaftlichen Niedergang ein. Nach den Verwüstungen durch die Franzosen und angesichts des Rückgangs des Handels und der Flößerei suchte Markgraf Karl Friedrich nach anderen Erwerbszweigen – Pforzheim wurde zur weltberühmten ›Goldstadt‹. »Ich will abfahren, allein ich kann mich nicht lösen von den kühlen Berauschungen der Edelsteine (...) Hier wollen phantastische Träume sich erfüllen, es ist ein Lustgarten von bunten Zauberblüten. Märchenhafte Mondsteine, Achat und Rosenquarz, Topas und Beryll, Feueropal und Hyazinth«, so verzaubert fühlt sich 1934 Werner Bergengruen im »Garten der Edelsteine«. Nicht vergessen wollen wir aber jenen Herrn Öchsle aus Pforzheim, seines Zeichens Feinmechaniker, der im 19. Jahrhundert die Mostwaage erfunden hat, die von genialer Einfachheit ist; mit ihr wird die Dichte bzw. der Zuckergehalt von Trauben und Obstsäften bestimmt.

Und heute? Die Umgebung der Stadt! In wenigen Minuten ist man in Tiefenbronn, wo sich in der Pfarrkirche der Magdalenenaltar, ein Hauptwerk des Lucas Moser, befindet; nicht weit weg ist das einmalige Kloster Maulbronn; Karlsruhe und Rastatt locken mit Schlössern. Und Wanderer wissen, daß Pforzheim der Ausgangspunkt der drei Schwarzwald-Höhenwege ist. »Aber wenn die Welt einmal aufbrennt wie ein Papierschnitzel, so werden die Kunstwerke die letzten lebendigen Funken sein, die in das Haus Gottes gehen – dann erst kommt Finsternis«, schrieb die in Göttingen geborene und in Maulbronn verstorbene Caroline von Schelling im Jahre 1798 an ihren Gatten August Wilhelm Schlegel. Wenn wir uns in alte Stiche der einstmals prachtvollen Stadt versenken, sind wir dem unvergänglichen Pforzheim ganz nah.

* * *

Bad Wildbad

MÖRIKES Allgegenwärtigkeit ist bekannt: Wo man auch hinkommt – er war da. Doch auch Justinus Kerner war, bevor er täglich mindestens zweieinhalb Liter Wein zwitscherte, so daß man ihn immer als beleibten alten Herrn vor sich sieht, durchaus mobil. So fungierte er in Wildbad als einer der ersten Badeärzte und verfaßte 1813 die erste Schrift über das nach Baden-Baden meistbesuchte Heilbad des nördlichen Schwarzwalds. Und sein Freund Ludwig Uhland ließ sich nicht lumpen und dichtete eine Ballade über den »Überfall im Wildbad« von 1376, der so beschrieben wird: »Die Grafen von Eberstein und ihr Spießgeselle Wolf von Wunnenstein wollten eine alte Rechnung, die sie mit dem württembergischen Grafen hatten, begleichen und planten, Eberhard während seines Aufenthalts in Wildbad zu überfallen und gefangen zu nehmen. Der Anschlag, der wohl auf die Erpressung eines hohen Lösegeldes hinauslief, mißlang; der Graf konnte sich zur Burg Zavelstein retten« (E. Marquardt). Und wer weilte einige Jahrhunderte später in Bad Teinach (Zavelstein) »inmitten einer kleinen buntscheckigen Welt« mehrmals zur Kur? Natürlich der unvermeidliche Eduard Mörike.

Im 12. Jahrhundert sollen Hirsauer Mönche nahe den heutigen Kuranlagen einen Thermalwasserschacht angelegt haben, der 1904 wiederentdeckt wurde. Der Ort, 1345 erstmals erwähnt, erhielt 1367 Stadtrecht. Zu Anfang des 14. Jahrhunderts an Württemberg gekommen, konnte sich Wildbad »seitdem einer steten Fürsorge der Landesherren erfreuen, die sich gern in Wildbad aufhielten; zu Wildbads Badegästen gehörten auch Franz v. Sickingen und Ulrich v. Hutten« (H. Natale). Nichts aber nützte das Baden dem einstigen gefürchteten Wüterich Herzog Ulrich von Württemberg: »Am 6. November 1550 starb er auf der Heimreise von Wildbad, wo er Linderung seiner Gichtschmerzen gesucht hatte, in jener Einsamkeit, die er sich selbst geschaffen hatte« (F. Berner). Nach dem großen Stadtbrand von 1742 ließ Herzog Karl Eugen durch seinen Oberbaudirektor Christoph David v. Leger eine schöne Rokoko-Pfarrkirche sowie neue Badegebäude errichten und den Marktplatz umgestalten. 1836–47 erhielt das Staatsbad durch den in Ludwigsburg geborenen Architekten

Nikolaus Thouret ein neues Badehaus in klassizistischer Form, das Graf-Eberhards-Bad, übrigens zur gleichen Zeit wie Tübingen an der Wilhelmstraße seine Neue Aula; 1895 folgte das nicht weniger eindrucksvolle König-Karls-Bad.

Kerner hatte seinem Buch als Motto den Bibelvers vorangestellt: »Und der Geist Gottes schwebete auf dem Wasser«. Da aber auch Wasser und Musik hervorragend harmonieren, wurde die Idee, in Wildbad alljährlich im Juni festliche Rossini-Tage durchzuführen, ein voller Erfolg. Hören wir aber noch, wie Justinus Kerner die Herausgabe seines Buches begründet: »Meine Landsleute aber wünschte ich durch diese Blätter auf einen der merkwürdigsten Punkte unseres Vaterlandes aufmerksam zu machen: denn gemeiniglich lassen wir dasjenige, was unserem Gesichtskreise nahe liegt, unbemerkt, oder es dünkt uns gewöhnlich, indeß das Gewöhnliche aber ferne uns merkwürdig und räthselhaft erscheint«.

* * *

Rastatt

»DER Mann nach Rastatt: bitte beim Bahnsteig-Service melden, wir haben eine Nachricht für Sie!« Wem fährt da nicht der Schreck in die Glieder, die Angst, daß in der Familie etwas passiert ist? Im Reisezentrum klärte sich's dann: Der nach mir am Schalter hatte seine Mütze vergessen, mich betraf's gar nicht. Also, noch ein wenig zittrig, zum Zug zurück. Wo mir das Schicksal, als Wiedergutmachung, eine sympathische Studentin aus Ungarn als Mitreisende bescherte. Was mir, sehr passend an diesem Sonntag, die Gelegenheit gab, meine beiden einzigen Wörter in ihrer Sprache anzuwenden: *szomorú vasárnap* – trauriger Sonntag. Aber traurig war die Fahrt nicht, jedenfalls nicht, solange wir gemeinsam fuhren.

Und als ich Rastatt betrat, wäre ein solches Gefühl sowieso völlig deplaziert gewesen: Das Zeitalter des Barock, dem die Stadt ihr Gesicht verdankt, kannte die Trauer kaum, und wenn, dann wußte sie sie hinter spanischen Schirmen, chinesischem Porzellan und französischen Bidets geschickt zu kaschieren. Und wer die Mächtigen bei ihren Festen oder in ihren festen Ansichten durch unerwünschte Bemerkungen über die Misere im Volk störte, der wurde hinter schwedische Gardinen gesetzt. Das geschah auch noch im 19. Jahrhundert, so im Falle des Schwarzwälders Heinrich Hansjakob aus Haslach: Er war Schüler am Lyzeum und verbüßte 1869 hier eine sechswöchige Festungshaft. Und zwanzig Jahre zuvor gab es, nach der Niederwerfung der Revolution, Erschießungen, woran ein Gedenkstein auf dem alten Friedhof erinnert. Von den zwanzig standrechtlich zum Tode Verurteilten gelang dem Rheinländer Carl Schurz die Flucht; bekanntlich wurde er dann in Amerika Minister des Innern. Wiederum 50 Jahre vorher wurde in Rastatt ein lange dauernder Friedenskongreß abgehalten, den auch Hölderlin als Beobachter erlebte, eingeladen von seinem in offizieller Mission für Homburg dort weilenden Freunde Sinclair.

Wollen wir noch ein Stückchen weiter zurück in der Zeit, zum Ende des 17. und 18. Jahrhunderts, dann müssen wir uns zur Kaiserstraße begeben, auf den langgestreckten Marktplatz mit dem Bernhardus- und dem Johannesbrunnen, zur katholischen Stadtkirche St. Alexander mit ihrem nüchternen Innern und gegenüber zum Rathaus. Das sind nur kleine Vorspiele, ebenso die schlichte Kapelle Maria Einsiedeln und die eher derbe Pagodenburg, erbaut nach dem Vorbild des barocken Pavillons im Nymphenburger Garten in München. Vorspiele nämlich zur Schloßkirche Heilig Kreuz und vor allem zum Schloß, das für sich ein ganzes (Besichtigungs-)Programm darstellt: Allein die fruchtig leuchtenden Farben dieser ältesten Barockresidenz am Oberrhein sind eine längere Betrachtung wert. Und daß nur gleich der Bauherr genannt werde, einer der großartigsten seiner Zeit: Ludwig Wilhelm, »der Türkenlouis«. Weitergeführt wurde sein Werk von einer ebenfalls großen Persönlichkeit des Barockzeitalters: von seiner Gemahlin Sibylla Augusta von Sachsen-Lauenburg. Und der führende Baumeister kam aus Wien, nämlich Domenico Egidio Rossi, auf seinen Namen trifft man allenthalben in der Stadt.

Dann gibt es da noch, etwa drei Kilometer von Rastatt entfernt, an der Straße nach Baden-Baden, hinter mächtigen Baumgruppen versteckt, das Schloß Favorite, das noble, in den Formen ruhige Lustschloß der jung Witwe gewordenen Markgräfin Sibylla Augusta, errichtet von dem böhmischen Baumeister Ludwig Rohrer. Schloß Favorite ist das älteste und einzige in seiner originalen Form erhalten gebliebene deutsche »Porzellanschloß«, in dem noch die ursprüngliche Sammlung präsentiert wird. Die Sehnsucht, irgendwohin zu gehören: Sie kann einen ewigen Reisenden aus einem machen, der nie ans Ziel und zur Ruhe kommt. Und sie kann das Gegenteil bewirken, nämlich sich mitten im Wald ein Schlößchen zu errichten, um darin – ja, was eigentlich: zufrieden, gar glücklich zu werden? Eher wohl einfach, um Ruhe zu finden, nachdem man gemerkt hat, daß alle Bewegung nirgendwohin führt, als immer wieder zu sich selbst zurück.

* * *

Bühl – Achern – Gengenbach

»DIE Reichsstadt Gengenbach ist klein, liegt am Berge, hat einige Vorstädte, aber kein einziges schönes oder regelmäßiges Gebäude«, notiert Heinrich Sander auf seiner »Reise nach St. Blasien« im Jahre 1781. »Wie nur wenige im badischen Lande ist das Städtchen Gengenbach am Kinzigufer, etwa 10 Kilometer aufwärts von Offenburg, durch den beglückenden Einklang von Natur und alter Baukunst ausgezeichnet«, heißt es hingegen in den von Lacroix und Niester herausgegebenen »Kunstwanderungen in Baden« von 1959. Da fahren wir am besten gleich hin, um uns selbst ein Bild zu machen. Beginnen wir aber mit dem Städtchen Bühl. Als eingefleischter Zwetschgenesser kann ich mich nur dem anschließen, was einer meiner Lieblingsautoren, der Schweizer Gerhard Meier, über eine meiner Lieblingsfrüchte sagt: »Ich habe Stunden oder fast Tage auf Bäumen zugebracht, vor allem in den Zwetschgenbäumen. Die Zwetschge war für mich eine fast mystische Frucht, sie hat für mich den Himmelsstaub an sich, diese ganz verrückte Bestäubung. Ich habe mit den Früchten gern gelebt«.

Und nun stehe ich in Bühl, betrachte den aus der alten Kirche St. Peter und Paul hervorgegangenen Rathausturm mit seiner Balustrade aus Fischblasenmaßwerk, und wandere weiter zu der eindrucksvollen Pfarrkirche von Kappelwindeck, an der die Westfassade mit dem stattlichen Turm und seiner Zwiebel auffällt. Die Kirchenfront, das alte Pfarrhaus und die Linde: Auf so einem Platz verweilt man gern. Und von oben schaut die von Stichen bekannte Ruine von Alt-Windeck herab. Um die Mitte des 19. Jahrhunderts entstand in Bühl als Neuzüchtung die »Bühler Frühzwetschge«, der erste Genuß dieser Art im Jahr.

Im Kreis Bühl, am Fuß der Hornisgrinde, am Eingang des Achertales und an der alten Römerstraße von Straßburg nach Baden-Baden, liegt der Ort Achern, wo schon die Römer siedelten. Wie in Bühl, so ist auch hier wenig verblieben. Erwähnen wir wenigstens den in dieser Zeit und Landschaft seltenen kleinen Rundturm der Nikolauskapelle. Aber hätten Sie's, auch als Brecht-Kenner, gewußt? In Achern ist Brechts Vater geboren, und hier verbrachte seine Großmutter ihre letzten Lebensjahre. – Aber wie steht's denn nun mit Gengenbach, wo wir jetzt ankommen? Der oben zitierte Sander gibt immerhin zu: »Das Kloster Gengenbach aber ist ein schönes Gebäude von drei Stockwerken«. Dieses ehemalige Benediktinerkloster ist eine Gründung iroschottischer Mönche im 8. Jahrhundert. Tausend Jahre später entstand in der Kirche ein schönes Rokoko-Chorgestühl. Im Innenhof steht ein Pinienbrunnen, dessen Symbolik genau erklärt wird. Die Stadt wurde in den Kriegsjahren 1643 und 1689 schwer verwüstet und weist nun viel Fachwerk des 18. Jahrhunderts auf. Auch das stattliche Rathaus, ein frühklassizistisches Palais, entstand in dieser Zeit des Wiederaufbaus. Der Kinzigtorturm aber ist alt: Dieser Wehrturm der Stadtverteidigung stammt aus dem 13. Jahrhundert; das andere Bollwerk, der Niggelturm, aus dem 14. Immer wieder zeigen Tafeln an, wenn auf alter Bausubstanz restauriert oder auf einem Brandplatz neu gebaut wurde. Karl Weyssel hat 1869 vom Marktplatz mit Brunnen und Statue im Vordergrund eine hübsche Zeichnung angefertigt. Jedenfalls: die Fahrt zu diesem schönsten Städtchen im unteren Kinzigtal an der »Badischen Weinstraße« bereut man nicht.

Zumal man ja durch die Ortenau kommt: Um die Mitte des 16. Jahrhunderts rühmt der Geograph Sebastian Münster die Landschaft um Offenburg als »ein klein, aber ganz fruchtbar Ländlin, darin gut Wein und ziemlich Korn wächst«; und 400 Jahre später ist für Wolfgang Koeppen die Ortenau der »erträumte Garten«. Von Burg Ortenberg, zwischen Offenburg und Gengenbach – Karl Frommel hat sie, die der Gegend den Namen gab, 1832 als Ruine eindrucksvoll aquarelliert –, führt eine kleine Straße nach Diersburg. Am Haus Talstraße 82 erinnert eine Tafel an Friederike Brion, Goethes frühe große Liebe. Sie hätten Friederike lieber glücklich gesehn als verlassen? Ich auch! Aber – vielleicht war sie's ja? Außerdem: Wann und von wem ist uns denn versprochen worden, daß wir glücklich sein würden? Sicher ist uns nur der Himmelsstaub auf den Zwetschgen in Bühl.

* * *

Bad Rippoldsau

HEUTE, da man seinen Körper einscannen läßt, um unsterblich zu bleiben, kommt einem hinsichtlich der Literatur das Wort Unsterblichkeit nicht mehr so leicht über die Lippen. Wenn man aber sieht, wie lebendig die Märchen von Wilhelm Hauff sind, dann macht man gern eine Ausnahme. Folgt man dem Lehrpfad »Köhler, Flößer, Waldgeister« von Huzenbach über Schwarzenberg im Murgtal, so muß man leider feststellen, daß in diesem in einem wunderschönen Hochtal gelegenen Ort das aus dem 16. Jahrhundert stammende Gasthaus »Sonne« abgerissen wurde: Hier nämlich ließ Hauff, der sich ja häufig im Schwarzwald aufhielt, in seinem »Kalten Herz« die unheilvolle Begegnung zwischen dem hartherzigen Holländer-Michel und dem braven Kohlen-Munk-Peter stattfinden. Doch wir wollen ja nach Rippoldsau und fahren also nach Freudenstadt, das seine Entstehung den Eisen- und Silbererzvorkommen zu verdanken hat. Eine ungewöhnliche Stadtgründung: Bergleute aus Kärnten und Tirol waren die ersten Siedler. 1599 wurde die Stadt bekanntlich nach Plänen des herzoglichen Baumeisters Heinrich Schickhardt aus Herrenberg geometrisch erbaut – wahrscheinilich spielte er gern Mühle.

Von hier aus ist es zu unserem Ziel nicht weit. Befinden wir uns aber in Wolfach, das an einer uralten Straße vom Rhein nach Schwaben liegt, dann lockt eine schöne Waldstraße: Hier zweigt das Wolfachtal vom Kinzigtal ab und zieht etwa 20 Kilometer weit nordöstlich. »Bad Rippoldsau (540–561 m) am Südfuß des Kniebis wird als heilklimatischer Kurort wegen seiner geschützten Lage und seiner Mineral- und Solbäder sehr geschätzt«, lese ich in einem alten Baedeker, und dann den schönen Satz: »Auch in der heißesten Zeit bringen die abendlichen Höhenwinde Erfrischung«. In der Mitte der verstreuten Siedlung steht die zweitürmige Kirche von Klösterle – an dieser Weggabel entscheidet es sich, ob man nach Freudenstadt oder zum Kniebis will. Sie gehörte zu einem im 12. Jahrhundert von St. Georgen aus gegründeten Benediktiner-Priorat und besaß bereits im 16. Jahrhundert ein bedeutendes Bad. Rippoldsau gehörte meist zu Fürstenberg und kam 1806 zu Baden. Heute bringt das Mineral- und Moorheilbad Hunderttausende Übernachtungen (und hoffentlich ebenso viele Heilungen).

Ich komme aber mit einer anderen Hoffnung: Daß das Hotel »Kranz« noch existiert und es in der »Dichterstube« noch Spuren von Lenau, Freiligrath, Auerbach und Victor von Scheffel gibt, die alle hier waren. Ja sogar Rilke suchte Erholung, und zwar zweimal, 1909 und 1913: »Rippoldsau ist so altmodisch in seiner äußeren Art, wie ich es vor vier Jahren kannte [...] Von einer innozenten Kurmusik abgesehen, die ihre Aufheiterungen dreimal täglich in die um so unendlich vieles heitere Natur hinaus verschwendet, ist die Stille, die die Wälder von allen Seiten in das verlässliche Kurtal hinein atmen, unbeschreiblich, über alles Maß, über die Maßen. Und man geht nur ein paar Schritte den nächsten tannichten Weg hinein, und schon bekehrt sich das Herz zu der vertraulichsten Größe«.

Ja, das Hotel steht noch, und wie! Auf meine Frage, ob es die Dichterstube noch gibt, bekomme ich zur Antwort: »Nein, wir haben total umgebaut«. Wäre ja auch, bei den paar Leuten, die noch lesen, eine unverantwortliche Platzverschwendung. Man stelle sich vor: ein ganzer Raum, nur mit Erinnerungen an irgendwelche Gäste aus fernen Zeiten angefüllt! – Zum Schluß eine von vielen herrlichen Wandermöglichkeiten: der Weg zum Glaswaldsee, einem einsamen ehemaligen Gletschersee, der 200 Meter mißt und 14 Meter tief ist.

Wenn man hier steht, in die Runde blickt und in die Tiefe der Zeiten, dann fühlt man, was uns Städtern verlorengegangen ist.

* * *

Über Freudenstadt nach Haslach zu Hansjakob

NUR Barbaren fahren direkt ans Ziel. Deshalb bin ich in Freudenstadt ausgestiegen, um wieder einmal Heinrich Schickhardts ungewöhnliche Stadtkirche mit ihrem berühmten romanischen Lesepult aufzusuchen. Und weil mich mit den Tennisanlagen am Kurhaus Erinnerungen verbinden. Wieder im Zug, lese ich, was ein altes Buch schreibt: »Der vorliegende Führer durch Freudenstadt und seine Umgebung, die nähere und die weitere in unserem einzig schönen Schwarzwaldgebiet [...] wird hiermit in die Hände aller Freunde unserer Kurstadt [...] gelegt, ihnen Wegweiser, Berater und Führer zu sein durch die aufblühende, immer größer werdende Stadt, durch die herrlichen Hallen des Waldesdomes, die Höhen und Tiefen, Berge und Täler, die Glanzpunkte auch von altberühmten Stätten mit Namen von Klang im Bereich der dunklen Schwarzwaldtannen und lichten Schönheiten der Gottesnatur«. Und dann die Wegbeschreibungen: »Nach etwa 400 Metern geht man bei der Abendwiese den schmalen Fußpfad rechts, der zum Grenzweg nach Zwieselberg führt. Bei der Abzweigung zur Krummen Buche geradeaus weiter gehen«, oder: »Von der Alexanderschanze verfolgt man etwa 8 Minuten die Straße gegen Griesbach, bis ein vergraster Waldpfad links abzweigt«.

Unter diesen Genüssen komme ich an die Grenze zwischen dem nördlichen und südlichen Schwarzwald: »Mitten im lieblichen Kinzigtale des an wunderbaren Talgründen so reichen Badnerlandes erhebt sich meine kleine Vaterstadt Haslach, im Volksmund Hasle genannt. Hohe Berge, mit stolzen Tannen und Buchen gekrönt, üppige Matten und der silberhelle Bergfluß schließen das Paradies meiner Jugendzeit ein«, steht auf der ersten Seite von Heinrich Hansjakobs Erinnerungen »Aus meiner Jugendzeit«. Denn ihm, dem

›Volksschriftsteller‹, will ich ja näherkommen. Am liebsten würde ich nur zitieren aus den farbenfrohen und kraftvollen Erinnerungen an dieses Städtchen, das die Franzosen 1704 gänzlich niederbrannten. Einstens waren die Haslacher zähringisch, dann kamen sie an das Haus Fürstenberg, vom 13. bis zum 19. Jahrhundert Herrscher über das Kinzigtal. Aber »Schloß und Burg sind längst verschwunden, nur die ›Zehntkästen‹ sind noch Zeugen einstiger Untertänigkeit. Sie und das alte Rathaus am Marktplatz sind die einzigen Nachbarn des Kirchturms, die den spanischen Erbfolgekrieg überlebt haben, und zu ihnen kommt noch St. Sebastian, der gepfeilte Heilige, auf dem Brunnen am Platz«.

Hansjakob wurde im Gasthof »Sonne« geboren – »mir wurde die Wirtsstube eine wahre Schule des Lebens« –, sein Grab befindet sich neben der Waldkapelle von Hofstetten, sein Museum im ehemaligen schlichten Kapuzinerkloster sowie, hauptsächlich, im »Freihof«. Und ein letztes Zitat: »Alte, vereinsamte, religiöse Menschen, die in ihrem stillen Kämmerlein auf den Tod warten, kommen mir vor wie ein abgelegener, einsamer Waldsee, den kein Windeshauch und kein Sturm berührt, der träumend in sich selbst ruht und in den die Sternlein Gottes herabschauen und ihn mild verklären«. Von wegen ›Volksschriftsteller‹! Dieser franziskanischen Geist atmende Satz ist Dichtung, die sich hinter keinem Volk zu verstecken braucht. Auf der Rückfahrt lese ich weiter in diesem Buch über eine untergegangene Welt. Untergegangen? Ich halte sie ja in der Hand, und wenn ich aus dem Fenster des Zuges schaue, liegt sie vor meinen Augen.

* * *

Im Kinzigtal

IN Hausach, einer alten Narrenstadt mit traditionellen Fasnachtsgestalten, habe ich den besten Aprikosenkuchen meines Lebens gegessen. Dies vorneweg, damit's nicht heißt: »immer nur Kirchen!« Oder: »Immer diese Madonnen!« Letztere seien überhaupt eine

Erfindung, nein, eine Projektion der Männer, ließ mich eine protestantische Frauenrechtlerin wissen. Trotzdem freue ich mich über alle Marienbilder und -skulpturen, die ich noch nicht kenne, ob mit dem Engel der Verkündigung, ob als stolze oder ahnungsvolle Mutter mit dem Kinde, als erhabene Gottesmutter oder als schmerzensreiche Pietà mit dem vom Kreuz genommenen Sohn auf den Armen.

Aber zurück zu Hausach. Hier geht in der einen Richtung der Hansjakob-Weg, in der anderen der Westweg Pforzheim-Basel – »Ach wer da mitreisen könnte/ in der prächtigen Sommernacht!« heißt es in Eichendorffs Gedicht »Sehnsucht«. Von einem alten Gasthaus, der »Krone-Post«, ist nur noch die goldene Krone geblieben und eine Gedenktafel, die besagt, daß sie schon vor dem Dreißigjährigen Krieg genannt wurde und ab 1772 eine weitbekannte Posthalterei auf der Strecke Paris-Wien war.

»Das steinerne Kaplaneihaus erfreut durch das mit ländlicher Anmut geschmückte Portal«, sagt Reclams Kunstführer – über seiner entzückenden Anmut hätte ich beinahe meinen Zug nach Alpirsbach versäumt. Bei diesem Namen treten zwei sehr verschiedenartige Dinge ins Bewußtsein. Zum einen das profane »Alpirsbacher Klosterbräu«, zum andern das geistig-geistliche ehemalige Benediktinerkloster, eine der herrlichsten Mönchskirchen des romanischen Mittelalters, die sich in Grundriß und Aufbau als eine Verwandte von Hirsau zu erkennen gibt; wenn man wissen will, wie eine hirsauische Basilika im Innern ausgesehen hat, so gibt es hier eine einzigartige Gelegenheit. Auf ihre Bedeutung kann nicht weiter eingegangen werden, lediglich auf das West-Portal mit dem Relief: Christus auf dem Regenbogenthron, getragen von Engeln, sei hingewiesen.

Imponierend am Marktplatz die Gasthäuser: Zum Löwen, Zur Krone, Zum Raben, Zum Hirsch, Zum Engel – 1719 alle abgebrannt und wieder aufgebaut. Mit ein bißchen Phantasie kann man sich dieses Tal ohne die Hotelburgen vorstellen, nur die Klosteranlage, Mönche bei der Gartenarbeit und dazwischen die Glocke, die zum Gebet ruft...

Wild und gefürchtet war einst der Schwarzwald. Aber schlimmer als heute, wo man gar nicht mehr in einsamen Gegenden herumlaufen muß, um überfallen zu werden, wird's kaum gewesen sein. Das sagt mir auch diese Reise in die Vergangenheit. Denn wozu unternimmt man sie: Doch auch, um sie mit unserer Gegenwart zu vergleichen.

* * *

Das Hornberger Schießen

Es ist schon traurig, wie viele Städte und Landschaften hauptsächlich durch eine Schlacht im Bewußtsein sind. Das Lechfeld bei Augsburg, wo Otto der Große 955 die Ungarn schlug; das Amselfeld im heutigen Kosovo, wo die Türken 1389 die Serben besiegten; Waterloo, wo Napoleons Laufbahn durch einen Schachzug Gneisenaus zu Ende ging; die Schlachtfelder Lothringens und Flanderns im 20. Jahrhundert mit dem systematischen Abschlachten von Hunderttausenden in wenigen Tagen... Da klingt der alte Merkspruch »3-3-3, bei Issos Keilerei« geradezu idyllisch, obwohl es auch da schon, bei dem Sieg von Alexander dem Großen über den Perserkönig Darius III., zigtausend Tote gegeben haben dürfte.

Zum Schauplatz einer nun wirlich harmlosen Auseinandersetzung – ich hoffe, daß niemand dabei zu Tode kam – führte uns in den 50er Jahren ein Schulausflug, und zwar nach Hornberg im Schwarzwald, wo 1519 das dann sprichwörtlich gewordene »Hornberger Schießen« gegen die das Städtchen belagernden Villinger stattgefunden hat. In jenem Gefecht ergaben sich die Hornberger, nachdem sie über 100 Schuß nutzlos verfeuert hatten. Und so entstand der Spruch: »Es ging aus wie das Hornberger Schießen«, d.h. etwas, um das viel Aufhebens gemacht wird, bringt im Endeffekt kein Ergebnis. Da das aber zu dem Vorgang, der ja doch ein deutliches Ergebnis, nämlich die Einnahme von Hornberg, gebracht hat, nicht recht passen will, suchten findige Forscher und fanden die Sage, daß die Bürger von Hornberg zur Begrüßung eines Fürsten so oft Salutschüsse übten, daß bei seiner Ankunft keine Munition mehr vorhanden war – Schilda läßt grüßen!

Hornberg, der kleine Kurort im Gutachtal, von 1444–1810 württembergisch, heute südbadisch, hat einen bedeutenden ›Sohn‹ hervorgebracht: Wilhelm Hausenstein (1882–1957), nach dem 2. Weltkrieg erster deutscher Botschafter in Paris. Man mag zu seiner eher konservativen Einstellung als Kunstschriftsteller (Studium in Heidelberg, Tübingen und München) stehen, wie man will – als Reiseschriftsteller vermag er auch heute noch zu überzeugen. Ein Wiedersehen mit seiner Heimatstadt nach 40 Jahren beschrieb der Wahl-Münchner mit »Affinität zur französischen Kultur« (A. Kolb) in seiner »Badischen Reise« von 1930: »Die kleine Stadt ist in einen Trichter gesenkt, der Trichter ist dunkelgrün, es ist ein Trichter aus Fichten«. Aber hören Sie, zu welchen sprachlichen Höhen er sich in seinem Preislied »Das Badische« aufschwingt: »Ich sehe das Badische in einer Ferne, die zugleich mit der süßen Schwermut und der umflorten Heiterkeit des Gewesenen, für mich Gewesenen bildhaft dasteht [...] Das Badische – das bedeutet: agri decumates, ein Lieblingsland verwöhnter Römer, die wissen mußten, was gut ist. Immer hat es mich stolz gemacht, daß die Römer auf das Badische ein besonderes Auge hatten, auf das Badische mit den Thermen von Baden-Baden und Badenweiler [...] auf das Badische mit den frühesten Blüten [...] Der Himmel über dem Badischen scheint flacher gespannt, und seine Bläue tönt sich ins Silbrige, ins Atmosphärisch-Dichte [...] die Welt unter dem badischen Himmel ist linder, ist wärmer. Ich wünschte mich zu den Sternen und zum Mond hinauf, um von oben her hineinsehen zu können wie in eine Reliefkarte; um mit der Hand über die nächtlichen Fichtenwälder zu fahren und mit dem Zeigefinger stecken zu bleiben – wo? im Wirtsschild zum Bären, dort an der Ecke, in Hornberg... Oder ich fuhr von Basel nach Freiburg und Karlsruhe. Der Schwarzwald lag wie ein dunkelgrüner Gobelin, ein wenig bläulich, stumpf im Ton und tief«. Dem ist nichts hinzuzufügen. Oder doch dies: Daß, wie ein Kenner der Ortsgeschichte mitteilt, Hausensteins Großvater Wirt auf dem »Bären« war.

* * *

Freiburg im Breisgau und Staufen

HINTERZARTEN – Hirschsprung – Himmelreich: drei Mal »H«, dann verläßt der Zug die Wälder und tritt in die Ebene ein. Dieser Wechsel ist im frühen Frühjahr besonders eindrucksvoll, denn da gelangt man aus dem tief verschneiten Höllental in eine leuchtende Landschaft, in der schon die Osterglocken blühen. Die nächste Station ist Kirchzarten, und nach Littenweiler und der als Wohnort begehrten Wiehre kommt man auf dem modernen Bahnhof von Freiburg an. Und gleich geht's zum 17. Stock seines gläsernen Turms hinauf, diesem neuen Akzent der Stadt, der mit dem nahen Münsterturm einen Dialog zu führen scheint. Denn von dort oben hat man einen 360-Grad-Blick über eine der schönsten Städte Deutschlands. Und in dem Café in luftiger Höhe zahlt man für eine üppige Schale Milchkaffee und zwei große Croissants mit Butter weniger als unten auf der Erde.

Auf dieser wieder angekommen, nehme ich ein Taxi und fahre für teures Geld zu dem Stadtteil Ebnet hinaus, um das dortige, vom Reichsfreiherrn von Sickingen 1749 bis 1751 erbaute Schloß mit seinem heute Englischen Garten zu besichtigen. Fehlanzeige: Da kommt man nur bei Veranstaltungen hinein. Dafür sah ich auf der Hinfahrt auch in den Außenbezirken bemerkenswerte Gebäude, und auf der Rückfahrt nehme ich in der Salzstraße das von dem Franzosen D'Ixnard errichtete Sickingen-Palais wahr.

Dann trägt mich der Zug weiter gen Süden, und da taucht schon, auf hohem, freiliegendem Bergkegel, die verfallene Burg der Herren von Staufen auf, die Ministeriale der Zähringer-Herzöge waren. Begleitet wie in Freiburg von einem Bächlein, gehe ich in das von Touristen wimmelnde Städtchen, vorbei an solchen touristischen Segnungen wie »Hotel garni Goethe«, »Venezia«, »Alter Simpel« und »Babajaga«, bis zum Gasthaus Krone, einem der örtlichen Schauplätze der Badischen Revolution von 1848, und zum Gasthaus zum Löwen, in dem im Jahre 1539 der Doktor Faustus vom Teufel geholt worden sein soll.

Gegenüber steht der Zunfthof: Ein Innenhof mit dem ehemaligen »Stubenhof« aus dem Jahre 1436. Hier spielte sich das gesellige und kulturelle Leben der mittelalterlichen Zünfte und Bruderschaften ab;

heute beherbergt er das städtische Museum mit einem schönen Veranstaltungssaal. Hinter Rathaus und Kornhaus erfrischt den Wanderer ein unter Efeu verborgenes Brünnlein, und ein paar Schritte weiter steht der Freihof: 1773 nach Plänen des Kirchenbaumeisters Peter Thumb als Filialpfarrhaus des Klosters St. Trudpert und Sommersitz der Äbte erbaut. Und am Ende der Gasse überrascht das »Hinterstädtle«, der älteste Stadtteil Staufens, erste Erwähnung 770 (!) im Codex Laureshamensis des Klosters Lorsch. Die Martinskirche im Ort ist noch das Gotteshaus dieser frühesten Siedlung. Als ältestes Zeugnis erblickt man über ihrem Portal eine Reliefdarstellung des Gotteslammes, allerdings erst aus romanischer Zeit. Dem Meister Sixt von Staufen wird ein Gekreuzigter zugeschrieben, den die barocken Figuren von Maria und Johannes flankieren; zahlreiche weitere, hervorragende Werke der Skulptur sind in dieser kleinen Kirche zu entdecken.

Am Rande des Orts locken die Stände eines stark besuchten Markts für Kunsthandwerk, aber ich fahre zurück nach Freiburg, um zeitig heimzukommen. Nur: Der Mensch denkt, die Bahn lenkt. Und so sitze ich, nach Verspätungen und Zugausfällen, in Neustadt fest. Hier zwei Stunden zu verbringen, ist keine leichte Aufgabe: Was tun, wenn man im Münster die Nachbildung des Riemenschneider-Altars in Creglingen betrachtet hat? »Bedeutung gewann die Stadt, als ein Jahrmarkt sich lohnte, dessen Gründung 1447 von den Fürstenbergern bestätigt wurde.« Und tatsächlich, da wird auch gerade einer abgehalten. Aber es ist ja schon Abend, und ein zu Ende gehender Jahrmarkt ist eine trübselige Sache: Da brüllt sich ein billiger Jakob mit hochrotem Kopf vor feixender Menge vollends irrenhausreif, an einem Stand wird Pferdebalsam gegen Gelenkschmerzen feilgeboten; zwei altgediente Händler nehmen einen Verzweiflungsschluck aus der Flasche; beim Rathaus dreht sich das Karussell mit einem einzigen angetrunkenen Erwachsenen, und dazu kommt aus dem Lautsprecher der Uralt-Schlager: »Wenn bei Capri die rote Sonne im Meer versinkt«, bei welcher trostlosen Melodie ungetröstete Mädchen mit leeren Gesichtern nach Hause gehen.

Immerhin: ein altes Gebäude ist auch da, das Hotel Adler Post, 1516 Taxis'sche Postlinie Wien-Brüssel, 1816 Großherzoglich-Badische Poststation, 1870 Kaiserliche Reichspostagentur. Mit dieser

Auskunft über das Fortbewegungsmittel alter Zeit begebe ich mich zum Bahnhof, wo schon der Zug, der Zug der Zeit, auf mich wartet.

* * *

Badenweiler

»IM südlichen Schwarzwald liegt ein kleiner Kurort, Badenweiler. Er verhält sich zu Baden-Baden wie Kammerspiele zum großen Theater. Er trägt ein adelig stilles Gepräge. Von den Waldwegen sieht man in die Schweiz und ins Elsaß hinein«, so hat der elsässische Schriftsteller René Schickele die »Sonntagsstube des Markgräflerlandes« (Hebel) charakterisiert. Hier, in der Kanderner Straße, wohnte er von 1920 bis zu seiner Emigration 1932 – vergeblich hatte er versucht, Deutsche und Franzosen miteinander zu versöhnen. Und in derselben Straße erwarb die mit ihm befreundete Münchnerin Annette Kolb in den 20er Jahren das Schmitthenner-Häuschen, das sie auch nach 1945 immer wieder aufsuchte. Sie sagt: »Das Entscheidende an diesem Ort ist seine geographische Lage sowie sein Klima. Eine halbe Stunde von der Schweiz, näher noch an Frankreich, mit einem Himmel, der an Italien erinnert, liegt er ein wenig wie die Insel Nirgendwo im Schoße des Raumes, umweht von einer Luft, welche die Menschen gütig stimmt...« Auch sie, bei tiefer Verwurzelung im Bayrischen, eine Kosmopolitin reinsten Wassers, die ihre Bücher auf deutsch und französisch schrieb und ebenso unermüdlich wie vergebens für den Frieden warb wie Schickele.

International bekannt aber ist Badenweiler durch einen Russen geworden: durch Anton Tschechow, der hier, noch einmal auf Heilung hoffend, 1904 gestorben ist. Im Kurpark wurde »dem gütigen Menschen und Arzt, dem großen Schriftsteller Anton P. Tschechow« 1963 ein neuer Gedenkstein errichtet – das alte Denkmal von 1908 war von Gestrüpp überwachsen und vergessen. »Im Frühjahr 1989 schließlich«, so berichtet der Tübinger Slavist Rolf-Dieter Kluge, »ergriff der energische Direktor des Tschechow-Museums auf Sachalin,

Georgij Iljitsch Miromanow, die Initiative zur Wiederherstellung dieses Denkmals. Enthusiastisch warb er in Badenweiler, Tübingen und Moskau für seine Idee, das alte Denkmal im Kurort mit einer neugeschaffenen Büste wieder zu errichten. Und in der Tat, 1991 brachte Miromanow mit einem Lastwagen – über einen der längsten Transportwege auf dem Festland unseres Planeten – die schwere Bronzebüste des Dichters, die der Sachaliner Bildhauer Wladimir Tschebotarjow geschaffen hatte, nach Badenweiler, wo sie auf dem alten Fundament im Mai 1992 feierlich enthüllt worden ist«. Zwei Jahre später fand hier der 2. Internationale Tschechow-Kongress statt, und 1998 wurde das literarische Museum »Tschechow-Salon« eröffnet, beide Mal war das Slavische Seminar Tübingen federführend beteiligt.

Erinnert wird hier auch an Schickele, Annette Kolb sowie an den im Jahre 1900 ebenfalls in Badenweiler jung verstorbenen ungewöhnlichen amerikanischen Erzähler Stephen Crane. Broch-Leser werden sich an den 2. Teil seiner Romantrilogie »Die Schlafwandler« mit dem Titel »Esch oder die Anarchie« erinnern und dort an Eschs Fahrt nach Badenweiler, eine Art Traumreise, erzählerischer Höhepunkt der ganzen Trilogie.

Schon 2000 Jahre zuvor lockten die dortigen Thermalquellen Ansiedler herbei: »Die Wahl der Striche, in denen die Römer siedelten, hing nicht vom Zufall ab. Wir Menschen sind Wesen mit unsichtbaren Wurzeln, die überall zu leben wissen; Gedeihen aber bringt uns nur der angemessene Ort«, notiert Ernst Jünger in seinem Kriegstagebuch »Strahlungen«. Zwei solcher »angemessenen Orte« befinden sich zwischen Badenweiler und Freiburg. Da ist einmal das kleine Bollschweil mit dem Vaterhaus der in Karlsruhe geborenen Marie Luise Kaschnitz (»Beschreibung eines Dorfes«); und dann das Städtchen Staufen, wohin der 69jährige Lyriker Peter Huchel aus der DDR im Jahre 1972 von Rom aus ins westdeutsche Exil gelangte, »eine Notherberge für meine letzten Jahre«. Eine der schönsten in Deutschland. Nicht zuletzt dank der kulturfördernden Kraft des Rebsaftes: Sie kannte und schätzte man, seit Horaz den Falerner besang und die Römer die Rebe an den Oberrhein brachten. Im 18. Jahrhundert aber führte der Landesvater des Markgräflerlandes, Karl Friedrich, die Gutedelrebe ein, die einen herben leichten Weißwein ergibt. Und wissen Sie auch, woher die Rebe, die er in Vevey am Genfer See erwarb, stammen soll? Aus Ägypten!

* * *

Der Feldberg

WER als (Rad-) Wanderer den südlichen Schwarzwald durchquert, der merkt es deutlicher als der Autofahrer: Von Westen her steigt die große Gebirgsmasse steil auf bis etwa 1000 Meter und nimmt nach Osten hin an Höhe langsam ab. Aus diesem Mittelgebirge ragen einzelne Berge als Kuppen heraus; wo sie sich zu einem Höhenzug verbinden, bilden sie einen Rücken. Und auch dies spürt der Wanderer, und zwar besonders in den Beinen: Die von hoch oben, vom Gebirge herabkommenden Bäche haben sich tiefe Täler gegraben, wodurch die zusammenhängende Oberfläche der Gebirgsmasse in verschieden breite Täler zerlegt wurde. Diese Hochfläche ist im Osten noch besser zu erkennen als im Westen, da die nach Osten ziehenden Täler weniger tief eingeschnitten sind als jene, die in die anderen Richtungen gehn. Am tiefsten sind die Täler, die zum Rhein führen, das können dann richtige Schluchten sein. Die steilen Wände und Felsen, zwischen denen die Wasser tosend hindurchrauschen, beeindrucken Auge und Ohr: Höllental, Wutachschlucht, Wehratal u.a. Eine besänftigende Stimmung hingegen geht von dem freundlichen Bild der Seen aus, die entweder in halbrunden Nischen am Berghang liegen wie der Feldsee oder, wie der Titisee, eine langgestreckte Form haben, da sie in einem Tal durch natürliche Dämme aufgestaut wurden.

Das Herzstück des südlichen Schwarzwalds ist das Feldbergmassiv, die höchste Erhebung des Schwarzwalds, gelegen zwischen Todtnau, Hinterzarten, Schluchsee, St. Blasien, Bernau und Präg. Die Trivialpoesie der Touristik-Prospekte nennt ihn den »König« oder die »Krone« der Schwarzwald-Berge, das belebt den Fremdenverkehr. »Da steigt er aus unergründlichen tief eingeschnittenen Schluchten steil zu furchterregender Höhe empor, wie für Himmelsstürmer und Todessüchtige geschaffen. Alpin und schier unerreichbar«, ironisiert ein Kenner diese Art von Kundenfang. Um dann die Dinge und Dimensionen zurechtzurücken: »In Wirklichkeit haftet dem Feldberg nichts von einer solchen heroischen Herausforderung an. Im Gegenteil: Dieses Gebirgsmassiv im Mittelgebirge, wirklich mehr Gebirge im Gebirge als Berg, vergleichbar einem Areal von Wolkenkratzern in einer Hochhäuser-Siedlung, hat viele sanfte Seiten, zusammenhängende große Flächen mit leichtem Gefälle. Die Gletscher der Eiszeit haben dem Hochschwarzwald durch ihr Schleifen kräftig zugesetzt«. Bleiben wir also bei der nüchternen Kennzeichnung ›Massiv‹, das erregt keine falschen Erwartungen. Nur an wenigen Tagen im Jahr erlaubt das Wetter den berühmten Blick zum in 250 Kilometer Luftlinie entfernt liegenden Montblanc.

Typisch für den Feldberg ist etwas anderes: seine überwältigend ausgedehnte Kahlheit sowie die Schneekappe, die er, früher jedenfalls, oft bis in den Sommer hinein trug. Jemand hat das ganze Gebiet, diese Gruppe von Gipfeln mit einem kaum sich heraushebenden hellen Punkt, eine »subalpine Insel« genannt – ich denke, dieser Vergleich dürfte den Berg nicht allzu sehr ärgern. Und so hält sich die Begeisterung der Dichter in Grenzen, und die 2-Stunden-Touristen fahren, da man ›nichts‹ sieht und da man auch nichts Spektakuläres photographieren kann, von den weitflächigen Gipfelplateaus rasch wieder davon.

Johann Peter Hebel aber hat, wenn auch nicht den Berg selbst – für ihn war der Berg der Berge bekanntlich der Belchen –, so doch die Wiese besungen, des »Feldbergs liebliche Tochter«, die am Feldberg entspringt und sich bei Basel mit dem Rhein, »'s Gotthards große Bueb«, vermählt. Hebel, der bedeutendste und bahnbrechende alemannische Mundartdichter, kannte ihr Tal, eines der größten im südlichen Schwarzwald, wie seine Hosentasche, sowohl den unteren, dicht besiedelten Teil mit Städten wie Lörrach und Weil wie auch das obere Wiesental mit den Ferienorten Schönau, Todtnau und Todtnauberg. Und besonders vertraut war der in Basel Geborene mit Hausen, wo das Elternhaus der Mutter (Bahnhofstraße 2) heute Heimatmuseum und Hebel-Gedenkstätte ist. Bezug auf seine Heimat nehmen u.a. die Gedichte »Vergänglichkeit«, »Der Wächter um Mitternacht« und eben »Die Wiese«. Und zu dieser noch eine Kuriosität: Die ersten 28 Verse dichtete Hebel hochdeutsch – und plötzlich, mitten im 29., setzt er mit der alemannischen Mundart ein. Schon dies ist ein Grund, seine Gedichte wieder zur Hand zu nehmen.

* * *

Todtmoos

DER liebste Ort auf Erden war für den in Arezzo, in der östlichen Toskana geborenen Petrarca die Vaucluse (›verschlossenes Tal‹) östlich von Avignon, dort, wo die Sorgue entspringt, »die Königin der Bäche«. Und wo er unermüdlich seine Madonna Laura besang, in wunderschönen Sonetten, auch noch lange nach ihrem Tod: »Ich atme wieder die vertrauten Düfte, / Und wieder schau ich dich, du sanftes Tal, / Du Heimstatt meiner Liebe, jetzt mir Qual, / Einst Lust und Glanz im Sommerspiel der Lüfte...« Hören Sie nun aber, wie die Tübingerin Rose Bienia, ohne Liebesschmerz, *unsere* Königin der Bäche besingt:

> Goldersbach Rapunzel
> Dein Haar wallt weich dahin
> Goldersbach Rapunzel
> Wonach steht dir der Sinn?

> Du kommst aus hoher Einsamkeit
> Aus dunkler Wälder Weiten
> Goldersbach Rapunzel
> Dein Haar wallt weich dahin...

Und da ich beim Verteilen von Superlativen bin: Die schönste Barockkirche des ganzen Schwarzwaldes ist die in St. Peter, deren wohlkalkulierte Pracht wir Peter Thumb verdanken. Doch da gibt es, weiter südlich und schon dem Landkreis Säckingen zugehörend, in anmutiger Tallage eines der schönsten Dörfer des Schwarzwalds: Todtmoos, wo hinauf man von Bad Säckingen aus auf einer Busfahrt durch den touristisch nicht stark erschlossenen Hotzenwald gelangt.

Der immer wieder, jedenfalls bei Bilderbuchwetter, einen weiten Blick auf die nördlich sich erhebenden Bergketten freigibt, fast so schön wie der von unserem Pfrondorf hinüber zur Alb.

Und eine Kirche besitzt dieser bekannte Kurort, die jener von St. Peter kaum nachsteht: die Wallfahrtskirche Mariä Himmelfahrt. Was für ein Katalog von Namen ist mit ihrer Entstehung verbunden: Das Langhaus wurde 1770–78 unter Leitung von Franz Joseph Salzmann (mit großen Teilen der Ausstattung) neu gestaltet; der Stukkator ist, wie sich's gehört, ein Wessobrunner: Joseph Caspar Gigl; der Maler der Fresken ist unbekannt; Altäre, Kanzel, Orgelhaus, Gestühl, Türen sind Arbeiten der Brüder Joseph und Gabriel Pfluger usw. Ein strahlender, festlicher, beschwingter Bau ist da entstanden, der einen sofort in Hochstimmung versetzt. Das beachtliche Pfarrhaus wurde 1733 vom Vorarlberger Johann Michael Beer gebaut, bald danach von Bagnato umgestaltet. Die Stukkaturen im eindrucksvollen Treppenhaus schuf der Wessobrunner Anton Vogel, das Holzwerk der Schreiner Lorenz Pfluger, die Deckengemälde Anton Morat, und die Neuausstattung des Fürstenzimmers für den Fürstabt von St. Blasien besorgte wieder ein Wessobrunner, H.M. Hennenvogel. All diese Namen muß man einmal nennen, denn das Besondere an ihnen ist, daß zu jener Zeit der Künstler noch nicht so streng vom Handwerker geschieden war: Der Handwerker besaß das Auge des Künstlers, und dieser das ›Händchen‹ des Handwerkers – bei der Zusammenarbeit solcher ›Dream teams‹ mußten einfach Gesamtkunstwerke solch hohen Niveaus entstehen.

Und da wir bei solchen sind: Auf der Rückfahrt von Bad Säckingen am Rhein entlang ist eine Unterbrechung in Tiengen zu empfehlen: Das bedeutende, spätgotische Stadtbild wird überragt von der katholischen Pfarrkirche St. Marien, ein Spätwerk des schon genannten Peter Thumb, 1751–53, mit den schier überwältigenden Gewölbefresken von Eustachius Gabriel aus Waldsee. Und hier nun, in Tiengen, sitze ich in dem vorzüglichen Restaurant des Hotels Walter, hervorgegangen aus einer uralten Brauerei, und höre einen eintretenden Herrn aus Österreich sagen: »Ich hätt' gern ein Zimmer, bittschön, die höchste Qualität, die Sie haben«. Nun, um die Qualität braucht man sich in diesem Land am Hochrhein keine Sorgen zu machen.

*   *   *

Herrischried

FÜR den »Räuber Hotzenplotz« bin ich wohl zu alt, in den Hotzenwald aber kann ich noch fahren. Das ist nicht mehr der Hochschwarzwald, von diesem ist er durch eine Bruchstufe, wie die Geologen sagen, abgesetzt und nur noch 600–700 Meter hoch. Nebenbei: Für die Bewohner des Nordschwarzwalds, die sowieso schon an Minderwertigkeitskomplexen leiden, ist dieser Vorsatz ›Hoch-‹ nur schwer zu ertragen... »Kleine Weiler und Einzelhöfe kennzeichnen das Siedlungsbild, wobei als Nebenform des Schwarzwaldhauses das sog. Hotzenhaus als charakteristische Hausform auftritt«, so das Konversationslexikon. Das klingt fast schon hinterwäldlerisch, jedenfalls nicht so verlockend wie die Beschreibung des Doms von Florenz.

Jetzt werden Sie fragen, wie ich überhaupt auf diesen Wald und seinen kleinen Hauptort gekommen bin. Diese Frage freut mich, denn sie gibt mir die Gelegenheit zu sagen, daß mir kein Ort und keine Landschaft zu gering ist, um sie zu besuchen und zu erkunden. Vor allem aber kann ich, als direkte Antwort, Johann Peter Hebel ins Spiel bringen und sein Gedicht »Der Schwarzwälder im Breisgau«. Kurz die Inhaltsangabe der ersten sechs Strophen: In Müllheim (Amtsstadt am Fuße des Blauen) wird der Wein gelobt, in Bürgeln (großartig gelegener einstmaliger Sommersitz der Fürstäbte von St. Blasien mit Blick ins »Dreiländereck«) die Sicht, in Staufen (Fauststadt am Westhang des Belchen) der Markt, in Freiburg die schönen Mädchen; in der fünften Strophe kann dem lyrischen Ich, trotz dieser paradiesischen Zustände im Breisgau, *ein* Wunsch nicht erfüllt werden, denn, so verrät die sechste Strophe: »Minen Augen gfallt / Herrischried im Wald«. Und dieser Liebeserklärung an einen Ort folgt schließlich in der letzten Strophe eine Liebeserklärung an einen Menschen. Sie lautet, zuerst in Alemannisch und dann in Hochdeutsch, so:

> Imme chleine Huus
> wandelt i und us –
> gelt, de meinsch, i sag der, wer?
> 's isch e *Sie*, es isch kei *Er*,
> imme chleine Huus.

In einem kleinen Haus / geht ein und aus – / gell, du denkst, ich sag dir, wer – / eine *Sie* ist's, es ist kein *Er*, / in dem kleinen Haus. Jetzt wissen Sie, warum ich in den Hotzenwald gefahren bin, zu diesem hoch und einsam gelegenen Dorf. In dem es, um die Mitte des 18. Jahrhunderts, hoch hergegangen sein dürfte. Die Vorgeschichte: Im Hotzenwald, der einstigen Grafschaft Hauenstein, gab es eine Zeitlang die sogenannten Salpeterer, die auf Anweisung der Österreicher (der Hotzenwald gehörte zu Vorderösterreich) Stalldünger zur Gewinnung des militärisch wichtigen Salpeters sammeln mußten. Hieraus entwickelte sich eine von dem Salpetersieder und Landwirt J.F. Albiez aus Buch, dem ›Salpeterhans‹, begründete katholische Laienbewegung. Als im 18. Jahrhundert die von den Habsburgern gegebene Freiheitsgarantie vom Kloster St. Blasien in Frage gestellt wurde, erhoben sich die Salpeterer zwischen 1728 und 1754 immer wieder. Das und auch ihr Kampf gegen reformerische Tendenzen in Kirche und Schule ist lang vorbei.

Wie wohl fühle ich mich in der Ruhe der zweitürmigen katholischen Pfarrkirche, diesem bescheidenen Werk des späten Klassizismus mit Deckenfresken des Tirolers Kitschgen von 1922. St. Zeno heißt sie, geweiht also dem heiligen Zeno, der im 3. Jahrhundert Bischof von Verona war. Das dortige romanisch-gotische San Zeno ist eine der schönsten Kirchen in Italien, St. Zeno in Herrischried eine der schönsten im Hotzenwald. Die ich ohne das Gedicht von Peter Hebel wohl niemals gesehen hätte.

* * *

Donaueschingen

WO'S diese beiden B.s gibt: Bücher und Bier, dort bin ich gern. Und die befinden sich in der Baar, am Zusammenfluß von Brigach und Breg, also in Donaueschingen. Daß man hier die »Donauquelle« besucht (eigentlich eine Quelle der Brigach), das Brunnenrondell von Adolf Weinbrenner mit der allegorischen Marmorgruppe »Mutter

Baar schickt die junge Donau auf den Weg nach Osten« von Adolf Heer aus dem Jahr 1896, versteht sich von selbst. Der Berliner Friedrich Nicolai fand 1771 alles »froh und wohlhabend« und machte über den Bassinabfluß der Donauquelle einen eineinhalb Fuß breiten Schritt, um »sagen zu können, wir wären über die Donau geschritten«. Aber: Beginnt dort wirklich die Donau? Der Triestiner Claudio Magris diskutiert in seinem »Donau«-Buch ausführlich das Für und Wider. 1922 schreibt René Schickele in seinem »Blick vom Hartmannsweilerkopf«: »Hier fand ich die Donau, in einem kleinen Bau, der für sie errichtet, wo sie fein gefaßt war wie ein Edelstein«. Und weiter: »Nach dem Besuch der Quelle strich ich durch den Schloßpark, der keinen anderen Reichtum aufzuweisen hatte als seine Verlassenheit« – ist das nicht schön gesagt?

Länger hat sich in diesem Städtchen der Karlsruher Victor von Scheffel aufgehalten, der Erfolgsautor vergangener Tage (»Der Trompeter von Säckingen«, »Ekkehard«), nämlich von 1857–59 als Bibliothekar der Fürsten von Fürstenberg. Und bald danach trat hier Heinrich Hansjakob aus Haslach im Kinzigtal seine erste Stellung als Gymnasiallehrer an. Lange aber ist der in Donaueschingen geborene und in Meersburg gestorbene Joseph von Laßberg geblieben, der mit der Schwester der Droste verheiratet war: Der Sammler altdeutscher Dichtungen und Handschriften war ab 1794 Fürstenbergischer Landforstmeister, seine phantastische Sammlung ordnete und katalogisierte dann Victor von Scheffel. Die Fürstlich Fürstenbergische Hofbibliothek in der Haldenstraße besaß, vor der Auflösung, u.a. die Hohenems-Laßbergische Handschrift des »Nibelungenliedes« von 1220; Wolfram von Eschenbachs »Parzival« von 1336; den »Schwabenspiegel« von 1287 usw., insgesamt 1180 Handschriften, 580 Inkunabeln, eine umfangreiche Musiksammlung und so ganz nebenbei auch noch 130 000 Bücher, d.h. wertvolle Bände. Nun sind die Handschriften auf die Bibliotheken des Landes verteilt und die Bücher an Liebhaber verkauft.

Geblieben ist in Donaueschingen aber die sehr stattliche, im Innern streng wirkende Barockkirche mit dem großartigen Hochaltar. Auch das Schloß ist noch da, aber durch den Umbau vom Ende des 19. Jahrhunderts als ursprüngliche barocke Anlage kaum mehr zu erkennen. Und das erlesene, von den Fürsten gesammelte Inventar

(Möbel, Gobelins, Porzellan, Goldschmiedearbeiten) besitzen nun Käufer in aller Welt. Sehenswert ist die barocke Ausstattung der Hofbibliothek, das Archivgebäude, »außen ebenso fein wie innen praktisch angelegt« (Reclam), sowie der Karlsbau, das Kunstgebäude mit bedeutender Malerei aus dem 15. und 16. Jahrhundert: Bartholomäus Zeitblom, der Meister von Meßkirch, Hans Schäufelin, Hans Holbein, Lucas Cranach, Werkstätten und Schulen (Ulm, Konstanz), Werke bekannter und unbekannter Maler aus dem Bodenseeraum, der Schweiz, vom Oberrhein usw. – aus dieser Gemäldegalerie im 3. Stock der kostbaren Fürstlich Fürstenbergischen Sammlung brachte einen erst am Abend der Museumswärter hinaus. »Brachte«: Diese einmalige Sammlung wird aufgelöst, 48 Gemälde hat die Stuttgarter Staatsgalerie erhalten.

Nachdem 1850 das Hoftheater einem Brand zum Opfer gefallen war, vernichtete 1908 ein Großbrand beträchtliche Teile der Stadt. Bis heute weit über die ehemalige Residenz hinaus bekannt sind aber die Donaueschinger Tage für neue Musik. Und in der internationalen Kunstszene hat sich der hier geborene mythenbesessene Anselm Kiefer durchgesetzt, ein Zeitgenosse der Zukunft, der Zukunft der Apokalypse. Und noch etwas ist geblieben: das »Fürstenberg«, immer noch und Gott sei Dank »gebraut nach dem deutschen Reinheitsgebot« – sie lebe hoch, die Fürstliche Privatbrauerei Donaueschingen!

Nach Oberschwaben und an den Bodensee

Tuttlingen

DAS Besondere an diesem Städtchen der oberen Donau, wo sich Schwäbisches und Alemannisches geographisch und sprachlich überschneidet, ist unsichtbar. Für Franz Kafka war Johann Peter Hebels »Unverhofftes Wiedersehen« die »wunderbarste Geschichte, die es gibt«, und schon Goethe hatte sie gern und bewegt vorgelesen. Neben ihr behauptet sich aber auch sein »Kannitverstan«, Evergreen aller Schullesebücher: »Der Mensch hat wohl täglich Gelegenheit, in Emmendingen oder Gundelfinden so gut als in Amsterdam, Betrachtungen über den Unbestand aller irdischen Dinge anzustellen (...). Aber auf dem seltsamsten Umweg kam ein deutscher Handwerksbursche in Amsterdam durch den Irrtum zur Wahrheit und zu ihrer Erkenntis.« Erinnern Sie sich, wo der Bursche herkommt? Genau: aus Duttlingen, wie Hebel noch schreibt! Tuttlingen ist aber noch auf eine zweite, ganz andere Weise in die Literatur eingegangen: Am 30. Juni 1828 schlug bei einem Gewitter der Blitz in ein Haus der Zeughausstraße und tötete mehrere Bewohner. Gustav Schwab schrieb darüber seine – ebenfalls lesebuchbekannte – Ballade »Das Gewitter« (»Urahne, Großmutter, Mutter und Kind / in dumpfer Stube beisammen sind...«). Und ein dritter literarischer Auftritt Tuttlingens findet bei Hermann Hesse statt, und zwar in seiner köstlichen »Nürnberger Reise«. Als er von der schnurgeraden und ihm gar nicht behagenden Hauptstraße in eine mondhelle Seitengasse abbiegt, fällt ihm der Augenblick ein, der »mich vielleicht zum Dichter hat werden lassen«, nämlich, wie er als Zwölfjähriger im Schullesebuch auf Hölderlins Fragment »Die Nacht« stieß (die großartige erste Strophe der Elegie »Brot und Wein«): »Oh,

diese wenigen Verse, wie oft habe ich sie damals gelesen, und wie wunderbar und heimlich Glut und auch Bangigkeit weckend war dies Gefühl: das ist Dichtung!«
Nun aber doch noch zu den traurigen Realitäten. Im Dreißigjährigen Krieg litt Tuttlingen besonders schwer, auch das Schloß Hornberg über der Stadt wurde zerstört; und nach dem Stadtbrand von 1803 war, wegen bescheidener Mittel, der klassizistische Wiederaufbau entsprechend. Darüber, und über die erstmalige Nennung der Stadt als Dingstätte (797), über die Zeit ihrer Zugehörigkeit zum Kloster Reichenau im 9. Jahrhundert und wie sie im 14. Jahrhundert württembergisch wurde, berichtet der in Tübingen bekannte Josef Forderer in seinem mit 32 Tafeln versehenen Buch »Tuttlingen im Wandel der Zeiten«. Tuttlingen, an der einstigen Römerstraße vom Rhein zum Donau-Limes liegend, wurde im 19. Jahrhundert Knotenpunkt der Staatsbahnlinien Rottweil – Immendingen und Ulm – Tuttlingen.

Heute wird der Reisende, wenn der Name des Industriestädtchens genannt wird, kaum aufblicken. Falls er aber ein Blumenliebhaber ist, sei ihm gesagt, daß hier einstmals eine berühmte Nelkenzüchterei ansässig war. Und dem Lyrikliebhaber sei das folgende Gedicht von Nikolaus Lenau für die Fortsetzung seiner Reise im ICE mitgegeben:

> Friedhof der entschlaf'nen Tage,
> schweigende Vergangenheit,
> du begräbst des Herzens Klage,
> ach, und seine Seligkeit.

* * *

Riedlingen und Ehingen an der Donau

»A MIS soledades voy, / de mis soledades vengo« – »In meine Einsamkeiten geh ich, / aus meinen Einsamkeiten komm ich«: Diese Devise des Spaniers Lope de Vega würde mir am heiteren Neckar oder beim

Anblick von ›Vater Rhein‹ nicht einfallen. Immer aber kommt sie mir ins Gedächtnis, wenn ich an der Donau stehe, dem »melodischen Strom« (Hölderlin), dem »zweinamigen Fluß« (Ovid), dem »alten Tao-Meister« (C. Magris), diesem »deutsch-ungarisch-slawisch-romanisch-jüdischen Mitteleuropa, das dem germanischen *Reich* polemisch entgegengesetzt wird« (C. Magris), und dem geheimnisvollen Ziehen ihres Wassers lausche, das unaufhörlich fließt, aber nie da ist.

Sollten Sie ähnlichen Stimmungen unterliegen und sich gerade in Riedlingen befinden, dem ersten Vorposten der Habsburger an der Donau, so empfehle ich, die Weilerkapelle der vierzehn Nothelfer aufzusuchen: Die originell rustikale, farbenfrohe Ausstattung wird Sie heiter stimmen. Wenn Sie dann in der Pfarrkirche St. Georg gesehen haben, was übrig geblieben ist, spätgotische Schnitzwerke und Wandmalerei; an der reizvollen Baugruppe des ehemaligen Spitals vorbeigekommen sind und am ansehnlichen Rathaus mit seinen Staffelgiebeln; an der alten Kaserne in der Rösslegasse, und in der Donaufront des anmutigen ›Mühltörles‹ ansichtig geworden sind, können Sie sich den Lockungen der Donauwellen und ihrer Najaden aussetzen, sodann über die Brücke, wo sich einstmals eine Furt befand, zum Bahnhof gehen und weiterfahren nach Ehingen, das ebenfalls früher habsburgisch war und 1805 an Württemberg fiel.

In diesem Städtchen stehen gleich mehrere herrliche Kirchen, unter denen St. Blasius herausragt: angenehm die Wirkung des flach überwölbten, breiten Saalraums; zart das Bandwerk an der freskenbemalten Decke; fein die Rocaille-Ornamentik und die Ausmalung des Chors; bemerkenswert auch Kanzel und Taufstein; und wenn man in Italien die Verkündigungen der großen Maler gesehen hat, dann berührt einen hier die bäuerlich anmutende Verkündigung von Melchior Binder (1620) auf andere Weise. Als Meister der ungewöhnlichen Konviktskirche Herz Jesu, gegründet von den Benediktinern von Zwiefalten als eine Lehrstätte für Philosophie und Ethik (1712–19), wird der Vorarlberger Franz Beer vermutet, der hier eine reizvolle Mischung aus hallenartigem Raum heimischen und Zentralbau fremdländischen Charakters erreicht hat. Die Ausstattung ging im 19. Jahrhundert verloren, dafür kann man sich an der italienisch anmutenden Stukkatur, den Deckenfresken sowie an den klaren Linien dieser Kirche erfreuen. Durch die Brände von 1688 und 1749 blieb von den profanen Gebäuden nicht viel übrig; hervorzuheben ist das ehemalige Ritterhaus des Donaukantons mit seinen volutengeschmückten Giebeln.

Und wenn Sie jetzt noch nicht kunstgesättigt sind, dann haben Sie in nächster Nähe das Kloster Mochental, Ober- und Untermarchtal, Zwiefalten, Blaubeuren – was für klingende Namen! – und Ulm, dessen Vorkriegsgröße um das Münster herum noch erahnbar ist. Und wieder stehen Sie an der Donau, diesem schönen Mysterium unserer sichtbaren Welt, mit dem das Denken, wie mit jedem wahren Mysterium, zu keinem Ende kommt.

* * *

Biberacher Geschmeiß

IM Tal der oberen Riß liegt die Große Kreisstadt Biberach. Dort wuchs der Schriftsteller Christoph Martin Wieland auf, und er beklagte sich bitterlich über das kulturelle Abseits des Ortes. Auch wenn es Wielands hohen Ansprüchen einst nicht genügte, das oberschwäbische Biberach ist einen Besuch wert.

In der 1886 erschienenen »Illustrierten Geschichte von Württemberg« findet man folgende Einteilung des Landes: A. Oberschwaben; B. Die Alb; C. Der Schwarzwald; D. Das Neckarland. 80 Jahre später sagt Peter Lahnstein in seinen »Schwäbischen Silhouetten« von der »schwäbisch-alemannischen Triplizität«: »Ein umfassendes, allgemeines schwäbisch-alemannisches Stammesbewußtsein gibt es nicht. Aber eines hebt dieses Stammeswesen aus der Nichtigkeit der Fiktion und den Nebeln romantischer Altertümelei heraus: die Sprache.« Und dann liefert er eine Wesensanalyse der drei Stämme, unverzichtbar für jeden Zugereisten.

Und wo befindet sich nun Biberach? Geographisch gesehen nicht weit weg von Ulm, trotzdem isoliert. 1763 schreibt Wieland an einen Freund: »Biberach ist ungeachtet verschiedner nicht geringer Vorteile, die mir daselbst gewiß sind, schlechterdings der Ort nicht, wo ich bleiben kann, und je bälder ich aus diesem Anti-Parnaß erlöst würde, je besser wär' es für mich (...) unter solchen Leuten, bei einem solchen Amte, ohne Bibliothek, ohne Aufmunterung, was kann ich da tun?« Und in einem anderen Brief spricht er gar von »reichsstädtischem Geschmeiß«. Zum Glück wird er 1772 von der Herzogin Anna Amalia als Prinzenerzieher nach Weimar geholt. »Daß Weimar ein literarisches Zentrum wurde, ist wesentlich der erzieherischen und publizistischen Arbeit Wielands zuzuschreiben«, betont Kurt Fassmann.

Was die Biberacher anbelangt, so gibt es da aber auch etwas sehr Erfreuliches zu berichten: »Ein seltener Kompromiß gelingt den Freien Reichsstädten Biberach und Ravensburg, wo unter einem Toleranzabkommen katholische und evangelische Christen über die Jahrhunderte friedlich zusammenleben und sich sogar, wie in Biberach, das gemeinsame Gotteshaus teilen«, schreibt Wolfgang Urban in »Das katholische Württemberg«. In dieser Simultankirche St. Maria und Martin ist das Langhausfresko von Johannes Zwick zu bewundern, der sich an der illusionistischen Malkunst Giovanni Battista Tiepolos geschult hat. Bemerkenswert außerdem das Chorgitter, die Kanzel, die Gemälde. Später, um 1840, hat der Einheimische Johann Baptist Pflug die Stadt wunderschön aquarelliert.

Heute rechnet die Stadt Wieland zu den ihrigen – wie im Falle Hölderlin und Tübingen und so vieler anderer mit Verspätung. Goethe aber hat seinen Bruder im heidnischen Geiste sofort erkannt und hoch anerkannt: »Wielands Seele ist von Natur ein Schatz, ein wahres Kleinod.« Über den »Oberon«: »Es ist ein schätzbar Werk für Kinder und Kenner, so was macht ihm niemand nach.« Und über sich selbst: »Besser als Wieland versteht mich doch keiner.« Dieses hohe Lob darf das »Oberschwäbische Athen« auch ein bißchen auf sich beziehen.

* * *

Steinhausen – Weingarten – Ravensburg

DIESMAL bringt uns die gute Zollernbahn über die Grafenstadt Hechingen und das durch einen Stadtbrand nüchtern gewordene Balingen am Sigmaringer Schloß vorbei nach Saulgau, bis 1806 vorderösterreichisch, und schließlich nach Aulendorf, erst seit 1950 Stadt. Von hier aus wären wir in einer halben Stunde am Bodensee. Wir wollen aber zur »schönsten Dorfkirche der Welt«, nach Steinhausen. Von weitem schon erblicken wir die Wallfahrts- und Pfarrkirche St. Peter und Paul, geplant und ausgeführt von Dominikus Zimmermann. Diese Barocksinfonie aus Stukkatur und Malerei muß man erleben, diesen Garten der Sinne kann man nicht durchs Wort genießen.

Für die Oberschwäbische Barockstraße bräuchte man Tage. Beschränken wir uns auf das nahe Klosterstädtchen Weingarten und auf das turmreiche Ravensburg. Hört man »Weingarten«, so denkt man an seine bedeutende Buchmalerei. Von der berühmten Weingartner Liederhandschrift, neben der »Manessischen« die einzige mit Bildern geschmückte dieser Art, nimmt man an, daß sie bald nach 1300 in Konstanz im Auftrag eines vornehmen Kunstliebhabers niedergeschrieben wurde, wo sie sich noch im 17. Jahrhundert befand. Dann kam sie in das Benediktinerkloster Weingarten, eines der größten Schwabens. Seit 1810 – nach Aufhebung des Klosters – wird die Handschrift in der Württembergischen Landesbibliothek Stuttgart aufbewahrt.

Das ursprünglich romanische, dann barocke »Schwäbische St. Peter«, die Klosterkirche St. Martin: Um in dieser Pracht einige nicht so gelungene Details zu erkennen, braucht man schon einen Führer; als Laie staunt man einfach, wie Ali Baba und seine vierzig Räuber, als sich zum ersten Mal die Höhle öffnete. Bücherliebhaber kommen allerdings nicht auf ihre Kosten, weil die Bücher längst in alle Winde zerstreut worden sind.

Aus der Ferne machen die Türme von Ravensburg schon einen Effekt. »Nach den Worten der heiligen Katharina von Siena ist die Stadt ein Abbild der Seele: Die Mauern, die sie umhegen, bedeuten die Grenze zwischen der äußeren und der inneren Welt. Die Tore sind die Sinne oder Fähigkeiten, die das Innere mit dem Äußeren verbinden; der Verstand prüft jeden, der sich dem Tore nähert (...), und der freie Wille wacht über die Sicherheit der Stadt. In ihr fließen lebendige Brunnen; im Schutze ihrer Mauern liegen Gärten, und in ihrer Mitte, da wo ihr Herz ist, steht das Heiligtum« (T. Burckhardt). Viel können die Menschen zerstören, auch die Mitte einer Stadt; nicht aber das Wort, und käme es wie dieses aus der Tiefe der Zeit, als die Buchdruckerkunst noch nicht existierte.

* * *

Am Bodensee

ÜBER das Schwäbische Meer angesichts einer ganzen Bibliothek zu diesem Thema auch noch etwas sagen zu wollen, grenzt an Vermessenheit – oder ist pure Ahnungslosigkeit. Deshalb mache ich einen kleinen Umweg. Sicher haben Sie das schon in Italien erlebt: Man geht, vielmehr, man wird durch den Einfall des Architekten durch einen Säulengang geleitet, und am Ende steht man überrascht und beglückt vor einer überwältigenden Aussicht auf ein weites Tal oder auf das Meer.

Eine ähnliche Wirkung können Sie sich in Birnau selbst bescheren. Sie betreten, am besten zu einer besucherlosen Zeit, die herrliche Barockbasilika, öffnen das Doppelportal sperrangelweit und lassen es so, gehen bis zum Chor, drehen sich um – und schauen durch das Kirchenschiff hindurch direkt auf die glitzernde Fläche des Sees. Als Tageszeit für diese kleine regelwidrige Unternehmung schlage ich die Abenddämmerung vor, wenn Wasser und Licht gemeinsam etwas schaffen, das sich dem Wort entzieht.

Was man über den Überlinger See, an dem Birnau liegt, sagen kann, das hat P.E. Schmidt, ein Dehio-Schüler, in seinem mit schönen Photos geschmückten Buch »Wanderungen in Deutschland« so zusammengefaßt: »Ein Spätsommerglück voll sorgloser Heiterkeit erlebte ich in dem Dorfe Ludwigshafen an der Nordspitze des Überlinger Sees. Die seelische Bedrückung durch den ersten Weltkrieg und den ihm folgenden Friedensschluss lag hinter uns, eine anregende Tätigkeit wartete auf mich: so konnte der Glanz der Sonnentage, der dem Bodensee eigentümlich ist, mit unbeschwertem Gemüt ausgekostet werden (...) Der Zauber eines anmutigen, abgelegenen Orts mit seinen gartenumwachsenen Bauernhäusern, mit dem köstlichen See und einer reichen Hügelwelt an seinen Ufern tat seine Wirkung um so unbeschränkter, als ich zum ersten Mal für längere Zeit am Bodensee weilte«.

Der See, dieses von alters her geistig-geistliche Zentrum, umgeben von drei Ländern und gespeist von mancherlei Volksstämmen, hat neuerdings ein mit stupendem Wissen geschriebenes Kompendium über einen bestimmten Zeitabschnitt seiner jüngsten Geschichte erhalten: einen schwergewichtigen Band mit dem Titel »Bohème am Bodensee. Literarische Welten am See von 1900 bis 1950«, verfaßt von dem Herausgeber der ›alemannischen‹ Zeitschrift »Allmende«, dem Autor und Mundartdichter Manfred Bosch, einem über die Region hinaus renommierten Kenner der Materie. Wenn man in diesem Werk blättert, möchte man an eine neue Zukunft des Bodensees glauben, an eine Wiedergeburt alter spiritueller Kräfte. Steht man aber vor den Wandmalereien im Mittelschiff der Kirche von Oberzell auf der Insel Reichenau – Weltkulturerbe! –, dann denkt man weder an Zukunft noch an Vergangenheit: was durch große Kunst in die Erscheinung tritt, ist unseren Zeitbegriffen nicht mehr unterworfen.

※ ※ ※

Radolfzell und Gaienhofen

MIT dem Namen Radolfzell verbindet sich für mich seit Jahren die Erinnerung an einen angenehmen Sommermorgen in der Gartenwirtschaft »Kreuz« beim Österreichischen Schloß, an eine Kellnerin von selten feinem Wesen und an einen vorzüglichen Schwarztee, der die besten Geister in mir wachrief. Heute, bei einem neuerlichen Besuch, gehe ich an jener Gartenwirtschaft bewußt vorbei – das kleine Sommerbild aus vergangener Zeit soll unzerstört in der Erinnerung leuchten. Statt dessen sehe ich mir besagtes Schloß mit seinem schönen Renaissance-Portal von 1620 an, beim alten Stadtgraben die erhaltene Stadtmauer und im Stadtgraben das Scheffel-Denkmal. Denn schließlich ist Radolfzell die Scheffel-Stadt, und die Halbinsel Mettnau gehörte diesem Erfolgsschriftsteller von damals sogar. Hier verbrachte er, in einer Villa, seinen Lebensabend, aber nicht einen goldenen, sondern einen recht verdüsterten.

Gehe dann die Allee am Stadtgraben entlang und komme an einem alten Rundturm vorbei, Teil der einstigen Stadtbefestigung. Passiere den Pulverturm und gelange zum Münster, in dem ich, über dem linken Seitenaltar, das prächtige Deckengemälde betrachte sowie die Grabmäler der Stifter, die zur Geschichte der Stadt führen. Um 826 gestattete der Abt der Reichenau dem aus alamannischem Geschlecht stammenden Veroneser Bischof Radolt, am Ufer des Untersees eine Kirche und Klerikerwohnstätten zu erbauen. Aus dieser Zelle entwickelte sich, nach der 1100 erfolgten Marktrechtsverleihung, der wichtige Handelsplatz Radolfzell, der 1267 städtische Freiheiten erhielt. Dann kam der finanzielle Zusammenbruch der Abtei Reichenau, und so wurde 1298 u.a. auch die Vogtei über Radolfzell an das Haus Habsburg verkauft. Die Wirren der Jahrhunderte müssen hier nicht referiert werden; aber für den, der's in diesem kleinen Städtchen nicht vermutet hätte: Von November 1576 bis Mai 1577 gab es hier eine Universität! Des Rätsels Lösung: Wegen einer pestartigen Epidemie verlegte man die Universität Freiburg im Breisgau hierher. Daß der Dreißigjährige Krieg auch in Radolfzell den wirtschaftlichen Niedergang einleitete, gehört zur ›Normalität‹. Neue Eisenbahnstrecken, Industrie und Fremdenverkehr sorgten später für ein neues Aufblühen der seit 1810 badischen Stadt.

Trennen wir uns aber, schweren Herzens, von Radolfzell und der Mettnau mit dem wunderbaren Ausblick auf den Untersee, den Schienerberg und die blaue Kette der Hegauberge, denn wir möchten noch mit dem Bus nach Gaienhofen, zu Hermann Hesse. Hier, auf der Höri, finden wir nämlich eine Dichter-Gedenkstätte, wie man sie sich schöner nicht vorstellen kann, hier, wo vom Anfang des 20.

Jahrhunderts bis zum Ende des Dritten Reichs Maler aus ganz Deutschland Zuflucht fanden und wo Hesse zum ersten Mal im Leben richtig Fuß faßte:»... und zuletzt entdeckte, während ich zu Hause in Calw bei Vater und Schwester saß und ›Unterm Rad‹ schrieb, meine Frau das badische Dorf Gaienhofen am Untersee, und darin ein leerstehendes Bauernhaus, an einem kleinen stillen Platz gegenüber der Dorfkapelle. Ich war einverstanden, und ich mietete das Bauernhaus für einen Mietzins von hundertfünfzig Mark im Jahr. Etwas, was kein späteres Haus mehr zu geben hatte, macht dieses Bauernhaus mir lieb und einzigartig: Es war das Erste! Es war die erste Zuflucht meiner jungen Ehe, die erste legitime Werkstatt meines Berufs, hier zum erstenmal ließ ich mich auf den hübschen Traum ein, mir an einem Orte eigener Wahl etwas wie Heimat schaffen und erwerben zu können«.

Das war im Jahre 1904. Und immer noch werden seine Bücher gelesen, und wenn ich, neben seinem stilistischen Können, seinem Gedankenreichtum, seiner hohen Menschlichkeit, noch einen Grund für diese anhaltende Wertschätzung bei Jung und Alt nennen sollte, dann dies: Niemals verrät er den unsichtbaren Sinn an irgendeine vordergründige, eigenmächtige, rechthaberische Sinngebung. Und so war es ihm, dem Unvoreingenommenen – was Stellungnahme und Kampf für die gerechte Sache beileibe nicht ausschloß! – gegeben, Menschen in ihrem besonderen Wert recht früh zu erkennen.

Zu diesen gehörte der sogenannte Bauerndichter Christian Wagner aus Warmbronn. Der besuchte als alter Mann seinen Förderer und Freund Hesse in Gaienhofen, woran Hesse sich 1915 so erinnert: »Lieber, verehrter Christian Wagner! Ich kann nicht an Sie denken, ohne Sie wieder so zu sehen, wie Sie damals nach einem Besuch in Gaienhofen von mir Abschied nahmen. Ich hatte Sie eine kleine Stunde weit begleitet (...) Es war ein Waldrand, bei dessen Betreten man von den Schweizer Bergen Abschied nahm, um nach dem Durchschreiten des Gehölzes plötzlich dem Radolfzeller See und dem Hegau gegenüber zu stehen. Da gaben wir einander die Hände, und Sie standen noch einen Augenblick, mich mit Ihrem hellen Blick festhaltend, und Ihre greise, kleine Gestalt ist mir seither für immer so im Gedächtnis geblieben: am Waldrand stehend, den Blick in meinen Blick gerichtet, ein Streif Sonnenlicht auf der hohen Stirn...« Wer die ganze Rede nachlesen möchte, der findet sie in den »Betrachtungen«, einem der inhaltsreichsten Bücher dieses Meisters der kleinen Form.

* * *

Konstanz

WIR sind nicht in einem Haus ›zu Hause‹, nicht in unseren vier Wänden, sondern in den vier Himmelsrichtungen einer Landschaft: Ihre Horizonte geben die Möglichkeiten und Unmöglichkeiten vor, die unsere Existenz mitbestimmen; von der Empfänglichkeit des Betreffenden hängt es ab, ob sie lediglich Kulisse ist oder ein ganzes Netz von Außen-, Um- und Innenweltbezügen und eine Quelle der Inspiration. Überaus sensibel auf seine Umwelt, ob Natur- oder Stadtlandschaft, reagierte der Franzose Gérard de Nerval. Auf seiner 1843 unternommenen Reise in den Orient (als Buch 1852) rühmt er Konstanz als »die am schönsten gelegene Stadt Europas« und nennt es »ein kleines Konstantinopel«. Bei näherer Bekanntschaft ist er dann allerdings sowohl vom Münster als auch von den schmutzigen Gassen enttäuscht, »doch die Schönheit der Frauen macht diesen Eindruck einigermaßen wett«. Und er fährt fort: »Sie sind die würdigen Nachfahren jener Frauen, die den Prälaten und Kardinälen des Konzils so viele schöne Kurtisanen lieferten; ich meine, was ihren Charme betrifft, ihre Sitten in Zweifel zu ziehen liegt mir fern«.

Womit wir beim Konstanzer Konzil (1414–18) wären und bei der köstlichen Novelle von C.F. Meyer: »Plautus im Nonnenkloster«, die hier nicht nacherzählt werden kann. Statt nun eine Geschichte von Konstanz, beginnend mit der spätrömischen Gründung, zu liefern, soll Gustav Schwab zu Wort kommen, und zwar zum dunkelsten Fleck der Stadt – nein, der Kirche! »Bei diesen Erinnerungen zwingt uns die Geschichte zuerst zu verweilen, sooft wir Konstanz erblicken. Alles andere verbleicht vor dem Widerschein dieses gräßlichen Feuers. Dort, in den Hallen jenes Doms, wurde am 6. Juli 1415 das feierliche Verdammungsurteil über den Ketzer Hus ausgesprochen, dort riß dem Gerechten, als er auf den Knien für seine Freunde gebetet hatte, von sieben ihn umringenden Bischöfen einer den Kelch aus der Hand und redete ihn als den verfluchten Verräter Judas an, und die sechs anderen zogen ihm die Priesterkleider aus, setzten ihm die mit Teufeln bemalte spitze Papiermütze auf und grüßten ihn als Erzketzer [...] Die Henker fassen ihn und schmieden ihn mit der rostigen Kette an den Pfahl; Stroh und Holzbündel werden ihm um den Leib gelegt. ›Heilige Einfalt‹! ruft der Märtyrer, als er ein altes Weib geschäftig Späne hinzutragen sieht [...] dann erstickt der Rauch seine Stimme und sein Leben.«

Wenden wir uns noch einer anderen Figur der Vergangenheit zu, über deren Kopf die Wellen des Vergessens schon zusammenschlagen. Nein, nicht jener überlebensgroßen Dame am Hafen, dem neuen Wahrzeichen der Stadt, sondern Heinrich Seuse (lat. Suso), 1295 in Konstanz geboren, 1366 in Ulm gestorben. Dieser Wanderprediger war neben Meister Eckhart und Johannes Tauler der bedeutendste deutsche Mystiker, sein »Büchlein der Wahrheit« machte die Menschen des Mittelalters mit seiner Lehre der Gelassenheit bekannt, ein Thema, das in unserer Zeit Heidegger wieder aufgenommen hat; in der zartlyrischen, bilderreichen Sprache vermeint man bisweilen die Töne der Minnedichtung zu vernehmen. In seiner unvergleichlichen Literaturgeschichte sagt der Dichter Klabund: »Suso ist die Nachtigall des lieben Gottes, ein Sänger süßer, verliebter Lieder für den Herrn der goldenen Erde und des blauen Himmels«.

* * *

Die Reichenau

»ICH gestehe, daß auch ich von Kindheit an am Inselfieber gelitten habe«, so Eckart Peterich in seinen »Fragmenten aus Italien«, die Gefahr der Isolation beschwörend: »Man kann daran geistig zugrunde gehn. Denn der Weg der Absonderung führt über das Absonderliche zum Sonderlingstum, besonders, wenn sich der einsame, der ungesellige Alkohol ins Spiel mischt«. Über die vergebliche Hoffnung auf Trost beim Wein dichtete der römische Elegiker Tibull: »Oftmals hab ich's versucht, die Sorgen mit Wein zu vertreiben; / Doch es verwandelt der Schmerz immer in Tränen den Wein«. Zur Insel: Für den Dichter ist sie, im Vergleich zur Normalität des Festlandes, überaus inspirierend. »Die Vorstellung von einer Insel bringt die Phantasie zum Kochen. Auf Inseln geschieht Ungeheuerliches. Inseln sind der Ort unvorstellbarer Verbrechen und undenkbarer Vergnügen« (Michael Winter). »Inseldasein, das erwünschte und das verwünschte«, so betitelt Elisabeth Frenzel in ihren »Motiven der Weltliteratur« das 18 Seiten umfassende Stichwort mit Beispielen von der Antike bis zur Gegenwart.

Zur Reichenau: Als 724 ein iroschottischer Mönch den Bodensee erreicht, erlaubt ihm der Frankenherrscher Karl Martell, sich »auf der wilden Insel« im Untersee niederzulassen. Es ist der Abt und Wanderbischof Pirmin, dem die Reichenau, die reiche Au, ihre Existenz verdankt. Und seinen Segen, zu sehen auf einem vor 1616 entstandenen Ölbild im Münster zu Mittelzell. Wenn der Name der Insel fällt, ist uns aber derjenige des Mönchs Walahfrid Strabo vertrauter, geboren um 808 in Schwaben, 849 ertrunken in der Loire; Dichter und Theologe, Schüler von Hrabanus Maurus in Fulda und zehn Jahre lang Erzieher Karls des Kahlen, dann Abt auf der Reichenau. Schön ist sein Gedicht auf die Insel: »Wo von den Alpen herab sich ergießend der herrliche Rheinstrom...« Sein Schüler Ermenrich, später Abt von Ellwangen, rühmt die Reichenau als »grünendes Eiland (...) Reich an Schätzen des Wissens und heiligem Sinn der Bewohner, / Reich an des Obstbaums Frucht und schwellender Traube des Weinbergs...« Seine Verse zitiert dann Victor von Scheffel in seinem Roman »Ekkehard« von 1855, der teilweise auch hier spielt.

Strabo übrigens hatte mit seinem »Hortulus sanitatis«, dem »Gärtlein des gesunden Lebens«, das bedeutendste Zeugnis des frühen Gartenbaus in Deutschland gegeben. Gleichzeitig auch schon eine erste Probe schwäbischer Dichtung, in der das blühende, duftende, farbenprächtige Sein das Jenseits ins Diesseits holt. Und all das: die Früchte des Feldes und die Heilpflanzen des Klostergartens, findet man heute wie vor tausend Jahren. Und noch mehr: »Der Geist der Frühzeit umweht die Besucher der Kirchen der Reichenau. Unmittelbar spüren sie, an Stätten zu stehen, die Ursprung von Großem waren«, sagt Wolfgang Urban in seinem Buch »Orte der Stille. Klöster in Baden-Württemberg«. »Wer die Reichenau betritt, wird vom Inselzauber gefangen«, schrieb 1935 Ricarda Huch. »Was ist es, das die seltsam träumerische Stimmung der Inseln bedingt? Das Abgeschnittensein vom festen Lande durch ein gefährliches Element erregt Schauer und Einsamkeit und doch zugleich ein Gefühl der Geborgenheit«. Schließlich noch ein ganz persönlicher Vergleich zwischen den beiden Inseln im »Schwäbischen Meer«: Auf der Mainau bin ich ein staunender Gast, auf der Reichenau fühle ich mich ganz selbstverständlich zu Hause.

* * *

Meersburg

»IN den letzten drei Jahren war meine Aufmerksamkeit wiederholt auf das Phänomen des Mesmerismus gelenkt worden; und vor etwa neun Monaten entdeckte ich plötzlich, daß es in den bis jetzt gemachten Versuchsreihen eine sehr auffallende und ganz unerklärliche Lücke gab: Noch nie war bisher ein Mensch *in articulo mortis* – im Augenblick des Todes – mesmerisiert worden«, heißt es zu Anfang von Edgar Allan Poes unheimlicher Erzählung »Die Tatsachen im Falle Valdemar«. Aber was hat Poe mit dem Schwäbischen Meer zu tun? Direkt gar nichts. Wohl aber indirekt: durch den eben Genannten, den Begründer der Lehre vom animalen Magnetismus; denn dieser Franz Anton Mesmer – ein Roman über ihn heißt: »Der Wundermann vom Bodensee« – ruht auf dem Friedhof von Meersburg, in der Nähe von Annette von Droste-Hülshoff. Und nicht nur den Amerikaner Poe hat er zu jener Erzählung angeregt, auch in Puschkins »Pique Dame«, spielt der ›Magnetiseur‹ eine Rolle. Wenn Sie also wieder einmal Meersburg betreten und leise für sich denken: ach, immer die Droste! dann ist, dank Mesmer, für Abwechslung gesorgt.

Philosophisch Interessierte wissen, daß auch der Prager Fritz Mauthner hier begraben liegt, der neben Fachlichem sehr Unterhaltsames geschrieben hat. Und wer will, kann sich unter der hoch über der Welt, irgendwo am Bodensee erbauten gläsernen Burg mit den engen schwindelerregenden Treppen, wie sie Achim von Arnim in seinem Roman »Die Kronenwächter« als ein großartiges, wirklichkeitsentrücktes Ideal vor uns hinstellt, das Schloß von Meersburg vorstellen. Doch in Meersburg sind nicht nur Große begraben, sondern auch geboren worden, und zwar der Maler Stefan Lochner, gestorben 1451 in Köln.

Aber die Hauptfigur der Gegend ist natürlich nach wie vor die Droste und ihre Lyrik, die nicht zuletzt durch den renommierten Meersburger Droste-Preis für Dichterinnen im Bewußtsein bleibt. 1841 war sie mit schlechter Gesundheit aus Westfalen zum erstenmal nach Meersburg gekommen und lebte hier mit einigen Unterbrechungen bis zu ihrem Tod am 24.5.1848. Sie bewohnte den Turm an der Ostseite des Schlosses, und 1843 erwarb sie das oberhalb der Stadt gelegene »Fürstenhäusle«. Und auch für sie gilt, was Hermann Hesse auf seiner »Nürnberger Reise« denkt, als er abends, in Ulm, als Fazit feststellt, daß »das Lebendigste von allem die Toten gewesen waren«. Und gerade auf die kränkliche und schwierige Droste trifft die Fortsetzung dieses Gedankens zu: »Und diese lang gestorbenen Menschen, deren Worte mir lebendig waren, deren Gedanken mich erzogen, deren Werke die nüchterne Welt schön und möglich machten – waren das denn nun nicht alle auch besondere, kranke, leidende, schwierige Menschen gewesen, Schöpfer aus Not, nicht aus Glück, Baumeister aus Ekel gegen die Wirklichkeit, nicht aus Übereinstimmung mit ihr?« Wer Hesse immer nur als harmonisch und rückwärtsgewandt gesehen hat, wird, wenn er das gelesen hat, Abbitte tun – und unter einem neuen Aspekt in das Werk der großen Dichterin vom Bodensee hineinschauen. Und wer in die historischen Tiefenschichten des Städtchens hinabtauchen möchte, dem steht jetzt ein schöner Band zur Verfügung: »Meersburg, Spaziergänge durch die Geschichte einer alten Stadt«. Mit ihm unter dem Arm sieht er Meersburg mit neuen Augen.

* * *

Friedrichshafen und Langenargen

MARTIN WALSER über das Bedichten des Bodensees: »Es ist doch erstaunlich, wieviele Menschen, die überhaupt keine Lyriker waren, Gedichte geschrieben haben, über den Bodensee. Und das nicht nur einmal, sozusagen im ersten Hinsinken, sondern wiederholt, lebenslänglich und hoffnungslos. Es ist auch verständlich«. Natürlich meinte er damit nicht Hölderlin, die Droste, Platen, Rilke oder Hesse, bei denen war das Dichten nicht ›hoffnungslos‹, oder wenn, dann in einem anderen Sinn. ›Lebenslänglich‹ (statt lebenslang): Darüber, über diesen strafrechtlichen Begriff, könnte man, auf das Leben eines Dichters bezogen, lange nachdenken...

Nennen wir aber auch gleich die Prosaautoren, die sich für den Bodensee sozusagen zuständig fühlten: Dahn, Scheffel, Finckh, Geißler u.a. Mörikes »Idylle vom Bodensee« spielt zwischen Lindau und Fischbach bei Friedrichshafen, und Gustav Schwab schuf mit seiner Ballade »Der Reiter und der Bodensee« einen Klassiker schwäbischer Dichtung. Hermann Hesse aber dichtete hier nicht nur, sondern ging auch in die Luft, und zwar 1911 mit dem Zeppelin »Schwaben«: »Plötzlich stieg das Schiff empor (...) Bis zur Mauer der hohen Gebirge ordnete sich und klärte sich die mir seit Jahren wohlvertraute Gegend so überraschend und einfach, wie manch einem Studierenden nach langer Kleinarbeit ganz plötzlich Gefüge und Zusammenhang der Dinge sichtbar wird«.

Besuchen wir in dem schwer weltkriegszerstörten Friedrichshafen die von Christian Thumb um 1700 erbaute Schloßkirche mit ihrer von Zwiebeltürmen geprägten Fassade, wie sie für den süddeutschen Barock typisch ist, pilgern zu Schwabs Denkmal in den Uferanlagen und fahren dann weiter nach Langenargen. »Dorf im württ. Donaukreis, Oberamt Tettnang, am Bodensee zwischen Schussen- und Argenmündung und an der Staatsbahnlinie Fischbach-Hemighofen, hat eine katholische Kirche, ein Nebenzollamt, Seebadeanstalten, Seidenzwirnerei, Parkettfußboden- und Essigfabrikation, Kirschwasserbrennerei, Holzsägerei, zwei Kunstmühlen, Fischerei, Dampfschiffahrt und (1900) 1300 Einwohner. Dazu das Schloß Montfort...«
Dieser Text – Sie haben es gleich gemerkt – ist nicht von heute, er

stammt aus Meyers Großem Konversationslexikon von 1905. Wenn Sie sich diese Aufzählung vergegenwärtigen: Glauben Sie dann noch jenen Beruhigern und Beschwichtigern, die behaupten, das mit dem Abnehmen und Verschwinden von Vielfalt und Individualität in der modernen Welt sei eine maßlose Übertreibung von professionellen Schwarzsehern? In unserem Fall: Was ist von all den Erwerbszweigen geblieben? Der Fremdenverkehr, die »Sommerfrische«, um dieses hübsche Wort von früher, als es noch einen wirklichen Sommer gab und natürliche Frische, einmal zu gebrauchen.

Aber wenden wir uns dem erwähnten Schloß zu: Montfort aus dem 14. Jahrhundert wurde 1861 abgebrochen und durch einen Neubau im »maurischen« Stil ersetzt, schließlich 1951 zum Kurhaus umgebaut. Das herausragende Gebäude am Ort ist der stattliche Barockbau der Katholischen Pfarrkirche St. Martin, entstanden Anfang des 18. Jahrhunderts. Schön das geschmiedete Gitter, das zur Marienkapelle führt. Nahebei eine Tafel, die an den größten Sohn der Gemeinde erinnert: an Franz Anton Maulbertsch (1724–1796), der zum bedeutendsten Künstler der ausgehenden österreichischen Barockmalerei wurde und in Wien verstarb. Doch noch kurz zur Geschichte: Langenargen wird 770 als Gerichtsort im Argengau bezeugt, war von 1290 bis 1780 Besitz der Grafen von Montfort und von 1453 bis ins 18. Jahrhundert Stadt.

Das letzte Wort soll die unerreichte Dichterin vom See haben, Annette von Droste-Hülshoff, und zwar in einem Brief von 1842 (gekürzt): »Einige Tage später fuhren wir über Friedrichshafen nach Langenargen, acht Stunden von Meersburg. Da hättest Du erst erfahren, was ein echt romantischer Punkt am Bodensee ist. Von so etwas habe ich durch hier noch gar nicht mal eine Idee erhalten. Denk' Dir den See wenigstens dreimal so breit wie bei Meersburg, ein ordentliches Meer, so breit, dass selbst ein scharfes Auge von jenseits nichts erkennen kann als die Alpen, die nach ihrer ganzen Länge, sogar die Jungfrau mit, in einer durchaus neuen und pittoresken Gruppierung wie aus dem Spiegel auftauchen«. Und über die Ruine Montfort: »Du kannst Dir das Malerische des Ganzen nicht denken; es ist so romantisch, daß man es in einem Roman nicht brauchen könnte, weil es gar zu romanhaft klänge«. Wie gesagt, diese herrliche Ruine wurde dann auf Befehl von Stuttgart abgerissen und in maurischem Stil, wie das damals Mode war (siehe die Wilhelma in der Landeshauptstadt), wieder aufgebaut, vielmehr durch ein Gebäude ersetzt, das sich zum Kuren und nicht zum Schwärmen eignet. Aber dafür ist ja der See da.

Nach Ostwürttemberg und Hohenlohe-Franken

Im Filstal

»WER in Italien war, der sagt den anderen Ländern adieu. Wer einmal im Himmel gewesen ist, den verlangt es nicht wieder auf die Erde zurück«, so schwärmt der Russe Nikolaj Gogol von seiner Wahlheimat. Ein ähnliches Gefühl befällt einen, wenn man auf der Mittleren Alb vom Reußenstein die großartige Aussicht ins Neidlinger Tal genossen hat (Mörike, als er »in das Meer von Licht und Sommerluft hinausblickte«, verspürte eine unerklärliche Sehnsucht: »Was zieht mir das Herz so, was zieht mich hinaus...«), in der Schertelshöhle mit ihren prachtvollen Tropfstein- und Sinterbildungen, im altertümlichen Wiesensteig auf dem Marktplatz mit dem Elefantenbrunnen und an dem kleinen Quellteich des Filsursprungs gewesen ist: Da fällt einem der Abstieg in das stark industrialisierte mittlere und untere Filstal schon schwer. Und wenn man dann noch die schematischen Stadtanlagen von Geislingen und Göppingen sieht...

In Geislingen an der Steige war Schubart lange Zeit, von 1763–89, Präzeptor, Organist und Hilfsprediger, seine Arbeit bezeichnete er als eine »algierische Sklaverei«. Beherrschend sind die Industrieanlagen der renommierten Württembergischen Metallwarenfabrik (WMF) und der Maschinenfabrik Göppingen; entscheidend bei der Gründung war der Bau der Geislinger Steige der Bahnlinie Stuttgart-Ulm 1847–50. Doch auch Kultur gibt es hier zu entdecken, man muß sich nur umsehen: die evangelische Stadtkirche in der Oberstadt weist ein wertvolles Chorgestühl von Jörg Syrlin d.J. auf und ein ganz entzückendes Nordportal. Gleich bei dem hübschen Fachwerkbau des Pfarrhauses steht die Schule, in der Schubart wirkte, und an der

Hauptstraße der Alte Zoll aus dem 15. Jahrhundert, die Urzelle der Stadt. Gegenüber das Alte Rathaus, außerhalb des Stadtkerns der Alte Bau, ein um 1500 von den Ulmern errichteter mächtiger Fachwerkbau. Reizvoll ist aber auch das neue Rathaus, 1913–16 im Übergangsstil vom Jugendstil zur neuen Sachlichkeit erbaut. Dahinter das Schubarthaus (15. Jahrhundert): Hier gründete der Dichter und Journalist seinen Hausstand.

In Süßen, zwischen Geislingen und Göppingen, ist die alte Martinskirche bemerkenswert sowie die Burgruine Staufeneck aus dem 13. Jahrhundert. Aus diesem Ort kommt im 19. Jahrhundert Johann Georg Fischer, dem die Universität Tübingen – man höre und staune! – für sein *dichterisches* Lebenswerk den Dr. h.c. verlieh.

Die Kreisstadt Göppingen, eine der bedeutendsten Industriestädte in Württemberg, liegt im unteren Filstal zu Füßen des Hohenstaufen. Nach dem schweren Stadtbrand von 1782 fiel der klassizistische Wiederaufbau ein wenig allzu eintönig aus, mit vielen rechten Winkeln. Verschont geblieben war das Schloß, eine Vierflügelanlage mit einer rankengeschmückten Wendeltreppe sowie die evangelische Stadtkirche, errichtet 1618–19 von Heinrich Schickhardt als Schloßkirche. Beim Betreten fällt einem etwas Ungewöhnliches auf: die von jugendstilartigen Ornamenten überzogene hölzerne Flachdecke. Im »Storchen«, dem ehemaligen Liebensteinschen Fachwerkschlößchen, ist das Städtische Museum mit dem Schwerpunkt Staufer untergebracht. Unweit des nuchtern-klassizistischen zweiflügeligen Rathauses kann man das stattliche Marstallgebäude aus dem 16. Jahrhundert bewundern. Und in der gotischen Oberhofenkirche auf dem Friedhof über der Stadt gibt es ein schönes Chorgestühl, einen geschnitzten Kruzifixus und im Chor eine feine Netzrippenwölbung und Wandgemälde. Und dann ist da, in Göppingen, noch die Hohenstaufenhalle, in der die ›Kempa-Buben‹ einst ihre Triumphe im Hallenhandball feierten, an die ihre Nachfolger nun anknüpfen.

Mit Göppingen zusammengewachsen ist die Gemeinde Faurndau, die mit ihrer Stiftskirche eine der eindrucksvollsten kunsthistorischen Sehenswürdigkeiten im Stauferland bietet. Schließen aber möchte ich mit der Lebensdevise des 1702 in Göppingen geborenen ›Schwabenvaters‹ Friedrich Christoph Oetinger: »Herr, gib mir die Gelassenheit, Dinge hinzunehmen, die ich nicht ändern kann, gib mir den

Mut, Dinge zu ändern, die ich ändern kann, und gib mir die Weisheit, das eine vom andern zu unterscheiden«. Da Oetingers Autorschaft für diesen Ausspruch angezweifelt wird, hier sein Doppelsatz über die Beziehung Gottes zu seiner Schöpfung. Er stellt fest:»1. daß die Herrlichkeit Gottes von Gott unterschieden sei, 2. daß dennoch Gott nicht sein kann ohne seine Herrlichkeit«. Schwäbische Dialektik: unterschieden, aber nicht geschieden! Diskussionsstoff für die jungen Hölderlin, Hegel und Schelling in Tübingen. Wieviel diese drei den großen »homines spirituales« des Schwabentums, dieser »unsichtbaren Kirche« im Sinne eines Sebastian Franck, doch zu verdanken haben!

* * *

Waiblingen

»BLUMEN, eure lieben Augen / sollten nicht zum Sehen taugen?«, so beginnt das Gedicht eines schwäbischen Lyrikers, und es endet mit den beiden Zeilen:»Selge Blumen, ihr nur wißt, / welches Glück euch offen ist«. Thema und Tonfall könnten als Autor den ›Bauerndichter‹ Christian Wagner aus Warmbronn vermuten lassen. Es ist jedoch der Freund von Uhland, Kerner und Gustav Schwab, von Mörike, Lenau und Alexander Graf von Württemberg, von 1843 bis 1857 Oberjustizrat in Tübingen und 1870 dort gestorben: Karl Mayer, an den nicht einmal eine Straße erinnert. Zu Recht hat Otto Heuschele in seinem »Füllhorn« schwäbischer Lyrik dieses Gedicht aufgenommen, das Karl Mayer von seiner besten Seite zeigt. Es klingt wie ein Nachhall romantischer Vorstellungen von All-Beseelung und Erlösungssehnsucht der Natur, und zugleich weist es auf die Naturmystik eben Christian Wagners voraus. Ich glaube, Mayers Gedicht hätte auch dem Augenmenschen Goethe gefallen, da es ein tiefes Empfinden ohne alles schwärmerische Ungefähr ausspricht. Geboren wurde Karl Mayer 1786 in Neckarbischofsheim, von 1824 an lebte er fast 20 Jahre als Oberamtsrichter in Waiblingen. Im damals noch vor der

Stadt gelegenen sogenannten Neustädtle versammelte sich zur Sommerzeit auch seinetwegen manch literarische Prominenz.

Womit wir nun auch selbst in Waiblingen sind, dem Pfalzort der deutschen Karolinger. 885 urkundete Karl III. hier, 2 Jahre später hielt er einen Reichstag ab. Der 1024 zum deutschen König gewählte Konrad II. trägt die Herkunftsbezeichnung »de Weibelingen«. »Obwohl kaum ein Aufenthalt eines staufischen Kaisers in Waiblingen nachweisbar ist, galt Waiblingen so sehr als der Mittelpunkt ihrer Machtstellung, daß der angeblich erstmals 1141 als Kampfruf gebrauchte Name (»Hie Welf, hie Waiblingen!«) für das staufische Geschlecht aufkam und vor allem in der italienisierten Form Ghibellinen die Jahrhunderte überlebte«, schreibt G. Kaller im »Handbuch der historischen Stätten Deutschlands«. Um 1250 kam Waiblingen unter die Herrschaft der Grafen von Württemberg, die es zur Stadt ausbauten, ja es sogar als territorialen Mittelpunkt planten; doch wurde es bald von Stuttgart überflügelt.

Bei der fast völligen Zerstörung im Dreißigjährigen Krieg brannte selbst die vor den Mauern gelegene alte Michaelskirche aus. Erhalten blieben Teile der Stadtmauer mit gedecktem Wehrgang, der durch Achim von Arnims Roman »Die Kronenwächter« berühmte Hochwachtturm und der Beinsteiner Torturm mit Wappen Graf Eberhards im Bart. Aber auch Reste der Vergangenheit können auf den sensiblen Besucher ihre Wirkung ausüben: »Niemand kann sagen, wieviel von dem Aroma eines Bauwerks, einer Landschaft, einer Stadt von den großen oder merkwürdigen Erinnerungen abhängt, die damit verknüpft sind. Zuweilen geht von einer alten Mauer ein Hauch aus, der uns überzeugt, hier müsse Wunderbares sich begeben haben, auch wenn wir es nicht wissen; umgekehrt kann unser Wissen Steine formen und melodisch erbeben lassen« (Ricarda Huch).

Neben Karl Mayer ein weiterer, für Tübingen bedeutsamer Name: der aus Waiblingen stammende und besonders in der Universitätsstadt wirkende Reformator Jakob Andreae (1528–90), Professor, Propst und Kanzler der Universität, seit 1556 maßgeblich an der Reformation im süddeutschen Raum beteiligt. Noch berühmter wurde dann sein Enkel, der 1586 in Herrenberg geborene Johann Valentin Andreae, dessen Vision von einer christlichen Gesellschaftsordnung viele Köpfe angeregt hat.

* * *

Beutelsbach

VON Heuss stammt der 1947 bei einer Wahlkampfveranstaltung geäußerte ironisch-kritische Satz:»Bei uns im Staate Beutelsbach ist immer schon allerhand möglich gewesen«. Das bezieht sich auf eine gewisse Starrköpfigkeit seiner Landsleute; Eigensinn, der sich bis zur Eigenbrötelei steigern kann, ist eine Tugend, auf die der Schwabe geradezu stolz ist – »Eigensinn macht Spaß«, hat der Halbschwabe Hermann Hesse provokativ gesagt. Jener Ausspruch diente dem FDP-Politiker Karl Moersch als Titel für sein so kurzweiliges wie lehrreiches Buch »Bei uns im Staate Beutelsbach«, erschienen 1984 bei Neske in Pfullingen. Dort gab Moersch übrigens ein Jahr später eine Sammlung »Politische Lieder der Schwaben aus zwei Jahrhunderten« heraus.

Aber warum gerade Beutelsbach?»Die historische Bedeutung des Remstales, speziell auch des Ortes Beutelsbach, war nach dem Ende der Staufer und den Anfängen des Hauses Württemberg, dem Umzug des Grafengeschlechtes auf den Rotenberg bei Untertürkheim und schließlich nach Stuttgart (wo die Grafen von Württemberg sich im Alten Schloß eine endgültige Bleibe schufen) keineswegs erloschen. Drei Jahrhunderte nach dem ersten, urkundlich belegten Auftreten der Beutelsbach-Württemberger Herrschaft ging vom Remstal eine Unruhe aus, die das inzwischen zum Herzogtum avancierte Württemberg ernsthaft gefährdete. Der ›Arme Konrad‹ mit den Zentren Beutelsbach und Schorndorf erschütterte für einige Zeit die Herrschaft des jungen Herzogs Ulrich. Es kam zu jenem, am 8. Juli 1514 in Tübingen verkündeten Vertrag, der das alte Württemberg zu einem Staat mit zwei Gewalten machte, der herzoglichen und der landständischen Gewalt«, führt Moersch im 1. Kapitel aus. So ist Beutelsbach die Ehre widerfahren, sprichwörtlich zu werden, und zwar durchaus nicht in dem negativ-spöttischen Sinn wie etwa Schilda.

Der einstige Flecken im Jagstkreis ist heute eine bedeutende Weinbaugemeinde mit Standort der Remstalkellerei und gehört zum Rems-Murr-Kreis. Fährt man von Tübingen aus mit der Bahn, so steigt man in Cannstatt um, von wo aus einen die Linie 2 der S-Bahn in 20 Minuten ans Ziel bringt. Mit Beutelsbach ist die früheste Geschichte des Hauses Württemberg aufs engste verknüpft: In der dortigen Stiftskirche befand sich die erste Grablege der Familie. Den Besitz der Herren von Beutelsbach erbten nämlich die Grafen von Württemberg um 1080 durch Heirat Konrads I. mit Luitgard von Beutelsbach, die so zur Stammutter des Hauses Württemberg wurde. Und als das weltliche Chorherrenstift zum heiligen Kreuz erneuert wurde, erhielt Graf Ulrich I. (gest. 1265), der es um 1247 errichtet hatte, den Beinamen ›der Stifter‹. 1321 wurde das Stift dann von Graf Eberhard dem Erlauchten mit dem Familienbegräbnis, wie gesagt, nach Stuttgart verlegt. Über dem Ort stand einst die Burg Beutelsbach, 1311 im Reichsstädtekrieg von den Eßlingern zerstört. Im Frühjahr 1514 ging von hier der schon erwähnte Bauernaufruhr aus; unterhalb der Kirche befindet sich ein Standbild des Gaispeters, Anführer des »Armen Konrad«, an den auch der Konrad- sowie der Bundschuhweg erinnern. (»Bundschuh«: in der 1. Hälfte des 15. Jahrhunderts Name und Feldzeichen aufständischer Bauernverbände.) In die stattliche, heute evangelische Kirche zum hl. Kreuz sind Bruchstücke eines spätromanischen Baus eingemauert. Im Innern erfreut ein eigenartiger spätgotischer Taufstein, an der Wand eine Grabplatte mit alten württembergischen Wappen. Vom Chor führt eine Treppe zum Orgelraum mit drei prachtvollen Farbfenstern.

 Wie ersichtlich, befinden wir uns also an einem für das Land historisch bedeutenden Ort. Das wußte Heuss natürlich. Hätten sich die Beutelsbacher über seinen Ausspruch nicht geärgert, sondern ihm, dem Weinkenner, eine Flasche vom Besten geschickt – wer weiß, vielleicht hätte er in seiner nächsten Rede gesagt: »Gäb's bei uns im Staate doch überall einen so guten Wein wie in Beutelsbach!«

* * *

Kloster Lorch

IMMER aufs neue nimmt einen die Atmosphäre dieses Klosters gefangen: Ist es seine Lage auf dem östlichen Burgberg hoch über dem Städtchen, einem Kohortenkastell (3. Jahrhundert) der schon auf dem Rückzug aus dem freien Germanien begriffenen Römer? Ist es der Bau selbst: »Weit und frei, breitwüchsig, schmucklos bis zum Äußersten, nicht durch belebte Glieder, sondern nur als geformter Raum wirkend, besitzt dieser ruhig hingelagerte Bau noch viel von der ungezwungenen Natürlichkeit und dem keuschen Adel der frühromanischen Kunstart, obwohl er erst im 12. Jahrhundert geschaffen ist« (Mettler). Ist es die Grablege des staufischen Geschlechts, das einen unwillkürlich in jene besondere Stimmung versetzt? 1102 zu Ehren der heiligen Petrus und Paulus auf einem Hügel über dem Remstal unweit Gmünd errichtet, nahm die ehemalige Benediktinerabtei, wie Alpirsbach eines der vielen Hirsauer Reformklöster, schon drei Jahre später seinen Stifter Friedrich I., Herzog in Schwaben und Franken, in seine Kirche auf. Es folgten manche seiner Nachkommen, Könige und Kaiser waren jedoch nicht darunter. Nur Irene von Byzanz, die Gemahlin König Philipps von Schwaben, fand hier als einzige Stauferkönigin ihre letzte Ruhestätte. Walther von der Vogelweide besang sie als »Rose ohne Dorn, Taube ohne Galle« – welche Herrscherin ist je mit einem solchen Lob auf die Nachwelt gekommen?

Vielleicht spielt aber auch eine Fernwirkung eine nicht unbeträchtliche Rolle: Das Kloster liegt unmittelbar gegenüber der Stammburg der Hohenstaufen – die Kaiserberge, zu denen ungezählte Schulausflüge gingen, sind nah! All diese Momente spielen natürlich zusammen, wobei den Ausschlag wohl doch die schlichte Erscheinung der dreischiffigen flachgedeckten Pfeilerbasilika gibt. Der Vorhallenbau war einst von zwei Rundtürmen flankiert, von denen noch der südliche steht. 1469 wurde die romanische Apsis nach Osten verlängert, gewölbt und bekam spätgotische Formen. 1474 wurde vor dem Chor eine spätgotische Tumba, ein Hochgrab für die Glieder des Staufischen Hauses, aufgestellt. Nach dem Aussterben der Staufer brachten die Württemberger das Kloster in ihre landesherrliche Gewalt, bald nach der Brandschatzung im Bauernkrieg 1525 wurde es säkularisiert.« Anfang des 19. Jahrhunderts in Gefahr, der aufgeklärten Bürokratie zu erliegen, konnte das vom wachsenden Glanz des staufischen Namens geschützte Kloster dem Zugriff der Rechner entzogen werden«, kommentiert Reclams Kunstführer – was für ein erfrischender Satz in einem sachlich-nüchternen Text!

In Lorch erlebte Friedrich Schiller 1764–66 sein Kindheitsparadies, empfing in der alten Klosterkirche vor den Gräbern von mehr als zwölf Hohenstaufen erste historische Eindrücke und setzte später in den »Räubern« seinem ersten Lateinlehrer, Pastor Moser, ein Denkmal. Geboren wurde in Lorch Karl Philipp Conz, Dramatiker, Lyriker, Übersetzer, Schillers Jugendfreund, ab 1804 Professor für klassische Literatur, ab 1812 für Rhetorik in Tübingen. Und schließlich war hier auch Mörike – wo war er nicht?! – und zwar von 1867–69 (Mörike-Haus an der Hauptstraße). Er schreibt: »Ich lebe hier fast nur vom Genuß der Gegend, in Sonderheit der Luft [...] Wir haben hier die langersehnte absolute Ruhe und Stille«. In der Tat: Von einem Ausflug nach Lorch kommt man als ein anderer Mensch nach Hause.

* * *

Schwäbisch Gmünd

MIR will immer scheinen, als ob eine schöne Architektur auf jene, die in ihr leben, einen »veredelnden« Einfluß ausübe – so hat jeder seine Lieblingsvorstellungen, die ihm durchs dürre Leben helfen. Wenn ich das durch Nachkriegsarchitekten verschandelte, einstmals so gerühmte Stuttgart verlasse und nach kurzer Bahnfahrt Schwäbisch Gmünd, die stattliche alte Reichsstadt, betrete, schlägt mein Herz höher, denn es erwarten mich drei besondere Kirchen: das Heilig-Kreuz-Münster, die älteste schwäbische Hallenkirche, an deren Planung und Errichtung die berühmten Parler beteiligt waren; wer auf der prachtvollen Barockorgel hat spielen hören, der vernimmt sie noch im Traum. Dann die Johanneskirche, »Hauptbeispiel des wurzelechten schwäbischen Spätromanismus, der von der aus Frankreich kommenden, den deutschen Westen schon in Gärung versetzenden neuen Stilbewegung nichts weiß« (Georg Dehio). Und wenn man die barockisierte Pfarrkirche St. Franziskus, eine einschiffige Anlage des 13. Jahrhunderts, just in dem Augenblick aufsucht, da das »Deutsche Requiem« von Brahms geprobt wird, wie ich vor ein paar Jahren das Glück hatte, wird das zu einer bleibenden Erinnerung.

Und dann trifft man in diesem Goldschmiedestädtchen immer wieder auf Kunst, die das Straßenbild prägt: Da ist, am Chor der Kreuzkirche, der Löwenbrunnen von 1604; südlich der Kirche die Mariensäule; der Marktbrunnen mit einer doppelten Marienstatue. Und wer einen Sprung in die Gegenwart machen möchte, der kann das im »Prediger« tun, dem ehemaligen Dominikanerkloster und heutigen Kulturzentrum. Wilhelm Hausensteins Fazit: »Behagen dehnt sich im Raum, den diese Stadt sich reichlich zugemessen hat.«

Um aber auf den ›veredelnden‹ Einfluß von vorhin zurückzukommen, hier der Anfang eines Essays von Ricarda Huch aus ihrem Buch »Im alten Reich. Lebensbilder deutscher Städte«, der so schön ist, daß sein Wahrheitsgehalt von untergeordneter Bedeutung ist: »Die Schwabenmädchen haben den Ruf besonderer Lieblichkeit; schöner können keine sein als die von Gmünd. Sie sind schlank und behende, und ihr feines Gesicht leuchtet von Geist. Es wäre denkbar, daß die lange Beschäftigung mit schönen Dingen, denn seit dem 18. Jahrhundert ist die Anfertigung von Schmucksachen das blühendste Gewerbe in Gmünd, den Sinn für das Schöne so ausgebildet hätte, daß er sich auch in den Schöpfungen offenbarte, die die Natur der Frau zugewiesen hat. Schon lange jedoch, bevor an Gegenstände der Kultur gedacht wurde, zog sich an der himmlischen Kuppel, die über Gmünd sich wölbt, die reizende Linie der Alb mit Hohenstaufen und Hohenrechberg hin, die das Auge an das Schöne gewöhnte. Umfangen und umschirmt in samtgrüner Mulde liegt die Stadt da; in dieser Muschel war eine Perle zu liegen bestimmt.«

* * *

Murrhardt

WENN man von Cannstatt aus mit der S-Bahn durch den lieblichen Rems-Murr-Kreis fährt, kommt man an dem Städtchen Winnenden vorbei, dem Geburtsort des »Schwabenvaters« Johann Albrecht Bengel (1687 bis 1752), nach dem das Tübinger Bengel-Haus benannt ist. Von ihm stammt die bedenkenswerte Aufzeichnung »Eine Crypsis animae (Verborgensein der Seele) ist sehr heilsam (...). Ich habe die Einsamkeit zu einem Schirm, dahinter man von dem Getöse des Weltlebens befreit ist, und Zeit hat, das Gottesbewußtsein zu erbauen.«
Die Linie endet in Backnang (chinesisch Back-nang, wie es ein Scherz will). Hier kann man im Chor von St. Pankratius das feine Netzrippen-System des Gewölbes genießen und im Chor von St. Michael das Rankenwerk. Über ihm erhebt sich seit 1614 der Turm Heinrich Schickhardts. Tief unten steht der stattliche Fachwerkbau des Rathauses.

Dann verlassen wir die alte, einst badische Markt- und Gerberstadt wieder, denn unser Ziel heißt Murrhardt, anmutig an einer alten Talstraße vom Neckar ins Frankenland gelegen, zwischen Stuttgart und Schwäbisch Hall. Und zwar »auf dem Boden eines Kastells und einer Bürgersiedlung der Römer aus einem Kloster erwachsen, dessen Ursprung auf Walterich, einen Mann aus der Verwandtschaft Ludwigs des Frommen, zurückgeht«, schreibt Eugen Gradmann und bezeichnet die an die jetzt spätgotische Stadtkirche angebaute spätromanische Walterichskapelle als ein »wahres Schmuckstück staufischer Baukunst im Kleinen«.

Die Walterichskirche auf dem Friedhof steht auf einem geschichtsträchtigen Hügel: Dort hatten schon die römischen Truppen um 150 nach Christus ein Heiligtum; in der Kirche befindet sich das Grab des Abtes Walterich. Von 1765 bis 1782 wirkte hier ein anderer bedeutender Abt beziehungsweise Prälat: der Philosoph und Naturforscher Friedrich Christoph Oetinger, in Parallele zu Hamann, dem »Magus des Nordens«, der »Magus im Süden« genannt, auch er ein Schwabenvater, vielleicht der originellste von allen. Geboren in Göppingen, fand er als Student im Tübinger Stift den Weg zu Bengel. Mit diesem ungewöhnlichen Mann, der »durch die Verbindung gründlicher Frömmigkeit mit gründlicher Gelehrsamkeit und durch eine besondere Ausprägung des Pietismus der Evangelischen Landeskirche für Generationen seinen Stempel aufgedrückt hat« (Felix Gerner), blieb Oetinger stets in Kontakt, auch, als er sich schon längst einer verwirrenden Vielfalt von Einflüssen geöffnet hatte, »trotz seiner lebenslangen Bemühung, ein Gesamtsystem der Wahrheit zu finden, in das er die Naturerkenntnis ebenso einbringen wollte, wie die Erleuchtungen von Jakob Böhme (...), für das er die Befragung Emanuel Swedenborgs ebenso zu nutzen suchte wie die Auseinandersetzung mit der zeitgenössischen Philosophie« (F. Berner). Und noch ein Abt: Der Vater des Philosophen Schelling war von 1801 bis 1807 der letzte in einer Reihe bedeutender Namen.

Wenn wir durchs Städtchen gehen, finden wir in der Karlstraße das klassizistische Wohnhaus des Ehrenbürgers Ferdinand Nägele, Abgeordneter der Paulskirche, sowie das Geburtshaus seines Sohnes Eugen Nägele, Mitbegründer des Schwäbischen Albvereins. Sein Neffe, der 1884 in Murrhardt geborene Maler Reinhold Nägele, hat seinen Grabstein auf dem hiesigen Friedhof. Am Fuße desselben erfreut eine großzügige Parkanlage mit Musikpavillon und Schwanensee den Besucher – Murrhardt ist ein beliebter Ferienort.

Am Marktplatz ist das Gasthaus zum Engel als das älteste der Stadt ausgewiesen, einst Schenke des Ortsadels, dann Gaststätte des Klosters. »Schenkmädchen« nannte man früher die Serviererinnen oder Kellnerinnen. Ein solches war auch die geheimnisvolle Maria Meyer aus Schaffhausen, die Mörike so beunruhigte, und zwar bis zu seinem Lebensende; als Peregrina ist sie in seine Gedichte eingegangen, als Elisabeth in seinen Roman »Malter Nolten«. Doch zurück zum staufischen Erbe des Orts: Merkwürdig, wie bei der Nennung des Namens »Staufen« das Herz höher schlägt – allmählich wird man zum Schwaben!

* * *

Von Aalen nach Königsbronn

ERSTER Halt: Aalen, einer der stärksten Grenzstützpunkte an dem nordwestlich verlaufenden Limes, heute Ringerbochburg (»Die Bären von der Ostalb«). Absolute Empfehlung: das Urweltmuseum. Wer wie ich in den 50er Jahren als Lehrer Koryphäen der Heimatkunde hatte, der weiß spätestens hier, was er versäumt hat, weil er im Unterricht träumte. Keine Empfehlung: die evangelische Pfarrkirche, deren äußerst nüchternes Inneres sich die Kirchenmäuse angucken sollen. – Sie wandern gern? Dann steht Ihnen der Albuch zur Verfügung und das ganze Ries – die katastrophalen Auswirkungen des Meteoriteneinschlags in vorgeschichtlicher Zeit haben Sie gerade im Museum demonstriert bekommen.

Ein bißchen nördlich: Ellwangen, eine *Civitas ecclesiastica*, eine Kirchenstadt, hervorgegangen aus einem 764 gegründeten Benediktinerkloster, das, zur heutigen Freude aller Kunstliebhaber, 800 Jahre später die Reformation abwehren konnte. Die Stiftskirche: in Fläche und Körper große Romanik, im Innenraum herrlicher Barock. Und auf den beiden nordöstlichen Höhen ist die geistliche Herrschaft besonders sichtbar und goldfunkelnd präsent: durch Schloß und Wallfahrtskirche.

Zu dieser gelangt man auf einem Stationenweg; von all den Schätzen sei lediglich der mächtige Hochaltar hervorgehoben. Die Stadt selbst hat manch alten Charme und einige hervorragende Gebäude.

Dritter Punkt: Bopfingen, die evangelische Stadtpfarrkirche mit dem bedeutenden spätgotischen Flügelaltar und dem beeindruckenden Grabstein eines Herrn von Bopfingen. Und wenn Sie noch gehen können, wartet der bekannte Ipf auf Sie, die beherrschende Erhebung im Norden der eigentümlichen Rieslandschaft.

Schließlich noch zu dem kleinen Ort Königsbronn nahe der Brenz, einem linken Nebenfluß der Donau. Was ein Topf ist, wissen Sie; was ein Quelltopf ist, erfahren Sie dort ... Kunsthistorisch ist hier kaum Bemerkenswertes, historisch aber ist der Ort ein herausragender Punkt auf der imaginären Karte individuellen Mutes: Von Königsbronn aus fuhr der schwäbische Tüftler Georg Elser nach München, um durch ein Attentat auf Hitler, das jedoch auf geradezu unheimliche Weise mißlang, das deutsche Volk vor der geahnten Katastrophe zu bewahren. Sehr spät, 53 Jahre nach seiner Ermordung im KZ Dachau, hat ihm seine Heimatgemeinde eine Gedenkstätte eingerichtet. – »Jede Reise ist um die letzte Stunde zu lang«, hat Alfred Polgar gesagt. Auf der Strecke Stuttgart-Tübingen bewahrheitet sich das in überzeugender Weise.

* * *

Schwäbisch Hall

»WHAT struck me most, that were the skyscrapers« – am meisten beeindruckten mich die Wolkenkratzer, lernten wir im Englischunterricht. Weit ist der Weg von der Vergötzung des eh schon Großen zur Erkenntnis jener kleinen Dinge, die unser Leben ausmachen und in bestimmten Augenblicken eine ungeahnte Bedeutung annehmen können.

Es wäre banal zu sagen: Am meisten hat mich in Schwäbisch Hall die große Treppe von St. Michael beeindruckt; oder der Blick von oben auf das prachtvolle Rathauspalais; oder, bei der Ankunft, die imposante Hanglage der Stadt mit den wie in Tübingen sich übereinandertürmenden Häusern; oder, in der Ferne, die gewaltige Comburg. *What struck me most*, war etwas ganz anderes, das allerdings mit der Michaelskirche zu tun hat. Es gibt da eine Darstellung des Heiligen Abendmahls. Hier werden sie mich vielleicht mit dem Hinweis unterbrechen, daß Leonardo da Vincis »Abendmahl« in Mailand nach der Restaurierung wieder besichtigt werden kann und daß dagegen alle anderen Behandlungen dieses Themas vollständig verblassen. Mag sein, trotzdem bleibe ich bei dem von Hall. An ihm nämlich hat mich etwas beeindruckt, nein: mit dem Blitz der Erkenntnis getroffen, wie ich das bei einem (religiösen) Kunstwerk noch selten erlebt habe: Während Jesus den Verrat seines Jüngers Judas voraussieht, hebt sich, wie von einem unsichtbaren Wind bewegt, der untere, frei hängende Rand des Tischtuchs – ein unheimlicher, ein mystischer Moment, der jede Erklärung überflüssig, ja unmöglich macht.

So habe ich das damals gesehn – oder vielleicht ›nur‹ zu sehen geglaubt? Gleichviel: Seither ist Schwäbisch Hall – das »Schwäbisch« in seinem Namen ist übrigens rein politisch zu verstehen, denn es handelt sich um eine von der Landesart her schon immer und bis heute fränkische Stadt – für mich die Stadt mit dem im Aufruhr begriffenen Tischtuch des Abendmahls. Natürlich ist das Mosaik in S. Apollinare Nuovo in Ravenna mit der »Reue des Judas« unvergleichlich bedeutender, von dem Fresko des Leonardo gar nicht zu reden. Aber in dem Moment, da man jenes leicht sich hebende Tuch sieht und sich das nur durch Blicke ausgedrückte innere Geschehen beim letzten Mahl des Herrn mit seinen Jüngern vergegenwärtigt, bekommt das Wort ›Bedeutung‹ ein anderes Gewicht und kann, zumindest für den Augenblick, alle kunsthistorischen Maßstäbe außer Kraft setzen.

Wenn man aus dem Fränkischen kommt, kann man schön beobachten, wie sich die Hohenloher Ebene senkt und in das so andersartige Neckartal übergeht – das fruchtbare Unterland nimmt uns auf.

* * *

Kirchberg an der Jagst

AUF der Flucht vor dem Sonntag machte ich mich wieder einmal auf den Weg, diesmal ins Hohenloher Land, zuerst nach Kirchberg, denn dort, auf dem Schloß, muß ich einmal auf einer Schülerfreizeit gewesen sein. Da erhob sich also die kleine Stadt in drei Stufen am Hochufer der Jagst. Wie man's in solchen Fällen gemacht hat: Unten wurden die Bauern und Handwerker angesiedelt, auf der Stufe darüber befand sich der Straßenmarkt mit Gasthäusern und Kaufläden, und gekrönt wurde der Aufbau vom Schloßbereich.

Schloß und Stadt, von einer Wehrmauer umgeben, waren seit 1562 endgültig fürstliche Residenz der Hohenlohe, Teile einer Burg aus dem 14. Jahrhundert waren die Grundlage für den Neubau des Schlosses 1500ff. Am Einlaß der Schildmauer mit den beiden Flankentürmen, die Grabenbrücke, die Gänge (das Schloß ist heute Altenheim) – ich schaute aufmerksam alles an: keine Erinnerung.

Nun brachte uns unser kenntnisreicher Führer aus Schwäbisch Hall ins nahe Gaggstatt. Und in diesem kleinen Ort gab es gleich zwei Überraschungen. Zuerst die evangelische Pfarrkirche, die sich als ein Werk des Jugendstils herausstellte, ein 1904/05 geschaffener Bau von Theodor Fischer, von den Zeitgenossen als Befreier der Baukunst von der Nachahmung historischer Stile gefeiert. (Dessen Entwurf für eine Bismarcksäule für den Tübinger Schloßberg wurde abgelehnt. Er zeigte eine Säule mit Feuerschale, umgeben von vier Rittern mit Wappenschildern. Ausgeführt wurde 1907 ein (schönerer?) Entwurf von Wilhelm Kreis.)

Was dem Innenraum sein besonderes Gepräge gibt, ist das Fehlen eines Mittelgangs; ferner die eher niedrige, auf drei Seiten umlaufende Empore, das milde, dennoch helle Oberlicht, die axiale Stellung der Kanzel an der Chorrückwand sowie die hinter dem Chor befindliche Orgelempore. Und als wir, noch ganz unter der Wirkung dieses seltsamen Werks, am Fuß der Kirche auf einer Tafel lasen, daß hier, in Gaggstatt, 1735 August Ludwig Schlözer geboren wurde, der 1809 in Göttingen starb, da war ich für einen Augenblick der Führer. Schlözer nämlich war für Russland und die Slavistik von überragender Bedeutung und wurde später zu einem der einflußreichsten Publizisten der deutschen Aufklärung. Vor allem hat er mit seiner Übertragung der ältesten russischen Chroniktexte, der so genannten »Nestor«-Chronik, erstmals der wissenschaftlichen Welt diese wichtige Quellengruppe erschlossen. An einem so kleinen Ort auf einen großen Namen zu stoßen, kann die Freude eines Nachmittags sein, sogar am Vatertag, beim Dröhnen und Heulen von hundert Motorrädern.

Und oben auf der Höhe, zwischen Gaggstatt und Wallhausen, gab es eine dritte Überraschung: Da steht, mitten auf dem Feld, die nach den Verwüstungen des Bauernkriegs und dem Steineklau durch die Bürger übrig gebliebene Wand einer ehemaligen Klosterkirche: gigantisch, mythisch, wie aus einer anderer Welt! So habe ich mir immer, irgendwo weit im Osten, das Tor zwischen Europa und Asien vorgestellt. Wer das als Kind erlebt hat, den dürfte die Gigantomanie moderner Architektur kaum mehr verblüffen.

* * *

Kloster Schöntal

ALS hätte mein Deutschlehrer dieses Thema für den Abituraufsatz eigens für mich ausgesucht: einen Vergleich zwischen dem Schnee-Kapitel in Thomas Manns »Zauberberg«, »wo der in tödlichen Höhen verirrte Hans Castrop sein Traumgedicht vom Menschen träumt« (so im Vorwort), und der süßlichen Beschreibung einer Schneelandschaft in dem Roman einer Kitsch-Produzentin. Erst nach der Schule erfuhr ich, daß dieser Lehrer zusammen mit Gerd Gaiser, dem zu Unrecht vergessenen Autor der Nachkriegszeit, verstorben in Reutlingen, im theologischen Seminar Schöntal gewesen war. An beide mußte ich denken, als ich im Klosterhof der gewaltigen Anlage an der Jagst stand. »Speciosa Vallis« – Schöntal, so erwähnt Bischof Heinrich von Würzburg 1163 die Namensänderung, nachdem 1157 Kaiser Friedrich I. Barbarossa die Klostergründung bestätigt hatte.

Machen wir einen Sprung über einige Jahrhunderte bis zum Abt Knittel, der 1683 bis 1732 dem Kloster seine heutige barocke Form geben ließ. Seine Sprüche auf allen Wänden, die »Knittelverse«, sind originell, aber nicht original. Verse ihrer großen Dichter pinselten schon die alten Chinesen auf alle möglichen Wände, und zu Anfang des 14. Jahrhunderts schrieb der japanische Eremit Kenko seine Erkenntnisse auf die Bretter seiner Hütte, worin er in dem Franzosen Michel de Montaigne im 16. Jahrhundert einen Nachfolger fand (der allerdings auf einem Schloß residierte).

Und auch hier ging es mir wie immer: Natürlich beeindruckt und begeistert die Pracht der barocken Kirche, zuerst die Schaufassade, dann der Blick durch das harmonische Langhaus auf den Chor und die Vierungskuppel, vor einem das kunstvolle Chorgitter und die Kanzel. Ebenso, umrahmt von den Seitenaltären, der figurenreiche Hauptaltar des Johann Michael Fischer (18. Jahrhundert). Beeindruckend das kunstvolle Treppenhaus mit der doppelläufigen Treppe in der Neuen Abtei. Und im Kreuzgang trifft man auf das Grabdenkmal des berühmten Reichsritters Götz von Berlichingen.

Nach diesen Kunstgenüssen kommt man, bei einem Rundgang durch die Außenanlagen, in eine Welt, die mich stärker anspricht als die gerade gesehene »große« Kunst. Es ist die Welt der Nutzgebäude, als da sind: Wagenremise, Bäckerei, Mühle, Stallgebäude, Fruchtscheune, Zuhaukeller, Brauhaus und Brennerei. Hier fühlt man sich, wenn man auf dem Lande aufgewachsen ist, wohl, auch vor der wunderbar schlichten Fassade der Alten Abtei. Und erst recht geht einem das Herz in dem weiten Klostergarten auf. Das ist kein bescheidenes Klostergärtlein, wie wir es von Bebenhausen oder Blaubeuren kennen, das hat schon fast einen repräsentativen Charakter und ist doch von jeder Vornehmheit weit entfernt.

Hier möchte man lange sitzen und lesen, etwa in dem Buch jenes japanischen Mönchs, »Draußen in der Stille«, wo man zum Beispiel auf diese Stelle stößt: »Ein kluger Mann hinterläßt, wenn er stirbt, keinerlei Besitz. Hat jemand Dinge, die nichts wert sind, angehäuft, blamiert er sich; schöne Sachen aber betrüben nur die anderen, weil sie glauben, er müsse sehr daran gehangen haben. Je mehr er hinterläßt, je größer der Verdruß (...) Niemand sollte mehr als das besitzen, was er unbedingt tagtäglich braucht; auf alles andere kann er gut und gern verzichten.«

* * *

Bad Mergentheim und Stuppach

DIE wundertätige Madonna von Czenstochau in Polen, die »Schwarze Mutter Gottes«, ist zu weit weg; besuchen wir deshalb die nichtwundertätige, aber malerisch wunderbare des Matthias Grünewald in Stuppach. Von Stuttgart bringt uns der Zug über Heilbronn und Lauda (umsteigen) zuerst nach Bad Mergentheim, dem »schwäbischen Karlsbad«, dessen in alter Zeit bekannte, dann lange verschüttete Quellen 1826 wiederentdeckt wurden. Außerdem: Die Stadt und der Deutsche Orden bilden seit 800 Jahren eine untrennbare Einheit.

Dieser Ausflug ins nördlichste Württemberg lohnt, allein schon wegen der stukkaturgeschmückten Kapelle des Spitals zum Hl. Geist, wegen der Schloßkirche mit ihrer barocken Eleganz und Lichtfülle und wegen der großflächigen Schloßanlage. Blickt man auf dem Marktplatz am Brunnen vorbei zum Schloß, so steht da rechts das

Eckhaus, in dem Mörike von 1844 bis 1851 wohnte, nachdem er das Pfarramt in Cleversulzbach aufgegeben hatte.

Im nahen Stuppach befindet sich das Marienbild des »hellen Grünewald«, das eine ganze Geschichte hat: 1513 erhielt Meister Mathis – Hindemiths sinfonische Dichtung »Mathis der Maler« hatte 1934, kurz vor der Emigration des Komponisten, in Berlin einen triumphalen Erfolg – den Auftrag zu dem Maria-Schneewunder-Altar in Aschaffenburg, der allerdings erst 1519, nach dem großen Auftrag in Isenheim, seine Bilder bekam. 1532 kommt das Marienbild als Geschenk an den Hochmeister des Deutschordens nach Mergentheim, wo es verstaubt, bis der Orden 1809 aufgehoben wird. Dem damaligen Pfarrer von Stuppach gelingt es, das Bild für seine Kirche zu erwerben, wo es übermalt und 1881 für einen »Rubens« gehalten wird. Erst 1908 erkennt man in ihm einen »Grünewald«.

In den 20er Jahren, nach der Entdeckung des Malers durch die Ausstellung des Isenheimer Altars in München, kommen die Kunstkenner, und seit der Renovierung des Marienbildes 1926 bis 1931 ist Stuppach ein berühmter Wallfahrtsort. Man sollte sich von der eigens für das Bild gebauten Kapelle nicht stören lassen, und auch nicht von dem Rahmen, in den man es gesteckt hat: Die überirdische Schönheit Mariens – »hier ganz die Gottesmutter« (W. Dettelbacher) – läßt diese Geschmacklosigkeiten vergessen. »Alles, was auf dem Bild zu sehen ist, die Bienenkörbe, der Regenbogen, die Schwertlilie, die Feigen- und Granatbaumchen, die Stadt und der prächtige Dom im Hintergrund und die Engelschöre des sich öffnenden Himmels sind in den Offenbarungen der heiligen Brigitte vorgezeichnet. Aber mit Worten nie zu schildern ist das Lichtwunder, das über Maria und das Kind ausgegossen ist«, schreibt Hermann Missenharter. Nicht wenige kommen von weit her, um der Gnade des Lichtwunders teilhaftig zu werden. Stark ist die Nachwirkung dieses Bildes auf dem Rückweg nach Bad Mergentheim, der Perle des Taubertals, und durch die sanfte, schwäbisch-fränkische Hügellandschaft Richtung Neckar.

Register der von Kay Borowsky besuchten Orte

Aalen 198
Achern 149–150
Altensteig 138–139

Backnang 196
Bad Cannstatt 110–112
Badenweiler 159–161
Bad Mergentheim 203–204
Bad Rippoldsau 150–152
Bad Teinach 139–141
Bad Urach 95–96
Bad Wildbad 145–146
Bad Wimpfen 121
Berneck 138–139
Besigheim 117–118
Beutelsbach 191–192
Biberach 172–173
Birnau 175–176
Bönnigheim 119
Bopfingen 198
Brackenheim 119
Bühl 148–150

Calw 136–138

Denkendorf 109–110
Donaueschingen 166–168

Eberbach 127–128
Ebingen 100
Ehingen 171–172

Ellwangen 198

Faurndau 188–189
Feldberg 161–163
Freiburg i.Br. 157–158
Freudenstadt 152–153
Friedrichshafen 184–185

Gaggstatt 201
Gaienhofen 177–179
Geislingen an der Steige 187–188
Gengenbach 148–150
Gomaringen 93–95
Göppingen 188

Haigerloch 99–100
Haslach 152–153
Hausach 153–155
Hechingen 96–99
Heidelberg 131–132
Heilbronn 120–123
Herrischried 165–166
Hirsau 141–142
Hornberg 155–156

Insel Reichenau 176, 180–182

Kirchberg an der Jagst 200–201
Köngen 107–108
Königsbronn 198-199
Konstanz 179–180

Langenargen 185–186
Lauffen 120–121
Lorch 193–194
Ludwigsburg 115–117

Mainz 130–131
Mannheim 132–134
Margrethausen 101
Meersburg 182–183
Murrhardt 196–197

Nagold 136–137
Neckarsteinach 128–130
Neuenstadt am Kocher 125–126
Nürtingen 105–107

Pforzheim 142–144

Radolfzell 176–178
Rastatt 146–148
Ravensburg 174–175
Reusten 83–84
Riedlingen 170–171
Rottweil 102–104

Schöntal 202–203
Schwäbisch Gmünd 194–195
Schwäbisch Hall 199–200
Staufen 157–158
Steinhausen 174
Stetten »im Gnadental« 98
Stuppach 204
Stuttgart 112–115
Süßen 188
Sulz am Neckar 104–105

Tiefenbronn 142, 144
Tiengen 164
Titisee-Neustadt 158–159
Todtmoos 163–164
Tübingen 11–88, 132–136, 163, 189–190
Tuttlingen 169–170

Waiblingen 189–190
Weingarten 174
Weinsberg 123–125
Wildberg 137–138
Winnenden 196
Wolfach 151

Autor und Verlag danken dem *Schwäbischen Tagblatt* und dem *Tagblatt Anzeiger* herzlich für ihr Einverständnis zum Abdruck der ursprünglich in diesen Zeitungen veröffentlichten Beiträge.

Folgende Texte sind bereits im *Schwäbischen Tagblatt* erschienen (gemäß der Abfolge in diesem Buch): »Vom Sehen in der Stadt«; »Mythos Tübingen«; »Das Überleben leicht gemacht«; »Und um uns ward's Elysium«; »Pinocchio und Peregrina«; »Die Würde der Platanen«; »Ungleichen Schrittes«; »Der ›Turm‹: Dankbarkeit«; »Entstehung der Stadt«; »Drei Tübinger bei Fontane«; »Zentrum und Peripherie«; »Am Ende der Welt«; »Vergessener Garten«; »Betreten empfohlen!«; »Dem Tod zum Trotz«; »Mann mit dem Eimer«; »Ein historischer Augenblick«; »Agnes, ich liebe dich!«; »Tübinger Werbesprüche«; »Anmut und Milde«; »Bruch des Schweigens«; »Vom Klang des Namens«; »Laute und Geräusche«; »Die Stimmen der Stadt«; »Chets Lied«; »Genüsse des Lebens«; »Der ›Fünfer‹ kommt«; »Stimmen und Ziele«; »Derendinger Mühlbach«; »Jeder findet sein eigenes Paradies«; »Geliebter Kalkstein«.

Folgende Texte sind bereits im *Tagblatt Anzeiger* erschienen (gemäß der Abfolge in diesem Buch): »Licht über Tübingen«; »Tübinger Urwald«; »Der Hımmel uber Hagelloch«; »Im Kranz der Dörfer«; »Ganz Urach ist ein Klingen«; »In Haigerloch blüht wieder der Flieder«; »Die rauhe Alb mit dem Hammer erobern«; »Sulz am Neckar«; »Nürtingen«; »Köngen«; »Brackenheim und Bönnigheim«; »Mit Hölderlin in Lauffen«; »Heidelberg und Mainz«; »Ein Amerikaner im Schwarzwald«; »Altensteig und Berneck«; »Hirsau: rund um die Ulme«; »Im Kinzigtal«; »Freiburg im Breisgau und Staufen«; »Tuttlingen«; »Biberacher Geschmeiß«; »Steinhausen – Weingarten – Ravensburg«; »Am Bodensee«; »Schwäbisch Gmünd«; »Murrhardt«; »Von Aalen nach Königsbronn«; »Schwäbisch Hall«; »Kirchberg an der Jagst«; »Kloster Schöntal«; »Bad Mergentheim und Stuppach«.

Ein reich bebilderter literarischer Stadtführer

Andreas Rumler

Tübinger Dichter-Spaziergänge

Auf den Spuren von Hölderlin, Hegel & Co.

2003, 200 Seiten, 80 Abb.,
€ 16,90/SFr 29,30
ISBN 3-89308-362-6

Tübingen – ein reich bebilderter literarischer Stadtführer und Reisebegleiter auf den Spuren von Hölderlin, Hegel, Goethe und Uhland, von Hesse, Bloch, van Hoddis und vielen anderen. Kaum eine andere Stadt hat in ihrer mehr als 500-jährigen Geschichte so viele berühmte Autoren in ihren Häusern beherbergt wie Tübingen. Dieses Buch lädt zu fünf Dichter-Spaziergängen durch die Gelehrtenmetropole am Neckar ein, auf denen man in Schloss und Altstadt, zwischen Ammer, Steinlach und Goldersbach den historischen und gegenwärtigen Spuren bedeutender Dichter und Philosophen folgt.

Dischingerweg 5 · D-72070 Tübingen · Fax (07071) 7 52 88